김준환
이장욱
최세영 공저

Social Problems

사회 문제론

어가 語歌

머리말

사회문제(社會問題, Social issue)는 사회 구성원들에 의해 해결되어야 할 중요한 과제로 인식되고 있는 사회 현상이다. 즉, 사회제도의 결함이나 모순으로 발생하는 모든 문제로, 실업자·교통·환경오염·주택 부족·청소년·노령화 문제 등 매우 다양한 형태로 나타난다. 사회문제는 사회 내의 많은 사람들에게 영향을 미치기 때문에 현대 사회의 공통된 문제이며 많은 사람들이 해결하기 위해 노력하는 문제라고 할 수 있다. 하지만 사회문제가 반드시 해결해야 할 질병을 의미하는 것이 아니라 논의해야 할 주제를 의미하기도 한다.

사회문제는 각 시대와 각 나라의 특성에 따라 다르게 발전하고 변화해 왔으며, 그에 따른 문제 인식과 해결 전략 또한 다양하다. 사회문제는 사회의 많은 사람들에게 영향을 미치는 현상이기 때문에, 현대 사회의 공통된 이슈로 인식되고 있기에 많은 사람들이 해결책을 찾기 위해 노력하고 있다. 그러나 사회문제를 해결하는 것은 단순히 한 사람이나 한 집단의 이익을 추구하는 것이 아니라, 모든 사람에게 공평하고 평등한 권리와 기회를 제공하는 것을 목표로 하는 복잡한 과정이다.

개인과 사회 구성원들은 다양한 권리와 의무를 가지고 있으며, 이를 인정하고 존중하는 것이 사회의 필수적인 요소이다. 이러한 의무와 책임은 사회복지와도 밀접하게 관련되어 있다. 사회복지는 사회문제의 예방과 해결, 삶의 질을 향상시키기 위해 다양한 서비스와 지원을 제공하는 것을 목표로 한다. 사회문제론은 이러한 사회복지의 영역과 목표를 깊이 이해하고, 사회적으로 공정하고 포용적인 사회를 구현하기 위한 방안을 제시하는 데 중요한 역할을 수행한다. 따라서 본서를 집필함에 있어서 사회복지를 전공하는 학생들에게 사회문제의 가장 기본적이면서도 우리 사회의 근간에 자리 잡고 있는 핵심적인 문제들을 다루고자 하였다.

이 책은 총 13개의 장으로 구성하였으며 1장과 2장에서는 사회문제의 전반적 이해를 돕고자 사회문제에 대해 정의 내리고 다양한 이론 및 접근방법을 개괄적으로 다루었다. 3장 이후의 11개 장에서는 빈곤, 노동, 보육, 청소년, 고령화, 가족, 주거, 환경, 여성, 장애인, 다문화와 관련한 사회문제를 다루었다. 사회복지를 전공하는 학생들이 이러한 사회문제에 대한 실천적 접근과 방법을 찾아 모색해 봄으로써 사회복지전문가로서의 역량을 기르는 데 도움이 되기를 바란다.

끝으로 이 책을 집필할 수 있도록 바쁜 일정에도 집필에 참여해 주신 집필진에게 감사의 말씀을 드린다. 또한, 이 책이 발간될 수 있도록 관심을 갖고 지지와 응원을 해 주신 도서출판 어가 어진용 대표님과 모든 임직원분들, 끝까지 세심하게 배려해 주신 편집부의 노고에 특별히 감사의 말씀을 전한다.

2024년 2월

저자 일동

차 례

Chapter

01

사회문제의 정의

01 사회문제의 정의

1) 일반적 정의

사회문제는 급격하게 변화하는 정치, 경제, 사회, 문화 등 제도적인 모순 시점에 따라 발생하고 있다. 이와 같은 제도적 모순은 자본주의 경제가 고도로 발전하면서 나타난 도시화와 핵가족화 등에 연유되며, 특히 지역사회와 혈연적인 차원의 상호부조가 약화되고 있는 데 있다. 이러한 사회문제는 그 사회를 살아가는 사람들의 삶에 부정적 영향을 미치고 있기에 시정이 요구되는 사회 현상이라고 할 수 있다. 사회문제의 제도적인 모순 시점이 중요한 이유는 현재 겪고 있는 문제가 과거에는 사회문제가 아니었다가 현재에는 사회문제가 되기도 하고, 과거에는 사회문제였던 것이 현재에는 아니기도 하기 때문이다.

주요 학자를 중심으로 사회문제에 대한 일반적 정의를 살펴보면 다음과 같다(박용순 외, 2022).

- 머튼과 니스벳(Merton & Nisbet, 1971): 사회문제를 사회질서의 많은 부분이 일반적으로 받아들이고 있는 하나 또는 그 이상의 규범을 위배하고 있다고 간주되는 행동양식으로 정의한다.
- 페리와 페리(Perry & Perry, 1976): 사회문제를 사회의 대다수 사람이 가치와 윤리 기준에 따라 사회질서를 위협한다고 판단한 사회적 행동으로, 그 개선이 가능하다고 생각되는 사회 현상을 의미한다고 정의한다.
- 에치오니(Etzioni, 1976): 사회문제를 사회적으로 형성되고 사람들이 일반적으로 문제를 인식하며, 사회가 그 상태의 개선을 바라는 사회적 상태로 정의한다.
- 셰퍼드와 보스(Shepard & Voss, 1978): 사회문제를 한 사회의 영향력 있는 다수의 사람이 바람직하지 못한 것으로 생각하고 그러한 상태가 변화되기를 요구하는 사회적 상황으로 정의한다.
- 와인버그(Weinberg, 1970): 사회문제를 사회 구성원이 바람직하지 못하다고 인식

하는 행동양식으로서, 이에 대한 불만이나 관심을 화합, 시위, 항의 등으로 표출하며, 그들의 의도된 조치가 효과를 거두지 못한 상태로 정의한다.

2) 사회적 정의

사회문제(social problem)란 '사회적'이라는 용어와 '문제'라는 용어를 동시에 내포한다. 두 용어 모두 여러 가지 의미를 함축하고 있다.

우선 '사회적'이라 함은 그 범위가 '개인'을 넘어선다는 것을 뜻한다. 즉, 문제의 범위가 개인을 넘어 사회 구성원 다수에게 영향을 미친다는 것이다. 또한 문제의 원인이 개인이 아닌 사회 또는 사회구조에 있다는 것이다. 이는 문제의 해결 또한 개인에 의해 이루어지는 것이 아니라 사회 구성원 전체 또는 다수의 집합적 노력에 의해서만 가능하다는 것을 암시해 준다. 또한 '사회적'이라 함은 어떤 문제 또는 현상이 '지속적인' 경우를 말한다. 사회는 공간적 범주이자 시간적 범주이므로 한 현상의 발생 범위가 공간적으로 광대하더라도 시간적 지속이 상대적으로 짧아 지속성을 잃으면 '사회성'이 약해진다. 따라서 한 현상 또는 문제가 지속적일 때 사회적이 된다. 아울러 한 현상이 사회적이 되는 것은 규칙적 또는 반복적으로 발생되어야 한다. 한 현상의 시간적 지속이 짧더라도 규칙적이고 반복적으로 발생되면 그 현상은 사회적이라 할 수 있다. '사회적'이라는 의미가 갖는 보다 중요한 측면은 '상대성'이다. 어떤 현상이라도 모든 구성원에게 동등하게 영향을 미치는 경우는 없다. 사람들은 사회적 위치에 따라 어떤 현상에 노출되는 정도, 영향을 받는 정도가 각기 다르다. 즉, 사회 현상이라는 것은 절대적이 아니라 상대적이다.

'문제'라는 말 역시 여러 가지 의미를 내포한다. 일반적으로 문제라고 하는 것은 정상적이지 않은 상태, 비정상적인 상태를 말하며 대체로 부정적인 의미를 띠고 있다. 이러한 비정상적인 상태는 크게 두 가지 측면을 띠는데, 하나는 정상적인 상태를 벗어난 경우이고, 다른 하나는 균형을 잃은 경우를 일컫는다. 전자의 경우에는 범죄와 일탈 등 상규를 벗어나는 행위나 빈곤·실업 등으로 인해 정상적인 삶을 영위하기 어려운 상태를 들 수가 있다. 이러한 현상은 개인적인 문제일 수도 있지만, 이러한 현상이 양적으로 증가하여 다수의 사람에게 영향을 주면 사회적인 문제가 된다. 또한 어떤 식으로든 사회구조적 원인이 개입되어 있다면 그 역시 사회문제가 된다. 따라서 이 경우에는 문제냐 아니냐 하는 데 있어서 가치판단이 작용한다. 한편 후자의 경우는 사회가 균형을 잃은 상태, 즉 불균형 상태를 일컫는다. 달리 말하면 사회 구성원 등 간에 비대칭적인 구도가 형성되어 집단 간 갈등으로 이어지는 경우를 말한다. 이는 재화, 권력, 위세 등 사회적 자원이 사회 구성원 간에 불평등하게, 때로는 불공정하게 분포된 결과로 나타나는 현상이다. 재화를 획득하고 권력을 쟁취하고 위세를 얻는 것은 개인의 바람이지만, 이것들을 획득하고 나면 재화, 권력, 위세를 가진 자와 그렇지 못한 자 간의 간극이 생기고, 이를 지키려는 자와 쟁취하려는 자 간의 집단적 갈등이 발생한다. 이것이야말로 사회적 문제인 것이다. 대부분의 사회문제는 사회적 자원의 불균형하고 불평등한 분배 결과로 생겨난다.

요컨대, 사회문제란 복합적이고 상대적이다. 어떤 사회 현상을 사회문제라고 보는 데는 절대적인 기준이 있는 것이 아니다. 보는 각도에 따라서 정상으로 보일 수도 있고, 개인적인 문제인지 또는 사회적인 문제인지 그 범위를 판단하는 기준도 시대와 장소에 따라 달라질 수 있으며, 사회적 자원의 불평등한 분배가 개인 탓인지 또는 사회구조 탓인지도 사회적 위치에 따라 다르게 규정된다. 이러한 점에서 사회문제를 어떻게 볼 것인가라는 관점의 설정이 필요하다. 관점 설정을 위한 길잡이 역할을 하는 것이 사회이론이다(정헌주 외, 2020).

02 사회문제의 원인

1) 자본주의

자본주의란 용어는 자본, 즉 축적된 부에서 유래한 말이다. 자본주의 이전에는 시장을 거치지 않고 처리된 여러 과정, 비단 교환과정뿐만 아니라 생산과정, 분배과정, 투자과들의 광범위한 상품화 과정을 수반하는 것이다. 따라서 자본주의는 바로 경제 활동의 전 영역을 상품화하려는 노력의 결과라고 볼 수 있다.

자본주의 사회는 자본가와 노동자 사이의 상호 보완성 및 상호 배타성이라는 특수한 관계를 형성한다. 노동자는 자신의 육체적·정신적 힘, 곧 노동력을 자본가에게 팔아야만 생존이 가능하며, 자본가는 노동자의 노동력을 통하여 자본 축적을 이룰 수 있다. 이 과정에서 이윤과 상품이라는 자본주의의 결정 요소가 나타나며, 생산수단을 독점한 자본가와 생산수단을 소유하지 못한 노동자 사이의 대립이 자본주의적 생산 양식의 기본 모순을 형성한다.

마르크스(K. Marx)는 자본가의 이윤은 점점 높아지고 노동자는 갈수록 빈곤해지는 모순과정의 결과를 궁핍화(pauperization)라고 하였다. 기술 혁신과 시장에서의 경쟁 압박은 필연적으로 고용에 필요한 노동자 수의 축소로 귀결된다. 그 결과 산업예비군, 즉 실업자 수는 증가하고, 노동력의 시장가격, 즉 임금은 줄어든다. 따라서 이러한 과정을 거치면서 노동자가 점차 더 자본가 계급의 지배 아래 종속되어 가는 과정이 바로 궁핍화 과정이다(김근홍 외, 2013).

마르크스는 또한 노동의 생산품이 상품으로 산출되자마자 숭배의 대상이 되는 역전관계를 '물신숭배(fetishism)'라고 지적하였다. 상품은 인간에 의해 만들어지고 인간에 의해서 교환되는 데도 마치 '보이지 않는 손'에 의해서 만들어지고 교환되는 것처럼 보여 어떤 신비로운 힘을 갖는 것처럼 생각된다. 상품이 인간 숭배의 대상이 되는 산업 자본주의하에서는 상품 물신성은 필연적으로 화폐에 대한 숭배를 초래한다. 상품을 화폐로 교환할 수 있는지의 여부 및 화폐만 있으면 모든 상품을 살 수 있기 때문에 화폐만을 우선시하는 사회로 변화된다. 그리하여 애초에는 상품이 인간을 지배하는 것으로 시작된 물신성이 이제는 화폐가 인간 위에 군림하여 인간을 다스리는 물신성으로 전이된다(심윤종, 1997).

이러한 의미에서 자본주의 사회에서 나타나는 물신화는 상품 혹은 화폐를 인간보다 우선시하기도 한다. 인간관계의 한 측면을 매개하는 상품과 화폐가 숭배의 대상이 되면서 인간이 그것들에 예속되고, 상품과 화폐는 인간을 지배하는 실질적인 힘을 획득하여 많은 사회문제를 야기한다.

2) 산업화

산업화는 근대국가의 대표적인 사회문제 중 하나이다. 산업화와 더불어 생산 영역으로서의 직장과 생활 영역으로서의 가정이 분리되어 남성 가장의 취업활동과 여성의 가사활동으로 핵가족 내부의 성별분업 관계가 확립되었다. 대량생산의 실현을 통해 대중소비가 확산되면서 물질적 풍요의 시대가 열렸다. 정치적 민주화에 따른 시민권의 발전과 전 국민 대상의 의무교육제도가 도입되었다. 이처럼 산업화는 사회 전반의 근대화(modernization)를 실현하는 체제 변동과정으로 이해할 수 있다.

또한 산업화 과정은 특정 국가에 국한되기보다는 지난 300년 동안 세계 각지로 전파·확산되는 범지구적 현상이다. 산업화는 가장 앞서 산업혁명을 이루어 낸 영국을 필두로 유럽·미국 및 일본 등으로 연이어 확산되었고, 20세기 전반에는 이들 산업화 국가의 제국주의적 팽창을 통해 식민지 국가들에게로 전파되었거나 사회주의 혁명을 성취한 동유럽 국가들에 의해 국가 주도의 계획경제 방식으로 전개되었다. 2차 세계대전 이후에는 아시아, 중남미, 아프리카 등의 후진국들을 중심으로 경제개발 정책의 핵심 내용으로 활발하게 추진되었다.

이처럼 산업화는 근대적 물질문명과 사회구조를 탈바꿈시키는 역사적인 전환과정이지만, 이면에는 노동 소외와 만성 실업, 계급 불평등, 인구 급증에 따른 생태환경 파괴, 선진국과 후진국 간의 불균등 종속관계, 공동체 규범의 해체와 범죄 등의 일탈행동 증가와 같은 수많은 사회문제를 야기하였다.

우리나라는 지난 50년 동안 선성장 후분배의 산업화정책 담론이 우리 사회를 지배하여 경제적 효율성과 시장경쟁력이 우선시되는 풍토에서 부의 분배 편중과 복지 부재로 인해 불평등한 계층구조가 심화되었으며, 범죄·자살·산업재해 등의 사회문제가 나날이 증대되고 있다. 그뿐만 아니라, 산업구조의 고도화를 통해 경제 선진화를 이루어가고 있음에도 불구하고, 노동권 보호의 사각지대가 여전히 광범위하게 존재하고 있다(한국정신문화연구원, 2014).

3) 도시화

도시화(urbanization)란 인구가 도시에 집중되어 도시성(urbanism)을 나타내는 사회 변동 현상을 뜻한다. 도시성은 금전경제(money economy)가 지배하므로 극히 타산적 인간관계와 비인격적이고 타인에게 무관심한 태도가 팽배하는 것이다. 그 결과 상호작용이 원활하지 않아 도시인은 정신적·정서적 장애를 가지게 되고 공동체감(sense of community)을 상실하게 된다. 사회구조마저 와해되고 결국 무규범(anomie) 현상을 초래한다. 즉, 극도의 개인주의가 자리 잡으면 사회규범에 대한 동의가 거의 불가능해지고 사회와해(social disorganization) 현상까지 일어나는 것이다.

도시화에 따른 문제는 인구과밀, 주택난, 환경오염 등의 외양적 생태학적 문제와 개인적인 사회심리적 차원에서 가치 혼란, 아노미(무규범), 금전 및 경제적 타산성, 이기적 경쟁심, 상대적 박탈의식, 과시적 소비 등의 문제와 그에 따른 범죄, 비행, 퇴폐적 향락 등 일탈 행위와 사회 혼란의 사회문제를 야기시킨다.

도시 문제가 야기되는 것은 단순히 산업화와 인구 증가에 따른 것도 있지만, 이외에 다른 다양한 사회문제를 야기한다. 먼저, 도시화에 따른 사회불평등의 계층구조이다. 도시화는 자본주의 체계 안에서 이루어지고, 경제발전 과정에 있어서 빈부격차가 심화된다. 산업화가 도시의 고용기회 확대를 가져왔고, 영세농민을 대거 도시로 끌어들였다. 그러나 도시로 이주해 온 빈곤한 농민은 대부분 단순노동에 종사하며 도시

외곽의 빈민 지역에 밀집해 살면서 빈민계층을 형성한다. 이농도시빈민은 빈민촌(slum)을 형성하며, 적당한 고용기회와 일상생활을 위한 충분한 임금을 받지 못하여 도심의 변두리에서 온갖 사회적 번뇌를 안고 생계유지에 허덕인다. 또 도시 변두리의 빈곤층이 취업기회를 얻지 못하여 실업 또는 준실업 상태에 처할 때 여러 사회심리적 갈등을 느끼고 도시의 아노미적 상태를 야기하게 된다.

도시 문제가 해결되지 않는 요인 중의 하나는 문화생활의 무질서와 무절제이다. 특히 산업화의 혜택을 누구보다도 크게 받는 상류 재벌계층과 그에 부동하여 비교적 부유하게 생활하는 중상류층의 과시적 소비생활이 문제를 야기하고, 상대적 박탈의식을 더욱 조장시킨다. 도시화는 금전경제에 의존하여 창출·매매·소비되고, 관료적 권력층과 상류층은 외국의 사치성 문물을 도입하여 과시적 소비생활을 한다. 따라서 도시화는 비공식적(informal)인 사회통제에서 공식적(formal)인 사회통제로 이행한다는 것을 의미한다. 특히 도시화는 집단 특성에 따른 사회통제가 수반되며, 도시생활의 정신적 갈등과 스트레스 해소, 상대적 박탈감에 따르는 위안의 방법으로 쉽게 음주, 퇴폐적 성문화, 자살, 살인 등의 다양한 사회문제를 야기하게 된다.

4) 사회적 양극화

양극화 문제는 사회에서 경제적 양극화가 주거지 분화 및 자녀교육 기회의 격차로 이어져 심각성을 증폭시키고 있으며 공간적 격차는 소비생활의 분화를 통해 문화적 양극화를 초래하고 있다(김문조, 2009).

양극화는 중산층이 지속적으로 축소되는 현상을 설명하기 위해 1980년대 중반 미국에서 등장한 개념이다. 양극화는 빈곤 심화나 불평등 증가와 밀접하게 관련되지만, 그것과는 약간 다른 개념으로 한 사회의 구성원이 여러 가지 면에서 상호 이질적 집단으로(대표적으로 소득이나 재산, 노동시장 등에서) 구획되어 갈 때 우리가 흔히 말하는 전통적 중산층은 축소될 수밖에 없다. 양극화의 피해는 그것이 다른 대책으로 완충되지 않으면 대부분 서민층에게 전담되는 경향이 있다(남찬섭, 2009).

가구소비실태 조사와 가계조사 자료를 이용한 분석에 따르면, 중위소득 50~150%에 해당하는 중산층은 줄어들었으며, 빈곤층은 점점 증가한 반면에 상류층은 해를 거듭할수록 점점 늘어나고 있다. 양극화는 사회통합을 저해하며 사회의 갈등을 심화함은 물론 대다수 서민층의 안전망을 위협하는 요인이 되고 있다(정무성 외, 2019).

사회적 양극화는 불평등과 빈곤을 넘어서 사회적 배제(social exclusion)로 전 지구적으로 심화되었다. 사회적 배제란 불평등의 확대와 함께 사회적·경제적 취약계층이 확대되어 사회적 결속의 약화 내지 상실까지 함께 일어나는 현상을 말한다. 노동자의 소득 감소, 저임금 부문과 실업의 증가로 하층민에게 물질적 풍요의 기회가 축소되고 사회적 박탈과 사회제도에 대한 참여가 제약되면서 사회의 주류생활로부터 배제당하기에 이르는 것이다. 1980년대 말 이후 유럽연합위원회는 사회적 배제의 해소를 회원국의 사회정책 주요 목표로 설정했을 만큼, 현대사회의 심각한 문제로 대두되었다(김근홍 외, 2013).

5) 핵가족화

핵가족화는 이전에 가족이 수행해 온 가족 기능에 대한 새로운 변화를 초래하였다. 즉, 가족 규모의 축소는 다양한 능력을 갖는 활동 주체를 가족 내부에서 배출해 가는 것을 의미하며, 그 활동 주체의 능력 상실은 가족 기능의 약화와 위기대응능력의 저하 등으로 이어지고 있다. 이와 같이 가족이 상실한 기능을 외부의 기관이 대신하여 유상이나 무상으로 인수하게 되는데, 이것을 가족 기능의 외부화라고 한다.

가족의 변동으로서 핵가족화는 그 형태상의 변화만으로 파악되는 것은 아니다. 그 외에도 권위구조, 역할구조, 가족주기, 정서구조, 가족기능, 가족의식, 생활구조 등 가족의 구조 변동을 파악하는 다양한 측면이 있다. 이에 핵가족화의 원인으로 사회구조 전체의 근대화와 산업화를 들 수 있다. 특히 핵가족이 증가하는 주요 요인은 자본주의 경제가 발달하여 증가된 고용노동자가 도시에 집중해 있기 때문이다. 또한 현대적인 의미의 결혼관과 가족관이 보급되고 있는 점 등을 그 요인으로 지적할 수 있다(박용순 외, 2022).

오늘날 핵가족화의 특징으로는 출산율 저하, 수명 연장에 따른 가족 규모의 축소, 자녀 독립 후의 중·고령기 부부만의 생활 기간 연장, 가족의 생활 보장 기능의 실질적 평등화, 맞벌이 부부의 증가 및 이에 따른 부부의 역할 교체, 가족해체의 진전, 이혼과 재혼의 증가, 아동보호, 노인부양 등 다양한 사회문제를 야기하고 있다.

6) 세계화

세계화는 국가 간 경제적 상호의존과 통합이 고도로 진전되어 경제활동의 지리적 경계가 전 지구로 확대되고 경제활동과 관련된 제도, 의식이 세계 공통의 것으로 변화되는 현상이며, 지리적 경계의 중요성 약화, 정치·경제·문화 등 각 영역 상호 간의 기능적 연계 및 통합, 지구적·국가적·국지적 수준의 상황과 삶의 질적 변화를 포함하는 다차원적 현상이다(감정기 외, 2015).

세계화로 가장 심각한 타격을 받는 부분은 노동과 고용 부문이다. 인간의 삶에 대한 세계화의 부정적 영향은 특히 자유무역의 확대와 그로 인한 국가적 경쟁에서 그 뿌리를 찾을 수 있다. 국경을 초월한 시장경쟁에서 살아남기 위해 각국은 기업의 경쟁력 강화라는 명제에 집착하게 되었고, 기업의 입장에서 경쟁에 유리한 투자처의 모색이 쉬워지면서 자본과 노동에 대한 힘의 균형이 무너져 노동자에게 불리해졌다. 그 결과 기업의 전 지구적 경쟁력 강화와 자본의 국내 투자 촉진을 위해 정규직 고용을 감소시키고 시간제·파견제를 포함하여 임시직 고용을 증가시키는 노동의 유연화가 확산되었다. 이로 인해 다수 임금노동자의 실질소득이 줄어들고 저임금 노동자는 증가하였는데, 이러한 경향은 개발도상국만이 아니라 선진국에서도 동일하게 전개되는 중이다.

이처럼 세계화의 영향은 경제적 측면에서 자본 이동성이나 국제적 협약을 통해 복지국가를 제약하고 약화하는 힘으로 작용하며, 세계화를 통한 불안정과 경쟁으로 인하여 사회적 보호의 요구와 혁신 압력이 강해져서 다양한 사회문제에 양면적인 영향을 미치고 있다.

03 ● 사회문제의 특성

앞에서 사회문제의 다양한 정의를 살펴보았지만, 사회문제를 논의하는 많은 문헌은 사회문제의 엄격한 정의를 규정하지 않는 경우가 많다. 사회문제를 정의하기 위해서는 사회문제와 그렇지 않은 문제를 구분할 수 있는 특성을 도출해야 하고, 그러한 특성을 도출해 내는 과정을 통해야만 사회문제의 개념이 자연스럽게 정의될 수 있기 때문이다(김병 외, 2013). 따라서 사회문제로 성립되기 위한 특성을 살펴보면 다음과 같다.

1) 사회 또는 개인에게 피해를 끼침

사회문제는 사회 또는 개인에게 피해를 끼친다. 유해조건으로는 신체적 상해, 재산 손실, 권한 침해, 환경오염, 인종차별과 성차별, 사회적 가치 손상 등을 예로 들 수 있다. 사회문제가 되기 위해서는 이러한 조건의 해로움 정도가 객관적으로 드러나야 한다. 그러나 사람에게 해를 준다고 해서 모두 사회문제가 되는 것은 아니다. 마약과 자동차로 인한 피해를 비교해 보면 대개 자동차 사고로 인한 인명과 재산의 피해가 마약보다 훨씬 크지만 자동차 사고를 사회문제로 생각하는 사람은 별로 없으며, 또 마약이 사회문제가 아니라고 생각하는 사람도 거의 없다.

2) 사회 구성원의 다수 및 일부의 사람들이 판단

어떤 현상이 사회문제가 되기 위해서는 사회 구성원의 다수 또는 그 사회에 영향을 주는 일부의 사람들이 사회문제로 판단해야 한다. 여기서 몇 명이 다수인가에 대한 명확한 기준은 없지만, 적어도 30~40명 이상은 되어야 한다. 그러나 이들 다수는 그 사회의 구성 인구수에 따라 상대적일 수 있다(최일섭·최성재, 2003). 따라서 극소수의 사람에게만 해당하는 문제라면 사회문제가 아니라 객관적인 문제일 뿐이다. 많은 사람이 관련되어야만 대중의 관심을 끌고, 또 그 해결을 위한 집단행동을 벌이기 때문이다.

설리번(Sullivan, 2003)에 의하면 사회에 영향을 줄 수 있는 사람들이란 대중적 논쟁이나 국가정책에 상당한 영향력을 행사하는 사람들이다. 예를 들어, 여성의 직업 차별에 반대하는 여성단체가 정치인이나 대중을 상대로 캠페인을 전개하여 자신들의 주장을 관철시켰다면 그들은 영향력 있는 사람들이다. 한 사회의 영향력 있는 사람들로는 대통령, 도지사, 국회의원 등과 같은 정치인, 종교계의 지도자, 교수, 신문기자, 시민단체 및 학술단체 구성원 등을 들 수 있다. 이들은 특정 상황을 사회문제로 만들 수 있는 능력을 지니고 있다. 그러나 영향력 있는 집단이 가치와 기준을 침해했을 때 사회문제가 될 확률이 높다. 따라서 사회문제를 규정하는 영향력은 관심을 가지는 수, 관심 표출의 강도, 관심을 나타내는 사람들의 권력 등 세 가지 측면에서 측정될 수 있다(원석조, 2018).

3) 집단적 사회행동의 필요성

사람들은 집단적 사회행동을 통해서 사회문제가 해결되기를 원하는 동시에 해결될 수 있다고 믿는다. 어떤 현상이 사회문제가 되기 위해서는 그 현상을 제거하거나 관련된 부정적 영향을 감소시키기 위하여 그 현상을 변화시킬 수 있다는 전제하에 어떤 조치를 취해야 한다고 사회의 다수가 생각하고 있어야 한다. 즉, 사람들이 그 문제를 해결할 수 있다고 생각하고 그 문제를 해결하기를 원할 때 그 문제는 비로소 사회문제가 된다는 것이다(최일섭·최성재, 2003).

이는 유해조건과 영향력 있는 집단의 규정이라는 두 가지 요건을 충족시킨다 하더라도 인간의 집단적 사회행동에 의해 해결될 수 없다면 사회문제가 될 수 없다는 것을 의미한다. 지진, 태풍, 가뭄, 화산폭발 등과 같은 자연재해는 많은 사람에게 피해를 준다 하더라도 인간의 집단적 사회행동에 의해 해결될 수 없기 때문에 사회문제가 될 수 없다.

집단적 사회행동이란 사람들의 공동의 노력으로서, 파업, 대중홍보, 로비, 이익집단

결성 등을 말한다. 어떤 유해조건으로부터 고통을 받는 당사자가 자신의 힘만으로는 해결이 불가능하다고 생각하여 타인의 도움을 얻어 사회복지정책(사회문제의 해결책)을 변화시키거나 새로운 사회복지정책을 만들려고 할 때 발생한다(원석조, 2018).

4) 문제의 지속성

사회문제는 상당 기간 지속되는 특성이 있다. 빈곤을 예로 들면, 빈곤 문제는 아주 오래된 사회문제인데 시간이 지나면서 새로운 형태로 나타나기도 하고 주기적으로 나타나기도 한다. 이러한 사회문제의 원인은 사회제도나 집단의 이익과 관련이 있으며, 손쉽게 해결되기를 바라는 대중들이 그 해결을 포기해 버리므로 사회문제로 계속 남아 있다.

5) 해결책의 다양성과 갈등 관계

사람들이 내놓은 사회문제 해결책은 매우 다양하며 종종 갈등 관계에 있는 해결책이 제시되기도 한다. 이러한 현상은 사회문제 해결책에 대한 평가가 사람들의 사회경제적 지위에 따라 다르기 때문에 생긴다. 예를 들어, 빈곤 문제의 해결책으로 근무 인센티브의 제고를 주장하는 사람이 있는가 하면, 빈민의 최저생활 보장을 주장하는 사람도 있다.

6) 객관적 상황과 주관적 가치판단

사회문제로 규정되기 위해서는 사회문제로서의 객관적 상황과 이 상황을 문제로 인식하는 주관적 가치판단이 있어야 한다(고영복, 2001). 사회문제는 무엇이 문제인가에 대한 선택의 문제이며 가치와 관심의 문제라 할 수 있다. 가치와 관심을 어디에 두느냐에 따라 선택된 사회문제의 내용이 달라지고, 이에 대한 분석과 설명 방식도 달라지기 때문이다.

7) 어떤 집단의 가치를 위협하는 사회적 조건

사회문제는 어떤 집단의 가치를 위협하는 사회적 조건이다. 가치란 선과 악, 옳고 그름에 대한 사람들의 사고이다. 가치는 목표의 선택, 행위를 판단하는 지침이 된다. 예를 들어, 환경오염은 건강과 자연환경 보존이라는 가치를 비추어 보면 사회문제로 고려될 수 있다. 하지만 사람들은 서로 다른 가치를 가지고 있으며, 한 사람이 서로 상반되는 가치를 가진 경우도 있다. 따라서 가치를 기준으로 하여 어떤 사회적 조건이 사회문제인가를 규정하는 데에는 사회적 합의를 이루기 어려운 경우가 발생한다. 어떤 가치의 기준에서 무엇이 사회문제인가를 규정하는 것은 매우 복잡한 문제이며, 사회문제 연구에 있어 가장 논쟁적인 측면 가운데 하나에 속한다(Rubington & Weinberg, 1990).

따라서 같은 현상이라도 누구의 기준에 의하여 판단하느냐에 따라 사회적 기준에 위배되는 경우와 그렇지 않은 경우도 있다. 사회적 가치에 대한 위배 여부는 어떤 현상이 개인적 문제인가 또는 사회적 문제인가를 판단하는 하나의 기준이 될 수 있다. 즉, 어떤 현상이 한 개인의 특별한 가치관에 위배된다면 그것은 사회문제라고 볼 수 없다.

8) 사회적 원인에 의해 발생

어떤 상황이 사회적 원인에 의해 발생되지 않으며, 집합적인 인간행위에 의해 개선될 수 없으면 사회문제로 고려되지 않는다. 지진, 태풍, 홍수 등 각종 자연재해는 인간에게 매우 두렵고 해로운 결과를 가져오지만 사회적 조건에 의해 발생하지 않고 집합행위와 사회정책의 변화에 의해 개선될 수 없기 때문에 사회문제로 고려되지 않는다.

사회문제의 원인이 사회적인 것에 있다는 말은 사회문제가 불완전한 사회체계에 의하여 발생함을 의미한다. 홍수 자체가 아니라 홍수 때문에 파괴된 주택이 장기간 복구되지 못해 주민의 생활에 위협으로 이어지는 것이 사회문제인 이유가 거기에 있다. 그런데 어떤 문제의 원인이 사회적인 것인지 아닌지에 대한 판단은 쉽지 않다. 흔히 그 원인이 개인적이며 비사회적인 것처럼 보이는 현상도 실제로는 사회문제인 경우가 대부분이다. 예를 들면, 자살도 경제적 압박이나 소외감에 의해서 이루어지는 경우가 많으며, 경쟁사회에서는 대인관계의 갈등이 일어나거나 알코올중독에 쉽게 빠지기도 한다(표갑수, 2006).

이상의 특성을 갖추면 사회문제의 성립조건이 될 수 있지만, 같은 현상이라도 시대와 사회, 국가의 변화에 따라 사회문제의 성립조건은 적용될 수도 있고, 그렇지 않을 수도 있다. 예를 들면, 근친상간은 한국 사회에서 커다란 사회문제로 정의되지만, 고대 이집트 사회나 하와이 왕국 및 잉카제국에서는 오히려 혈통 보존을 위해 장려했다고 한다. 또 인종차별 문제도 사실상 인종차별은 미국보다 파키스탄이나 사우디아라비아와 같은 전통사회에서 더 심각한데도 불구하고 미국에서는 인종차별 문제가 다른 어떤 사회보다 가장 심각한 국내 문제로 간주된다. 왜냐하면 미국인에게 인종차별은 도저히 허용될 수 없는 매우 심각한 문제성을 내포한다고 의식하기 때문이다.

04 사회문제의 유형

사회문제의 분류는 학자마다 견해가 다양하며, 각자의 사회문제에 대한 정의와 연구에 따라 분명하게 구별된다. 사회문제에 대한 분류는 독립적이고 가치중립적인 측면에서 제시되지만, 사회문제를 올바르게 인식하고 보편적인 관점에서 구분하는 것에는 한계가 있다. 따라서 여러 학자의 견해를 종합하여 특성에 따라 사회문제를 분류해 보면 〈표 1-1〉과 같다.

표 1-1 사회문제에 대한 학자별 관점

분류	세부 내용
머튼과 니스벳의 분류 (Merton & Nisbet, 1971)	•사회해체 문제: 인구 문제, 인종 문제, 가족 문제, 노동 문제, 빈곤 문제, 도시 문제, 해체 문제, 갈등 문제, 폭력 문제 등 •일탈행위 문제: 정신장애 문제, 범죄 문제, 비행 문제, 약물 문제, 알코올 문제, 자살 문제, 성 문제 등
슈나이더 등의 분류 (Schneider et al., 1981)	•비극적 사회문제: 정신질환 문제, 자살 문제, 알코올중독 문제 등 •부정의 사회문제: 인종차별 문제, 빈곤층 문제, 성차별 문제 등 •위협의 사회문제: 범죄 문제, 인구 문제, 흡연 문제, 약물중독 문제 등 •추행적 사회문제: 대량살인 문제, 대량자살 문제, 아동학대 문제, 여성 강간 문제, 전쟁 문제 등 •고압적 사회문제: 낙태 문제, 안락사 문제 등 •결함적 사회문제: 관료주의 문제, 부도덕 문제 등
아이첸과 진의 분류 (Eitzen & Zinn, 2000)	•체제 문제: 부와 권력 문제, 사회해체 문제, 부의 집중 문제, 정경유착 문제, 권력집중 문제 등 •인구 문제: 글로벌 문제, 환경 문제, 노령화 문제, 도시 문제, 식량 문제 등 •불평등 문제: 빈곤 문제, 인종 문제, 성차별 문제, 동성애 문제 등 •제도 문제: 노동 문제, 고용 문제, 가족 문제, 학대 문제, 폭력 문제, 교육 문제, 보건 문제, 테러 문제 등 •일탈 문제: 정신 문제, 범죄 문제, 약물 문제, 부적응 문제 등
파릴로 등의 분류 (Parrillo et al., 1999)	•개인복지의 위협 문제: 알코올 문제, 약물남용 문제, 성적 문제, 범죄 문제, 폭력 문제, 테러 문제 등 •사회평등의 위협 문제: 인종 문제, 빈곤 문제, 착취 문제, 성차별 문제 등 •사회제도의 위협 문제: 가족 문제, 교육 문제, 노동 문제, 고용 문제, 보건 문제 등 •삶의 질의 위협 문제: 도시 문제, 농촌 문제, 인구 문제, 환경 문제 등
김영모(1982)의 분류	•구조적 문제: 빈곤 문제, 소득분배 문제, 노동 문제, 교육 문제, 불평등 문제 등 •해체적 문제: 가족해체 문제, 빈민 지역 문제, 인구 문제, 환경 문제 등 •일탈적 문제: 범죄 문제, 청소년비행 문제, 성매매 문제, 자살 문제, 알코올중독 문제, 정신질환 문제 등
최일섭과 최성재(1995)	•사회변동 또는 불평등 문제: 가족 문제, 환경 문제, 노인 문제 •사회적 불평등 문제: 빈곤 문제, 성차별 문제, 노사 문제 •사회적 일탈 문제: 청소년비행 문제, 범죄 문제, 성폭력 문제, 약물중독 문제, 정신건강 문제

분류	세부 내용
고영복(2008)	•사회구조적 문제: 도시 문제, 노사 문제, 빈곤 문제 •가족과 세대 문제: 가족 문제, 여성 문제, 청소년 문제, 노인 문제 •삶의 질 문제: 환경 문제, 인구 문제, 보건의료 문제, 여가 문제 •한국적 특수 문제: 한국 사회의 부정부패 문제, 지역감정과 지역 문제, 학력주의와 학력 경쟁 문제, 종교 문제
한국사회학회(2010)	•사회불평등 문제: 소득재분배 문제, 빈곤 문제 •사회갈등 문제: 노동 문제, 학생운동 문제 •일탈 문제: 부정부패 문제, 범죄 문제, 청소년비행 문제 •사회해체 문제: 환경 문제, 공동체 문제, 가족해체 문제

이상에서 학자의 견해를 중심으로 사회문제를 분류하여 제시하였는데, 외국과 한국의 학자가 제시하는 범주에는 어느 정도 차이가 있다. 따라서 사회문제의 범주와 유형을 종합하여 간략히 제시해 보면 다음의 〈표 1-2〉와 같다.

표 1-2 사회문제의 분류와 범주

사회문제의 분류	사회문제의 범주
사회일탈적 문제	탈선 문제, 범죄 문제, 부적응 문제, 약물남용 문제, 학교폭력 문제, 성폭력 문제, 성매매 문제, 정신질환 문제 등
사회구조적 문제	빈곤 문제, 교육 문제, 불평등 문제, 노인 문제, 노동 문제, 환경오염 문제, 도시 문제 등
사회해체적 문제	청소년 문제(아노미), 가족 문제(핵가족), 보건 문제, 고용 문제, 소득분배 문제, IMF 문제 등

출처: 박용순 외(2022). 사회문제론.

05 사회문제를 보는 시각

사회문제를 이해하고 분석할 때 이를 바라보는 시각은 다양하다. 예를 들어, 술을 과도하게 마시거나 자주 음주하여 직장생활이나 사회생활에서 문제가 되는 현상은 미국 같은 사회에서는 엄격한 규정을 적용하여 직장에 한두 번 결근하거나 술주정을 하면 알코올중독으로 규정하여 사회문제가 된다. 하지만 한국 사회에서는 술 마시는 것으로 가정생활이나 직장생활에 피해를 준다 해도 이를 관용적으로 보는 분위기여서 쉽게 알코올중독으로 판단하거나 사회문제로 보지 않는 경향이 있다. 그만큼 사회문제를 바라보는 시각은 사회, 시대마다 다르게 규정되는 상대적인 면모를 보인다(강영실 외, 2005). 이 장에서는 사회문제를 보는 시각을 개인적 시각, 사회제도적 시각, 통합적 시각, 객관적 시각, 주관적 시각 등으로 살펴보고자 한다.

1) 개인적 시각

개인적 시각은 개인의 게으름, 나태, 무지, 무능, 도덕적 양심 결여 등으로 인해 개인이 범죄, 빈곤, 실업 등에 처하게 된다는 시각이다.

사회문제의 원인을 개인의 결함에서 찾고 개인을 비난하는 관점은 다음과 같은 결과를 초래할 수 있다(김지현 외, 2011). 첫째, 사회문제의 원인을 개인의 결함으로 돌림으로써 정부, 사법체계, 경제제도, 교육제도 등의 구조적 결함 또는 모순을 간과하거나 비난하지 않아 사회문제 해결을 위한 사회제도의 개선이나 변화를 위한 노력을 시도하지 않는다. 둘째, 문제를 야기한 개인이나 집단을 통제하는 결과를 초래할 수 있다. 즉, 문제 있는 개인을 비난하기, 약물 또는 행동 치료하기, 물리적으로 격리하기 등과 같은 기술적 개입을 통해 개인의 일탈을 막을 뿐만 아니라 개인을 강압적으로 통제하게 된다. 셋째, 개인을 비난하는 관점은 인간이 자신의 운명을 스스로 통제할 수 있다는 잘못된 신념을 가지게 한다. 즉, 개인의 빈곤, 질병, 실업 등의 원인을 자신의 운명으로 받아들여 이에 적응하고 사는 것을 당연시하기 때문에 사회의 원조를 받을 필요가 없다고 생각할 뿐만 아니라 사회 또한 개인에 대한 동정이나 사회복지서비스를 제공할 필요가 없다고 생각한다.

개인적 시각의 한계점은 정부정책, 경제구조, 사회계층, 사법제도, 교육제도 등의 문제를 면죄한다는 비판이 있다. 이는 현존하는 지배적인 정치적·경제적·사회적 제도를 변화시키려는 시도를 어렵게 만들기도 한다.

개인적 접근의 통제기능은 개인과 집단의 문제에 대하여 공인된 방법을 강구할 수 있다. 즉, 일탈자를 감옥 혹은 정신병원에 격리하거나 약물을 처방하는 등의 형태로 훈육하는 것이다. 이러한 접근은 사회제도적 결함을 떠나 개인을 직접적으로 비난하거나, 문제를 지닌 개인을 사회에서 격리할 수 있는 근거를 제공한다. 또한 개인적 행동을 지나치게 통제함으로써 각자가 타고난 개인적인 운명에 역행을 초래할 수도 있다(박용순 외, 2022).

2) 사회제도적 시각

사회제도적 시각은 불완전한 사회제도 및 정치, 불공정한 소득재분배 제도, 불평등한 사법체계, 불평등한 교육기회, 미흡한 치안제도 등으로 인해 개인이 빈곤, 실업, 범죄, 질병 등에 처한다는 것이다.

사회문제의 원인을 사회의 결함에서 찾는 관점은 다음과 같은 결과를 초래할 수 있다(김지현 외, 2011). 첫째, 사회제도에서 사회문제의 원인을 찾는 관점이 지나치면 사회문제의 결정론적 해석으로 흐르기 쉽다. 사회제도에 의해 개인이 일방적으로 영향을 받거나 통제받을 수도 있지만 실제로 개인은 자신의 판단에 따라 행동을 선택하고 책임질 수 있다. 둘째, 사회문제의 원인이 개인에게도 있을 수 있다는 것을 간과하여 부적절한 개인에게 그 책임을 돌리지 못하게 할 수도 있다.

이처럼 사회문제의 원인을 이분법적으로 개인 또는 사회제도에서 찾을 수 있지만 사회제도에서 사회문제의 원인을 찾는 관점이 강조될 필요가 있다. 사회문제의 원인을 개인의 결함에서 찾는 경우 개인 또는 사회의 긍정적인 변화보다는 부정적인 결과가 초래되어 악순환이 지속될 것이며, 사람들을 위해 만든 사회제도가 오히려 그들의 욕구를 충족시키지 못할 수도 있다. 그러므로 사회제도의 개선을 통해 개인의 문제를 해결할 뿐만 아니라 사회의 문제를 해결할 필요가 있다.

3) 통합적 시각

통합적 시각은 개인적 시각과 사회제도적 시각을 통합하여 접근하는 것을 말한다. 최근 사회문제의 경향은 사회환경의 요인에 초점을 맞추고 있지만, 개인적인 요인도 간과할 수 없는 상황이다. 그러므로 사회문제의 요인도 포괄적인 접근으로 도출해야만 합리적인 사회복지대책을 수립할 수 있다.

자본주의 사회는 사회 구성원의 능력에 따라 사회계층이 적절히 배치된다. 이 논리에 따라 사회복지 대상자는 능력과 노력이 부족하기 때문에 가난하다는 것을 강조한다. 그들의 운명은 타고날 때부터 결정되어 있으며, 성공한 사람도 부유하게 태어났다는 것이다. 따라서 이러한 사회다원주의자는 사회복지 대상자의 복지 향상을 위한 정부 프로그램에 대한 관심이 결여되어 있다고 본다.

사회문제에 대한 통합적 시각은 두 가지 접근이론의 타당성을 인정한다. 이는 사회문제가 복잡하고 다양하기 때문에 역동적인 맥락에서 바라볼 필요가 있다는 것이다. 따라서 사회문제의 원인을 파악하고 그 해결방안을 모색할 때 개인과 사회제도 중에서 어느 한쪽보다는 두 가지 시각을 병행하는 것이 바람직하다(Eitzen & Zinn, 2000).

4) 객관적 시각

객관적 시각은 사회문제에 대한 객관적 합의가 가능하다고 보는 것이다. 이러한 입장에서는 사회를 기계론적으로 보는 동시에 이를 실증과학적으로 문제 삼으면서, 사회가 영위되는 보편 법칙에 어긋나는 현상을 해체 현상으로 보는 사회해체론적 시각, 사회문제를 보는 데 있어서 특정한 도덕적 가치를 전제로 하는 사회병리학적 시각이 포함된다(전병재, 1990).

5) 주관적 시각

주관적 시각은 사회문제의 인식을 객관적인 근거를 가진 것이 아니라 주관적 판단의 결과인 것으로 보는 것이다. 다시 말해, 무엇이 사회문제인지는 각자의 느낌에 따라서 다양하게 이해될 수 있으므로 이에 대한 진정한 합의란 있을 수 없는 것으로 본다. 이러한 입장에 따르면, 사회적 합의란 대개의 경우 진정한 것이기보다는 특정 지배집단의 견해를 중심으로 해서 조작된 것이고, 또 특정 집단성원의 합의도 합리적 인식 과정을 통한 것이라기보다는 각자가 가지고 있는 다양한 느낌의 잠정적이고 운명적인 공감대에 불과한 것으로, 마치 바람에 따라 방향이 바뀌는 갈대의 형상과도 같이 집합적 의식 내지 인식의 모양이 수시로 변할 수밖에 없다는 것이다. 이러한 입장에는 사회문제 인식의 상대성을 강조하는 가치갈등론적 시각이 포함되는데, 이 시각에서는 한 사람에 의해서 사회문제로 규정된 것이 다른 사람에게는 전혀 문제로 인식되지 않을 수도 있다는 점을 강조한다.

사회문제의 인식에 있어 객관적 인식의 가능성을 완전히 포기할 수는 없는 일이다. 그러나 주관적 입장에서 지적하는 바대로 객관적 인식에는 한계가 있다는 점을 인정하고 어떤 방법으로 규정되어도 사회문제의 규정에는 여론의 여지가 항상 남을 수밖에 없다는 점을 염두에 둘 필요가 있다(전병재, 1990).

06 사회복지대책

사회문제를 보는 시각은 사회문제에 대한 접근과 해결 방법과 관련해서 매우 중요한 의미를 가진다. 각종 사회문제를 면밀히 살펴보면 사회문제의 원인을 단지 개인의 탓으로만 돌릴 수 없는 경우가 많다. 빈곤 문제, 실업 문제, 청소년 문제, 장애인 문제 등에 관해서 학자들의 연구결과를 종합해 보면 문제의 원인이 사회제도나 경제정책에 그 뿌리를 두고 있다는 실증적 자료와 증거가 제시된다. 문제는 사회문제를 보는 사회복지사의 시각이 어느 한쪽으로 치우쳐 균형을 잃게 되는 경우 그들의 노력이 별로 효과를 거둘 수 없다는 점이다. 사회문제는 매우 복잡하고 다양한 원인에 의해서 야기되는 일종의 사회 현상으로, 문제를 보는 시각에 따라 문제를 해결하는 방법과 접근법에서 그 강조점을 달리할 수 있다.

그러나 현재 한국 사회복지의 현실을 감안한다면, 개인적인 시각도 중요하지만 사회복지사가 사회구조와 제도에 대해 더욱 관심을 기울여야 한다. 그동안 사회복지는 제도권 속에서 주어진 예산과 주어진 절차에 따라서 성실하게 사회복지서비스를 수행해 왔다. 이러한 제도권 밖에 존재하는 사회적 욕구와 문제에 대해서는 덜 민감하였으며, 오히려 종교단체와 시민단체들이 그러한 역할을 해 왔다. 그러므로 지역사회에 존재하는 각종 욕구와 문제를 찾아, 제도와 서비스의 사각지대가 사회적 이슈와 문제가 되도록 노력해야 한다. 그러한 노력으로 사회구조적 차원의 변화를 이룰 수 있으며 개인적인 어려움도 해결될 수 있을 것이다(김병 외, 2013).

따라서 사회문제의 해결에 효과적으로 대응하기 위해서는 사회복지가 개인과 가족의 상담과 치료 업무에만 치중해서도 안 되며, 개인과 가족의 변화를 무시한 채 제도나 체제 변화에 전념해서도 안 된다. 이러한 시각에서 최근 사회복지실천에서는 미시적 실천과 거시적 실천을 망라하는 일반사회복지실천(generalistic social work)이 크게 인기를 얻고 있다(김지미 외 2020). 일반사회복지실천이란 서비스 대상자의 문제나 욕구에 따라 때로는 상담과 치료를 하면서도 조직과 지역사회의 자원을 동원하고 변화시키는 노력을 동시에 전개하는 특징이 있다(김지미 외, 2020; 박용순 외, 2022).

생각해 볼 문제

1. 사회문제의 일반적 정의와 사회적 정의를 구분하여 설명해 보자.

2. 사회문제가 성립되기 위한 특징 다섯 가지를 제시해 보자.

3. 사회문제의 동향 세 가지를 간략히 설명해 보자.

4. 사회문제의 범주와 유형을 종합하여 설명해 보자.

5. 현대사회와 관련된 사회문제 세 가지를 설명해 보자.

Chapter

02

사회문제 이론

01 사회문제의 이론

이론은 현상을 설명하고 예측하기 위한 목적으로 일련의 상호 연관된 개념과 명제로 그 현상에 대한 체계적인 모습을 제시하는 것이다. 즉, 하나의 이론은 특별한 현상을 설명하거나 그 현상에 대한 질문의 답을 찾기 위하여 고안된 것이며, 일련의 가정(proposition)과 원칙(principle)이 상호 밀접하게 연결되어 있다. 그러므로 이론은 우리가 살아가는 세계를 바라보고 이해할 수 있는 다양한 관점(perspective)을 제공한다. 사회과학에서 이론이 효용성은 사회 현상의 많은 측면을 요약해 줌으로써 문제에 대한 명료한 이해를 가능하게 한다(박용순 외, 2019). 여기에서는 사회문제의 이론을 구조기능주의 이론, 갈등주의 이론, 교환이론, 상징적 상호작용주의 이론을 중심으로 살펴보고, 각 이론에 따른 기본 개요, 사회문제 발생 원인, 관련된 사회문제 이론, 사회문제 해결방안 등을 살펴보고자 한다.

1) 구조기능주의 이론

(1) 등장 배경

현대의 구조기능주의는 미국에서 발전하였다. 제2차 세계대전 이후 1950년대까지 미국은 세계 자본주의 체제의 공고화와 함께 번영을 구가하였고, 두 차례에 걸친 세계대전의 대혼란을 겪으면서 사회적 안정과 통합을 희구하게 되었다. 이를 뒷받침하기 위한 사회안정 및 통합에 관한 모델이 필요하였다. 이러한 상황에서 발생한 것이 구조기능주의이다. 구조기능주의는 사회의 각 부분은 전체 사회의 균형을 유지하기 위해 그 안에서 조화를 이루고 있으며, 각 부분은 주어진 기능을 수행함으로써 이 균형은 유지된다고 보았다.

이러한 구조기능주의적 시각은 사회학이 형성되던 초기부터 주요하게 기여하였다. 콩트(Cont) 이래 사회학은 조화로운 사회의 건설을 목적으로 삼았다. 이후 사회를 자연에 유추하여 하나의 유기체로 보려는 시각이 발전하였다. 구조기능주의적 시각에 따르면, 생물유기체는 각 기관으로 구성되어 있고 각 기관은 유기체 전체의 균형을 위해 각각의 기능을 수행한다. 스펜서(Spencer)와 뒤르켐(Durkheim) 등 19세기 고전사회학자에 의해 발전된 기능주의 이론은 제2차 세계대전 후 미국의 탤컷 파슨스(Talcott Parsons)에 의해 체계화되어 20세기 현대 사회학의 주류로 자리 잡게 되었다.

(2) 이론적 전제

구조기능주의의 이론적 체계를 완성한 인물은 파슨스로, 그는 19세기의 고전적 자유주의에 대한 비판에서 시작하였다. 고전적 자유주의는 개인을 합리적인 존재로 보고, 개인의 합리성이 사회적 균형을 가져다주는 것으로 전제하였지만, 파슨스는 이러한 개인주의는 사회적 불안정을 가져다주며 개인주의로 사회적 균형이 이루어진다면 그것은 우연일 뿐이라고 주장하였다. 고전적 자유주의는 사회적 통합을 설명하는 데 실패할 수밖에 없다는 것이다. 그에 따르면, 사회는 각 부분으로 이루어진 완결된 하나의 체계이며, 이 부분들은 상호작용하면서 서로의 유지에 필요한 필수적인 기능을 수행한다.

파슨스는 사회체계가 존속하기 위해서는 다음과 같은 네 가지 필수적인 기능을 수행해야 한다고 주장하였다.

① 자연으로부터 산물을 생산하기 위해 환경에 적응해야 하는 기능(adaptation)
② 목표를 달성하기 위해 생산한 자원을 적절하게 배분하는 기능(goal attainment)
③ 이 배분 과정에서 생겨나는 갈등과 불만을 조정하여 사회를 통합시키는 기능(integration)
④ 사회 자체의 형태를 유지하기 위해 사회의 가치와 규범체계를 구성원에게 교육하는 기능(latency, pattern maintenance)

사회의 모든 요소는 사회 전체의 균형을 유지하기 위해 기능적으로만 작동할 뿐이다. 따라서 질서와 균형을 이루는 것이 사회 구성원이 지켜야 할 최고의 덕목으로 간주되었다. 즉, 사회 구성원은 각자에게 주어진 기능을 유지하기 위해 그 사회의 규범을 유지해야 한다.

(3) 사회문제에 대한 이해

구조기능주의에서는 사회를 잘 짜인 통합된 안정적인 사회체계로 보고, 또 사회의 각 기관은 이 상태를 유지하려는 기능을 수행하는 기능적 체계로 보았다. 따라서 구조기능주의에서 사회문제란 사회 전체의 균형이 불균형 상태가 되는 것을 말한다. 이러한 불균형 상태는 사회를 구성하는 요소들이 제대로 기능을 수행하지 못하거나 과잉기능을 할 때 발생한다. 이러한 점에서 볼 때, 구조기능주의는 사회문제의 주요한 원천을 사회구조적 문제로 본다. 하지만 구조기능주의에서 사회는 하나의 완성된 체계로서 불균형 현상이 발생하면 균형 상태로 복원하려는 작동이 생기고, 결국 체계는 균형 상태를 유지하게 된다. 이처럼 구조기능주의에서는 원천적으로 사회문제는 발생하지 않는다.

하지만 사회체계는 끊임없이 내·외적 자극에 직면하므로 고정된 격자나 다람쥐 쳇바퀴처럼 일정한 상태를 유지할 수는 없다. 이러한 내·외적 자극에 사회체계가 제대로 작동하지 못할 때, 즉 사회체계가 제 기능을 올바르게 수행하지 못할 때 사회불균형이 발생하는데, 이것이 사회문제이다.

따라서 구조기능주의에서 사회문제는 사회의 균형을 해치는 하나의 병리적 현상이며, 사회적으로 불필요한 요소이다. 그럼에도 파슨스는 사회의 균형을 유지하고 사회를 통합하는 매커니즘을 사회적 규범에서 찾으므로, 사회불균형, 즉 사회문제의 발생은 사회적 규범과 현실의 괴리에서 발생한다. 따라서 사회가 안정을 유지하려면 규범적 통합이 이루어져야 하며, 규범의 준수는 개인의 행위를 통해서 이루어진다. 이렇듯 파슨스의 구조기능주의는 개인의 행위에 대한 분석에 주안점을 둔다. 이는 사회문제의 근원을 사회적 규범이라는 사회구조에서 찾으며 메타이론의 구성을 목적으로 하는 한편, 개인의 행위라는 미시적 기초 수준에서 분석하는 모순을 낳는다.

파슨스의 제자 로버트 머튼(Robert Merton)은 구조기능주의를 유지하면서 이러한 모순을 해결하고자 하였다. 그는 파슨스의 메타이론이 가진 추상성과 구체적인 미시적 현실 사이에서 타협점을 이루는 중범위 이론(middle-range theory)을 구축하였다. 머튼은 사회에는 순기능(eufunction)과 역기능(dysfunction)이 공존하며, 이러한 구분을 통해 파슨스가 제시한 폐쇄적 완결체계로서의 사회체계이론을 순화시킨다. 이로써 머튼은 사회문제의 발생은 순기능적 요소의 실패로 인한 우연적 발생에 의한 것이 아니라 역기능적 요소에 의해 필연적으로 발생한다는 점을 인정하였다.

머튼은 사회체계의 완결성이 가진 구조기능주의의 폐쇄적 체계이론을 유연화하려고 노력하였지만, 사회문제의 발생에 따른 갈등 해소는 파슨스가 제시한 규범적 통합의 범주를 크게 벗어나지 못하였다.

(4) 사회문제에 대한 해결방안

구조기능주의에서는 사회체계는 논리적으로 완전무결하기 때문에 사회문제의 발생을 고려하지 않는다. 따라서 사회문제는 사회체계의 근본적인 결함 때문에 생기는 것이 아니라 사회문제 발생의 주원인은 사회체계의 기술적 결함에 의한 것이며, 그것은 일시적인 병리적 현상일 따름이다. 특히 파슨스에 따르면 이 기술적 결함은 사회적 규정에 의한 사회화의 실패에서 발생한다. 따라서 사회문제의 해결을 위해서는 사회 전체를 변혁시키거나 개혁할 필요성이 없고, 부분적이고 단편적인 교정만으로도 충분하다는 것이 구조기능주의의 입장이다. 이와 같이 구조기능주의는 사회에 대해 낙관론적인 견해를 가지고 있다.

구체적으로 말하면, 구조기능주의가 바라보는 사회문제의 해결책은 기존의 사회화 과정과 사회통제기능을 강화 또는 재정비하여 사회를 균형 상태로 되돌려놓는 것이다. 따라서 구조기능주의에서는 사회화 과정과 사회통제를 수행하는 가족, 학교, 종교, 법 등 사회화기능을 강화하는 것이 사회문제 해결의 핵심적 장치라고 하였다. 이러한 점에서 구조기능주의는 정치적으로 보수적이라는 평가를 받는다(김지미 외, 2020).

2) 갈등주의 이론

(1) 등장 배경

전쟁 후 복구 과정에서 세계 자본주의는 번영을 구가하였다. 자본주의 경제는 자유경쟁을 기본 이념으로 하였으며, 자본주의의 번영은 당연히 자유의 확대를 수반하였다. 자유의 확대는 기회 획득 과정에서는 평등을 바탕으로 하지만, 결과는 불평등을 수반하였다. 자본주의 국가의 신속한 전후 복구는 결국 불평등을 심화하는 결과를 초래하였다. 1950년 후반 전후 복구가 마무리될 무렵, 번영에 의해 이루어진 열매의 불평등한 분배는 사회 구성원 간의 격심한 사회갈등을 수반하였다. 특히 미국에서는 1950년대 후반 심각한 노사갈등과 인종갈등이 표면화되면서 사회적 분배의 평등화를 요구하는 목소리가 높아졌다.

사회통합을 중심 주제로 하여 사회적 안정을 설파하며 전후 미국 사회에서 지배적 위치를 구가했던 구조기능주의는 사회갈등과 사회적 불균형 현상을 설명하는 데 설득력을 상실해 갔다. 이에 구조기능주의에 대한 대안적인 사회이론들이 출몰하기 시작하였다. 그중 하나로 사회적 갈등을 사회적 일탈 현상이 아닌 사회의 핵심적 요소이자 사회변동의 원동력으로 보려는 이론적 시도가 등장하였는데, 이것이 갈등이론이다.

(2) 이론적 전제

갈등이론은 구조기능주의와는 이론적 측면에서 정반대 위치에 있다. 구조기능주의는 사회의 지속적 유지와 기능적 작동에 관심을 가진 반면, 갈등이론은 사회변동에 관심을 가졌다. 사회를 구성하는 여러 집단들은 유기적으로 상호 의존하며 사회체계를 유지하는 것이 아니라 상충되는 이해관계를 가지며, 이에 따라 서로 갈등적인 관계에 있다는 것이다.

전통적으로 사회갈등을 사회분석의 중심적 위치에 설정한 것은 마르크스주의이며, 현대의 많은 갈등이론에도 큰 영향을 미친다. 마르크스주의에 따르면 사회는 상이한 이해관계를 달리하는 사회적 범주, 또는 사회집단으로 구성되어 있다. 구조기능주의에서처럼 이들 집단은 균형 상태를 이루고 있는 것이 아니라 끊임없는 긴장 상태에 있다. 따라서 사회는 항상 불균형 상태에 있으며 끊임없이 변동한다. 마르크스주의는 사회적 갈등의 근원을 생산수단의 여부 및 생산관계상의 위치에서 비롯되는 경제적 불평등에서 찾는다. 갈등이론에 따르면 인간의 사회적 행위는 개인 또는 집단의 이익 극대화에 따라 움직이고, 사회는 이러한 이해관계가 대립되는 장소이다. 요컨대, 갈등이론에서 사회갈등은 사회를 구성하는 기본요소이다.

갈등이론 내에서도 갈등의 원천에 대한 입장에 따라 여러 갈래로 논의가 분기된다. 고전적 마르크스주의는 갈등의 원천을 경제적 이해관계를 달리하는 사회계급 간의 갈등을 사회의 핵심적 갈등으로 본다. 마르크스주의에서 말하는 사회계급은 기본적으로 생산수단의 소유 여부에 의해 결정된다. 현대 갈등이론의 대표적인 주창자인 랄프 다렌도르프(Ralf Dahrendorf)는 갈등의 원천을 권위의 배분에서 비롯되는 것으로 보았다. 다렌도르프에 따르면 사회는 정치적으로 이해관계를 달리하는 사회집단으로 구성되어 있으며, 이들은 늘 갈등관계에 있다. 한편 보다 현대적인 페미니즘 이론에서는 사회적 갈등의 근원을 남녀차별을 조장하는 가부장제에서 찾는다. 이처럼 갈등이론 내에서도 갈등의 근원을 둘러싸고 여러 견해로 갈라진다.

(3) 사회문제에 대한 이해

갈등이론에서는 사회문제를 구조기능주의처럼 사회를 구성하는 요소들의 기능적 작동의 역기능 때문에 생기는 어떤 병리적인 현상이나 예외적인 현상으로 보는 것이 아니라 사회구조 전체의 왜곡된 현실에 의해 생기는 본질적인 문제로 보았다. 따라서 사회는 항상 갈등 상태 속에 있고, 사회는 왜곡된 현실을 바로잡아 사회갈등을 해소하는 방향으로 움직인다. 사회갈등을 사회를 구성하는 근본 요소이며, 사회를 변화시키는 원동력으로 본 것이다. 구조기능주의에서처럼 사회적 평형 상태만 유지하는 사회는 생동력이 없는 죽은 사회, 쇠퇴하는 사회이다.

또한 갈등이론은 갈등의 원천이 무엇이든 간에 사회문제는 단순한 기술적인 결함에서 생기는 것이 아니라, 한 사회체제가 안고 있는 구조적인 문제이며, 역사성을 띠고 있다. 즉, 사회문제는 오랜 역사적 과정에 걸쳐 전개된 사회적 자원의 불평등한 배분이 정치적, 경제적, 사회적, 법적으로 제도화되어 응결된 구조적 현상이다. 사회적 자원이란 사회적으로 유용한 가치가 있는 것으로서 그것의 수취 여부에 따라 사회적 권력관계에 영향을 주는 것을 말한다.

갈등이론 내에서도 기본적인 사회적 자원이 무엇이냐에 따라 여러 갈래의 이론이 존재한다. 구체적으로 보면 마르크스주의는 생산수단인 소유 여부에 따라 구성되는 사회계급을 사회갈등의 중심으로 보는가 하면, 다렌도르프는 정치적 권력을 중요한 사회적 자원으로 보았다. 한편 페미니즘은 남녀라는 생물학적 요소로써 사회적 차등화하는 젠더 역할 규정을 사회문제의 근원으로 보았다. 사회문제가 생기는 것은 당연한데, 다만 그것을 어떤 방향으로 해결하는가 하는 것이 핵심적 주제가 된다.

(4) 사회문제에 대한 해결방안

갈등이론에서 보는 사회문제의 해결방안은 갈등의 원천을 무엇으로 규정하느냐에 따라 다르게 나타나지만, 공통된 기본적인 해결방식은 집단행동에 의한 것이다. 사회문제는 구조기능주의에서 주장하는 바처럼 제도상의 기술적 결함에서 빚어지는 것이 아니므로 개인적 수준에서 해결되는 것이 아니다. 사회문제는 착취집단과 피착취집단, 지배집단과 피지배집단, 남성집단과 여성집단 사이에서 일어나는 사회적 자원의 불균등한 분배와 그것을 유지하려는 구조적 힘에 의해 발생하는 것이기 때문에 사회의 구조적 변화만이 사회문제를 해결하는 유일한 방책이다. 구조 개혁은 개인적 차원에서는 이루어질 수 없다. 마르크스주의자들은 자본주의적 경제구조의 개혁을, 페미니스트들은 가부장적 구조의 철폐를 궁극적으로 추구한다. 물론 그 내부에서는 각기 점진적 방법을 추구하느냐 또는 혁명적 방법을 추구하느냐에 따라 사회문제 해결방식의 수준에서 차이가 있기는 하다.

사회문제 해결과 관련하여 갈등이론이 보여 주는 사회적 전망은 단기적으로는 비관적 입장을 견지하는 경우가 많지만, 장기적으로는 낙관론적인 견해가 지배적이다. 왜냐하면 사회문제의 해결을 통해, 아니면 적어도 그렇게 하고자 하는 노력을 통해 더 나은 방향으로 사회를 이끌 것으로 보기 때문이다.

물론 갈등이론 중 일부에서는 사회문제 해결과 관련하여 비관적 입장을 내놓는 경우도 있다. 그 대표적인 것이 마르크스주의의 아류인 프랑크푸르트학파의 비판이론과 포스트모더니즘 내지는 포스트구조주의이다. 사회문제를 해결하기 위해서는 주체가 필요한데, 이들 이론은 주체의 수동성, 주체의 상실 내지는 해체를 중요 논점으로 삼기 때문에 사회문제와 사회갈등은 존재하지만 그것을 해결할 담당자가 존재하지 않는다는 입장을 취하기 때문이다. 하지만 대부분의 갈등이론은 그 방향과 주체 등에서는 입장을 달리하나 장기적으로 사회문제가 해소되어 사회가 긍정적인 방향으로 나아간다는 낙관론적인 입장을 견지한다.

3) 교환이론

(1) 등장 배경

1960년대에 들어서면서 구조기능주의는 당시 일어난 사회변동과 사회갈등에 대해 적극적으로 설명하지 못하면서 이론적으로 격심한 타격을 받고 사회질서에 대한 설명력이 약화되었다. 이에 여러 대안의 사회이론이 등장하였는데, 그중 하나가 앞서 언급한 갈등이론이다. 갈등이론은 구조기능주의의 인식론적 바탕과 정반대 위치에 있어 구조기능주의의 이론적 기초를 침식시키는 주요한 역할을 하였다. 하지만 갈등이론은 유럽과 달리 공동체적 집합주의의 역사와 문화가 깊지 않은 미국 학계에서는 저변이 크게 확대되지는 못하였다. 오히려 미국 사회는 실용주의와 합리주의를 바탕으로 한 개인주의 문화가 지배하였다. 이미 구조기능주의는 설득력을 상실하였고, 그 대안 이론인 갈등이론도 전체주의(holism)의 틀을 벗어나지 못했다는 점에서 저변 확대 및 이론적 재생산에 한계가 있었다.

이러한 상황에서 구조기능주의에 대한 대안의 하나로서 개인주의적 질서를 옹호하는 교환이론이 주목을 받았다. 이는 사회를 추상적 원리나 규범, 또는 집합적 이해관계에 기초하는 것이 아니라 순수하게 개인의 이해관계에 바탕하고 있는 것으로 보며,

사회질서는 이러한 개인 이익의 교환에 의해 형성·유지된다고 보았다.

(2) 이론적 전제

교환이론은 사회질서 형성의 바탕을 교환에 두는 것으로, 현대의 교환이론을 확립한 인물은 조지 호먼스(George Homans)이다. 호먼스는 개인의 이익을 인간의 본성이라고 주장하며, 고전이론의 전통인 공리주의와 합리주의를 다시 들고 나왔다. 최대 다수의 최대 행복을 가치로 내건 공리주의와 인간의 합리적 행위를 근간으로 하는 고전 경제학은 인간 본성을 개인의 이익으로 보고 개인은 자기 이익의 최대화를 추구하는 존재로 보았다.

따라서 사회질서는 고귀한 선이나 사회적 규범 같은 추상적 원리에 의해 조정되는 것이 아니라 개인 간의 이익 교환에 의해 조정된다고 보았다. 즉, 사회질서의 형성은 공동체적 동포애에서 비롯되는 것이 아니라 개인의 이익을 바탕으로 한 협동이라는 것이다. 그런 점에서 호먼스는 파슨스의 구조기능주의는 진정한 과학이 아니라고 주장하였다. 그에 따르면 구조기능주의는 추상적 모델을 추구하며, 이는 구체적인 현실에는 적용되지 않는다고 강변한 것이다.

이처럼 구조기능주의와 갈등이론이 인간행위의 내용 측면에 주안점을 두고 있다면, 교환이론은 형식, 즉 인간행위의 외면적 측면에 관심을 두었다. 교환이론은 그 형식을 교환관계라고 본 것이다. 이러한 인식에 기초하여 호먼스는 그 유명한 자극-반응이라는 행동심리학적 원리를 사회질서를 설명하는 데 적용하여 비용-보상 체제를 설정한다.

다음과 같은 명제에 근거하여 호먼스의 교환이론은 단순히 개인주의적 이론이 아닌 합리주의적 개인주의 이론으로 승화된다.

① 사람들은 보상을 받는 행동을 자주 하게 된다(성공 명제).
② 어떤 자극에 따른 행위가 보상을 받을 경우 그와 비슷한 자극이 가해질 때 과거의 그와 비슷한 유형의 행동을 한다(자극 명제).
③ 어떤 행위에 대해 주어진 보상에 대해 가치를 느낄수록 같은 행위를 더 자주 하

게 된다(가치 명제).

④ 보상을 자주 받다가 그렇지 못하거나 벌을 받을 경우 공격적 행위를 할 가능성이 크고, 반대로 보상을 받지 못하다가 보상을 받거나 이전보다 더 큰 보상을 받을 경우 인간은 더 큰 가치를 느끼거나 긍정적이 된다(공격-승인 명제).

⑤ 사람들은 여러 대안적 행위를 선택할 경우 보상이 가장 크다고 생각하는 쪽을 택하여 행동한다(합리성 명제).

(3) 사회문제에 대한 이해

교환이론에서는 개인의 이익을 인간의 본성으로 보기 때문에 개인의 이익이 행위의 바탕이 된다고 보았다. 즉, 한 개인이 행위를 할 때는 손익계산에 근거한다는 것이다. 이때 이익을 보상(reward)이라 하는데, 개인은 보상을 받을수록 그리고 보상의 가치가 클수록 그 행위를 되풀이한다. 이러한 보상은 절대적으로 존재하는 것이 아니라 주고받는 과정, 즉 교환관계 속에서 존재한다. 다시 말해 개인의 행위는 독립적으로 존재하는 것이 아니라 늘 상대가 있어야 한다. 그러므로 사회적 관계의 바탕을 이루는 이러한 교환관계는 상호성(reciprocity)을 전제로 한다. 따라서 교환당사자들, 즉 사회 구성원들 간에 교환을 둘러싼 상호성을 인정해야 사회적 안정이 지속된다.

하지만 사회에서 일어나는 교환이 항상 상호성을 기반으로 작동하는 것은 아니다. 자원이 희소하거나 주는 쪽과 받는 쪽 간의 격차가 심할 경우 교환 당사자 간에 불평등한 관계가 형성되어 상호성이 무너지고, 이것이 오래 지속되면 사회 구성원 사이에 지배-피지배라는 권력관계가 형성된다.

한편 교환이론에서는 행위의 바탕이 되는 개인의 이익은 보상에서 비용을 뺀 것이다. 따라서 비용은 사회적 상호작용에서 중요한 결정요인이 된다. 행위는 서로 간에 이익이 되어야 진행되는데, 호먼스는 이를 '공개된 비밀'이라 부른다. 비용은 사회적 행위가 진행되기 전에 개인이 치르는 것이고, 보상은 행위를 한 후에 받는 대가이다. 요컨대, 비용은 사전적이고 보상은 사후적이다. 개인은 사후에 받을 보상을 기대하고 사전에 비용을 치른다. 기대한 사후의 보상이 비용보다 커야 인간 본성인 개인의 이익이 충족되고 사회적 관계는 안정적이 된다. 그렇지 못할 경우, 즉 보상이 비용보다 적을 경우 사회적 관계는 불안정해진다.

(4) 사회문제에 대한 해결방안

교환이론에 따르면 사회적 관계는 개인의 이익을 교환하는 과정이며, 이러한 교환을 통해 개인은 상호작용한다. 개인의 상호작용은 오로지 끊임없는 손익계산에 의해 이루어지며, 개인의 의지나 추상적인 규범 또는 외적 조건 같은 초개인적 구조에 전혀 영향을 받지 않는다. 따라서 사회질서는 오직 객관적 이익에 바탕을 둔 개인 간의 끊임없는 협상에 의해 이루어지는 사회적 상호작용의 산물이다. 이러한 협상은 상대방과의 이익배분에 있어 서로가 공정하다고 인정할 경우에만 원만하게 이루어진다. 서로의 손익계산에서 한쪽이 손해를 본다고 생각하면 불만족과 갈등이 유발된다. 따라서 교환관계에서 가장 중요한 요인은 분배정의(distributive justice)이다.

교환이론은 구조기능주의가 지향하는 규범에 의한 집합주의적 사회질서를 부정하고 철저한 개인주의에 입각하고 있다. 따라서 분배정의를 실현하는 주체도 당연히 개인이 된다. 하지만 수많은 개인 간에 이루어지는 끊임없는 협상이 서로의 손익계산을 충족하여 사회 전체가 분배정의를 실현하여 안정된 사회질서가 성립된다는 것은 우연의 결과이며, 확률상 실현될 수 없는 것이다. 이 점에서 파슨스의 구조기능주의를 이상주의라고 비판한 화살이 호먼스에게 자유주의적 방임주의라는 이상주의의 화살로 되돌아온다.

4) 상징적 상호작용주의 이론

(1) 등장 배경

구조기능주의가 사회 전체의 체계 유지에 중점을 두어 인간 주체의 능동성이 들어설 여지가 없게 되자 그에 대한 반작용으로서 인간의 주체성을 강조하는 이론적 경향이 부각되기 시작하였다. 또한 구조기능주의에 맞서 등장한 교환이론도 인간관계를 교환관계라는 외면적 형식에 집착하여 인간의 내면적 세계를 간과한다는 비판이 일었다. 이에 대응하여 인간의 내면적인 주관적 세계를 강조하는 이론적 경향이 등장하였는데, 이것이 상징적 상호작용이론이다.

상징적 상호작용이론은 파슨스의 구조기능주의가 등장할 무렵과 거의 같은 시기인 1950년대 후반부터 1960년대 초반 사이에 미국에서 출현하였다. 상징적 상호작용이론도 개인주의적 접근을 통해 구조기능주의에 도전한다는 점에서 교환이론과 동일한 이데올로기 배경을 가지고 있다. 하지만 교환이론은 17~18세기의 계약이론에 기초한 개인주의와 19세기의 고전 정치경제학에 그 뿌리를 두고 있는 반면, 상징적 상호작용이론은 미국의 실용주의 철학에 바탕을 두고 있는 것으로, 그 이론적 원형은 미국의 실용주의 철학자 하버트 미드(Herbert Mead)에 근거한다. 미드의 실용주의는 당시 미국 사회에 만연한 형식주의에 도전하며 경험이 진보의 원천이라고 주장하였다. 인간의 의지를 사회질서 수립의 원천으로 본 것이다.

(2) 이론적 전제

상징적 상호작용이론은 인간을 능동적 존재로 보고, 인간관계를 형성하는 주요인을 인간행위를 전달하는 상징으로 보았다. 상징적 상호작용이론에 따르면, 인간은 상징을 생산·사용·해석하는 능력을 가진 존재이다. 인간이 사회적 관계를 맺고 사회질서를 유지하기 위해서는 인간행위가 가진 의미를 서로 전달할 수 있어야 하는데, 그 인간행위의 의미전달을 원활하게 해 주는 것이 상징이다. 바로 이 상징을 생산·사용·해석하는 것은 인간의 주관적 세계의 작용에 의거한다.

상징적 상호작용이론의 관점에서 볼 때, 사회는 일정하게 짜인 개인 간의 상호작용으로 이루어진다. 사회를 유동적이며 지속적인 해석과정으로 파악한 것이다. 이처럼 상징적 상호작용이론은 사회를 거시 수준에서 작동하는 체계로 보지 않고, 개인 간의 끊임없는 상호작용이 일어나는 미시적 수준에서 파악하였다. 따라서 사회는 객관적으로 존재하는 실체가 아니라 행위자들이 상호작용하는 과정에서 그것에 의미를 부여하고 그것을 공유함으로써 이루어진다고 보았다.

(3) 사회문제에 대한 이해

상징적 상호작용이론에서는 사회가 객관적으로 존재하는 것이 아니고, 개인이 특정 상황에 대해 내리는 주관적 정의에 의해 형성된다고 보았다. 이른바 '상황정의(situation definition)'란 특정 개인이 자신이 참여하고 있는 어떤 상황 속에서 상호작용하면서 그것에 대해 의미를 부여하는 과정을 말한다. 따라서 사회문제는 객관적 현실의 불균형에서 발생하는 것이 아니라, 그 현실에 대한 주관적 해석의 왜곡 또는 해당 개인들 간 해석의 다름에서 발생하는 것이다. 즉, 사회문제는 객관적 현실의 모순이 아니라 개인들 간에 이루어지는 상호작용의 의미가 제대로 전달되지 못한 데 연유한다.

(4) 사회문제에 대한 해결방안

상징적 상호작용이론에서는 사회문제가 객관적 현실이 아니기 때문에 사회문제라는 것이 존재하지 않는다. 사회문제는 다만 주관적 해석의 오류 또는 왜곡에서 발생하는 것이므로, 그러한 오류와 왜곡의 발생을 올바르게 교정하고 방지하는 것이 사회문제를 해결하는 방안이 될 것이다.

따라서 인간 사이에 일어나는 상호작용이 원만하게 이루어질 수 있는 환경을 조성하는 것이 상징적 상호작용이론에서 바라보는 사회문제의 해결방식이다. 즉, 미드가 말하는 일반화된 타자와 제스처의 올바른 형성이 안정된 사회질서를 구축하는 기반이 되는 것이다. 달리 말해 상호작용에 대한 해석의 공유는 꾸준한 학습을 통해 달성되는데, 이러한 학습을 담당하는 주요 메커니즘인 교육과 미디어가 중요한 역할을 한다. 하지만 상징적 상호작용이론에서는 교육과 미디어를 어느 집단이 장악하느냐 하는 문제까지 논급하지는 않아 사회문제 해결에 대해서는 여전히 미온적이라는 평가를 받기도 한다(김지미 외, 2020).

02 ● 사회문제의 접근방법

접근방법(approach)은 이론과 동의어로 취급되는 경우도 있으나 여러 가지 이론의 특성을 강조하는 의미로 사용되거나 아직 현실의 경험적 검증과정을 거치지 않은 완전하지 못한 이론을 지칭하는 경우가 많다(최선화 외, 2014). 이러한 맥락에서 관점이라는 용어와 혼용되기도 한다. 여기에서는 접근방법이란 용어를 사용하고자 한다.

사회문제의 접근방법은 사회문제를 어떻게 인식하고 탐구하여 왔는가를 객관적으로 살펴보는 것이다. 사회문제의 접근방법은 사회문제의 원인, 형태, 그 결과를 체계적으로 설명하는 학문적 체계인 것이다(남일재 외, 2011).

사회문제에 대한 접근방법은 사회문제를 보는 시각, 즉 사회문제를 보는 눈에 해당된다. 따라서 사회문제를 보는 접근방법이 다르면, 동일한 현상에 대한 원인을 전혀 다른 곳에서 찾을 수 있다. 또한 사회문제를 해결하는 방법도 달라질 가능성이 크다. 그러므로 사회문제에 대한 접근방법은 사회문제를 이해하고 사회문제를 해결하는 것과 관련해 매우 중요한 의의를 지니고 있다(노병일, 2013).

여기에서는 사회문제의 접근방법을 일반적 접근, 이념적 접근, 현상적 접근, 사회과학적 접근으로 구분하여 살펴보고자 한다.

1) 일반적 접근

일반적 접근은 종교적 접근, 법률적 접근, 언론적 접근, 문화예술적 접근으로 구분하여 살펴보고자 한다(고명석 외, 2009; 노병일, 2013).

(1) 종교적 접근

종교적 접근은 사회문제를 신이 정한 도덕적 질서를 깨뜨리는 것으로 보는 것이다. 따라서 종교적 접근방법에서는 사회문제는 악을 보여 주는 것으로 인식하는 경우가 많다. 그러므로 사회문제의 궁극적 해결 방법을 종교적 행위에서 찾을 가능성이 크다. 예를 들어, 종교적 접근방법을 따르는 사람들은 기도와 참회를 함으로써 일부 사회문제를 궁극적으로 해결할 수 있다고 보는 것이다.

(2) 법률적 접근

법률적 접근은 사람을 죽이는 것이나 훔치는 것과 같은 행위는 규범적 질서를 위반하는 것이라고 보는 것이다. 이 경우, 규범적 질서는 사회에서 정당하게 제정되어 실행되고 있는 법을 말한다. 그러므로 법률적 접근방법에 따르면, 사회문제는 법에 어긋나는 행동을 하는 것이다.

법률적 접근에서는 사회문제를 법규의 위반으로 보고 법규 위반자를 체포·고발·처벌함으로써 문제를 해결하려고 시도한다. 즉, 법규 위반자에 대한 전통적 해결방법은 처벌 위주였다. 그러나 점차 처벌보다는 치료 또는 재발 방지를 위한 노력으로 나아가고 있으나 기본적으로는 법규 위반의 처벌을 강조하는 데서 크게 벗어나지는 못하고 있다.

(3) 언론적 접근

18세기 이후 신문과 잡지는 착취, 부정, 지위 저하 등을 폭로하고 이에 대항하는 기구가 되어 왔다. 20세기 들어와서는 라디오 및 TV가 발명되어 더욱더 중요하고 위력적인 매체로 등장하여 사회문제를 대중에게 인식시키고 이에 대한 해결방법을 유도하는 데 지대한 영향을 미치고 있다.

언론적 접근방법은 일차적으로 대중에게 법규범이나 도덕규범의 위반을 알려서 충격을 주거나 대중을 수치스럽게 하는 것이다. 즉, 언론적 접근방법의 가장 중요한 목적은 사회문제의 폭로이고 사회문제의 이해, 예방, 해결, 관련자 처벌 등은 이차적인 목적이라 할 수 있다. 그러므로 사회문제에 대한 언론적 접근에서는 맥락을 따지지 않는 경향이 있다.

(4) 문화예술적 접근

역사적으로 많은 문학작품이 빈곤과 부정 및 불평등의 사회문제들을 주제로 삼아 작가의 창조적 세계 속에서 현실 사회의 문제들을 상징적으로 폭로하고 이에 대한 대중의 반응을 유발하여 왔는데, 대표적인 문화예술로는 음악, 미술, 연극 등이 있다. 20세기 후반에 들어와서는 대중음악도 사회문제의 폭로나 반영의 도구로 많은 영향을 미치고 있다. 대중음악이 다양하게 발전하였고 가사 내용과 음악 양식을 통하여 사회문제를 반영하거나 폭로하여 때로는 그 해결책을 시사하는 데 많은 영향을 끼치고 있다. 예를 들어, 사이먼과 가펑클(Simon & Garfunkel)이 작곡한 〈The Boxer〉는 아름답고 감동을 주는 음악으로, 취약계층이 사는 세계를 잘 보여 주고 있다.

이처럼 문화예술적 접근방법은 사회현실을 작가의 판단으로 비유적으로 서술하거나 신랄하게 비판함으로써 대중으로 하여금 사회문제를 간접적으로 경험하고 이해하도록 하고, 경우에 따라서는 해결책을 제시하기도 한다.

이상의 네 가지 접근방법은 공통적으로 도덕적·윤리적 헌신감 및 사명감에 바탕을 두고 있다. 목표는 사회로부터 윤리적 동정을 구하는 것이며 사회문제의 현상을 규명하는 것이라 할 수 있다. 그리고 사회문제의 현상을 규명하고 원인적 요인을 규명하는 데 있어 객관적인 조사연구와 논리적 확인에 의존하기보다는 주관성과 어떤 윤리적·도덕적 당위성에 의존하는 경우가 대부분이었다고 할 수 있다(고명석 외, 2009).

2) 이념적 접근

이념적 접근은 합리주의적 접근, 점진주의적 접근, 혼합주의적 접근으로 구분하여 살펴보고자 한다(김영화, 2002: 박용순 외, 2019 재인용).

(1) 합리주의적 접근

합리주의적 접근(rationalistic approach)은 과학적이고 객관적이며, 체계적인 청사진에 따라 사회문제 상황을 바라보고 해결방안을 모색하려는 것이다. 이는 가능한 한 폭넓고 거시적인 측면에서 다양한 영역의 상호연계성을 통하여 근본적인 사회문제를 도출하고자 한다. 합리주의적 접근은 사회문제의 해결에 대한 가치와 목표가 항상 사회 합의에 의해 존재하는 것으로 가정한다. 즉, 문제해결의 가치와 목표를 세우고 무엇이 최선의 대안인가를 선택하는 것이다.

합리주의적 접근은 어떤 가치와 목표에 대한 사회 합의가 항상 이루어진다는 자체가 모순으로 지적된다. 이러한 방식의 접근은 사회문제가 완전히 해결될 것으로 가정하지만, 사실상 시간과 자원을 낭비하고 궁극적인 문제해결은 불가능하다는 것이 지배적이다.

(2) 점진주의적 접근

점진주의적 접근(incrementalistic approach)은 사회문제에 대한 가치와 목표를 전면적인 사회개혁보다는 부분적인 사회개선에 두는 것이다. 이는 사회문제 해결에 대한 인간 능력의 한계를 인정하고 그 해결방안을 현실적인 관점에서 모색하고자 하는 것이다. 즉, 사회를 다양한 이해집단으로서 합당한 경쟁을 통하여 최적의 의사결정을 도출하는 것으로 보는 것이다.

점진주의적 접근의 단점은 장기적인 안목이나 비전이 결여되어 점진적인 변화의 결과를 예측하기가 쉽지 않다는 것이다. 점진적인 사회개선이 근본적인 사회문제를 해결할 것이라는 막연한 기대에는 한계가 있다. 즉, 사회문제에 대한 역사적 경험에서 문제해결의 접근 논리 부재로 문제 상황이 반복된 경우를 볼 수 있다. 이는 사회문제의 전면적인 해결을 추구하는 것보다 오히려 소모적인 결과를 초래할 수도 있다.

(3) 혼합주의적 접근

혼합주의적 접근(mixed approach)은 합리주의와 점진주의를 절충한 것으로서, 일관된 논리와 현실적인 수준을 감안한 방식을 채택한다. 이는 구체적인 청사진보다는 일상적인 지침에 입각하여 사회문제에 접근한다. 즉, 사회문제의 해결에서 목표는 합리주의적 모델의 방식을 적용하고 의사결정은 점진주의적 모델의 방식을 적용하는 것이다.

혼합주의적 접근은 앞의 두 가지 방법을 절충하여 장점만 채택하여 활용한다는 것이 문제점으로 지적된다. 절충적 접근은 양극의 방식을 그대로 채택하는 것보다 더욱 어려운 과제가 될 수 있다. 예를 들어, 양극 사이에서 언제 절충이 이루어져야 하는지, 어떻게 절충해야 하는지 등에 대해 이해집단 간의 미묘한 쟁점이 발생할 수 있기 때문이다.

3) 현상적 접근

현상적 접근은 사회병리적 접근, 사회해체적 접근, 일탈행위적 접근, 가치갈등적 접근으로 구분하여 살펴보고자 한다(김영화, 2002; 노병일, 2013; 박용순 외, 2019).

(1) 사회병리적 접근

사회병리적 접근(social pathological approach)은 사회적으로 만연한 제반 사회문제의 근거를 다양한 병리 현상에 두는 것이다. 전통적인 사회병리적 접근은 의료적 모델에 바탕을 둔다. 이 접근방법은 사회문제가 정신적 결함이나 정신질환, 불충분한 교육, 불완전한 사회화 등에 의해 나타나는 것으로 보고, 비정상적이고 환경부적응적인 사람이나 상황에 초점을 두는 것이다. 이러한 사회적 방해나 장애 요인은 일종의 질병 혹은 병리 상태로 취급되었다. 그러나 사회 현상 속에서 발생하는 사회문제를 사회병리적 시각으로만 접근하는 데는 한계가 있다고 보았다. 현대의 사회병리적 접근은 제도적 장치에 훨씬 더 많이 관심을 가진다. 사회와 제도가 '아프다'고 보며, 사회문제를 해결하기 위해서는 개인을 더 교육시켜야 한다고 주장한다. 그러므로 사회병리적 접근에서는 개인(persons)에 주목한다(노병일, 2013).

(2) 사회해체적 접근

사회해체적 접근(social disorganizational approach)은 사회병리적 접근에 대한 대안으로, 사회구조가 잘못되어 나타난 사회문제에 근거를 두는 것이다. 사회해체는 사회 각 부분의 상호작용 결여와 부적응 상태를 말한다. 사회해체적 접근방법은 매우 다양한 사회문제가 생기는 이유를 전통이 붕괴하거나 규정들 사이에 갈등이 있거나 규정이 없거나 부적절하기 때문이라고 보았다. 즉, 도시화와 산업화 등의 급격한 사회변화에 의한 사회구조가 원인이 되어 국민에게 문제를 야기한다는 것이다. 그러므로 사회해체적 접근에서는 규정(rules)에 주목한다.

(3) 일탈행위적 접근

일탈행위적 접근(deviation behavioral approach)은 부적절한 사회화 과정으로서, 사회문제의 근거를 개인의 탈선에 두는 것이다. 이 접근방법은 사회문제를 규범에서 기대하는 바에 객관적으로 어긋나는 것이라고 정의하면서, 낙인론적 시각으로서 일탈자를 어떤 방식으로 규정할 것인가에 초점을 맞춘다. 사회문제로서의 일탈은 규칙이나 기대에 위반되는 행위에 대하여 나타나는 사회적 반응에 따라 규정된다고 보는 시각이다. 그러므로 일탈행위적 접근에서는 역할(roles)에 주목한다.

(4) 가치갈등적 접근

가치갈등적 접근(value conflictive approach)은 인간이 생존을 위해 주장할 수 있는 천부적인 권리로 개인의 이익과 이익 간의 충돌에 근거를 두는 것이다. 갈등이론의 핵심은 자원의 희소성에 대한 기본 가정으로, 만약 자원이 풍부하다면 인간이 자신의 이익을 위해 어떤 행동을 하더라도 갈등이 유발되지 않는다는 것이다. 이에 따라 사회문제의 근원을 가치 혹은 이해관계의 갈등으로 보며, 상이한 집단은 이해관계가 서로 달라 대립관계에 있다고 여긴다. 즉, 대립이 갈등으로 구체화되면 사회문제가 발생한다는 것이다. 가치갈등적 접근은 사람들이 가지는 가치가 서로 다르거나 사람들이 자기 나름의 이해관계를 추구하는 데 관심을 가진다. 그리고 가치갈등적 접근에서는 가치와 이해관계가 다르기 때문에 사람들이 사회정책에 대해 동의하지 못하고, 그 결과로 사회문제가 어쩔 수 없이 나타난다고 본다. 그러므로 가치갈등적 접근에서는 가치와 이해관계(values and interests)에 주목한다.

4) 사회과학적 접근

사회과학적 접근은 사회학적 접근과 사회복지학적 접근으로 구분하여 살펴보고자 한다.

(1) 사회학적 접근

사회학(社會學)은 사회과학의 한 분야로서, 사회적 힘과 더불어 사람들을 서로 연결 혹은 분리하는 사회적 과정에 대해 연구하는 학문이다. 사회학은 경험적이고 체계적인 탐구방법과 비판적인 분석을 통해 개인뿐만 아니라 여러 사람이 모인 단체, 모임, 기관까지 연구한다. 그리하여 때로는 사회학 지식이 사회복지에 적용되기도 한다.

사회학은 '개인의 사회적인 삶, 집단, 사회에 대해 연구하는 학문'으로 정의되는데, 방법론이나 탐구 주제 면에서 매우 광범위한 학문이다. 사회학은 사회적 존재로서의 인간 행동에 흥미를 가진다. 그러므로 사회학의 연구 범위는 길거리에서 만나는 익명의 사람과의 짧은 만남에 대한 분석에서부터, 전 지구적 사회과정에 이르기까지 매우 다양하다. 전통적으로 사회학은 사회관계, 사회계층, 사회적 상호작용, 문화, 일탈 등을 연구하였다. 사회구조나 사회적 행위의 범주에 해당하는 인간 활동이 다양한 만큼, 사회학은 경제활동 연구나 건강 격차, 과학적 지식을 창출하는 데 있어 사회활동의 역할 등 점차 더 넓은 주제로 확장되었다.

사회학은 사회적 관계를 둘러싼 원인과 성격, 결과에 대한 부분과 개인과 집단, 지역사회 등 상호작용을 연구하는 사회과학의 중요한 한 분야이다. 또한 이러한 상호작용에서 나타나는 기본적인 구조와 제도에 대한 연구를 하고 그것들을 서로 결합하거나 약화하는 체계 등에 대해서도 연구한다. 따라서 사회학은 일반적으로 사회의 기본적인 성격과 지속성을 유지하거나 변동을 일으키는 사회화 과정과 연관되어 있다고 볼 수 있다. 또한 사회학은 사회생활, 사회관계와 사회 변천, 발전의 법칙을 연구하는 과학으로서 사회문제 연구에 중점을 두고 있다(조추용 외, 2009).

이처럼, 사회학적 접근방법은 사회문제라는 사회적 현상을 이론적으로 설명하거나 관련된 원인 요인들을 발견하려는 과학적 연구 활동으로, 사회문제의 현상에 대한 순수한 이론적 연구에 보다 많은 초점을 두고 있는 접근방법이라 할 수 있다. 사회학의 발전은 사회문제를 규명하려는 활동에서 시작되었으며, 발전과정에서 실용적인 차원의 사회문제에 대한 관심과 순수한 이론적인 사회학적 문제에 대한 관심 사이에 긴장이 계속되고 있지만, 사회학은 여전히 사회문제 해결에 관한 관심에서 벗어나지 않고 있다는 것만은 사실이다(고명석 외, 2009).

그러나 현대 산업사회에서 개인, 가족, 소집단, 직능단체 등의 상호관계와 개별 작용은 사회복지 문제와 밀접한 관계를 맺고 있기 때문에 이들에 대한 사회학적 접근은 사회복지학을 더욱 풍요롭게 해 주고 있다.

(2) 사회복지학적 접근

사회문제에 관한 관심과 연구는 어디까지나 사회 현상에 대한 객관적 분석을 전제로 하는 사회학의 영역으로 성장해 왔으며, 사회적 실천을 목적으로 하는 사회복지학적 접근에서 사회문제에 관해 다루고자 할 때는 사회학적 연구 결과를 차용할 수밖에 없었다. 이는 사회복지학이 사회문제의 해결을 과제로 하는 실용적 측면을 동전의 한 면으로 하고 있고, 동시에 다른 한 면으로 사회과학의 여러 이론을 사회문제의 이해와 해결의 기반으로 하는 응용사회과학이기 때문이다.

사회복지학에서 사회문제에 접근하는 일차적인 방법은 사회학적 연구에서 밝혀진 원인적 요인에 근거하여 적절한 해결책을 찾는 것이다. 그러나 사회학적 연구결과만으로 논리적 근거가 부족할 때에는 사회복지학에서 직접 사회문제에 관한 이론적으로 접근할 수도 있다(최일섭·최성재, 2003).

사회학과 사회복지학의 접근 차이를 좀 더 구체적으로 표현한다면, 사회과학 연구방법으로서의 사례조사(case study method)와 케이스워크(casework) 차이로 표현할 수 있겠다. 잘 알려진 대로 사례연구법은 어떤 사회적 단위의 전 생활 과정 혹은 그 어느 일면을 나타내는 개별 사례에 관한 전체 관련적 연구방법이다. 그러나 그 사례가 개인이나 가족이 될 경우에는 양자 간에 공통점이 많다. 예를 들면, 그 대상이 인간 혹은 가족이라든지, 문제의 원인을 탐구하기 위한 관찰이 필요하고, 문제의 원인 발견이라는 중요한 문제가 숙련된 조사자 내지는 사회복지사에 달려 있는 것이 공통점이다.

그렇다면 이 양자의 근본적 차이는 어디에서 찾을 수 있는가? 양자의 차이는 사례조사를 통하여 얻고자 하는 정보는 사회학적 이론의 일반화에 초점이 맞추어져서 수집되는 반면에, 케이스워크로 수집되는 정보는 그 문제의 해결에 초점을 두고 있다는 것이다. 즉, 케이스워크 과정에서의 자료수집은 '문제 해결 지향적'이라는 데에 그 특징이 있다.

사회학과 사회복지학 간 사회문제의 접근 차이가 이와 같은 것이라면 문제의 접근, 나아가 원인에 대한 접근에 있어서도 차별화가 필요하다. 그러나 사회복지학은 그 역사가 일천하고 사회문제를 체계적으로 연구한 역사는 더욱 그러하므로 당분간 사회문제의 원인에 대한 지식은 사회학을 참고하여 활용할 수밖에 없다. 사회문제와 사회복지의 관계를 논의하면서 아직은 사회문제에 접근하는 사회복지학의 고유한 접근방법이 형성되지 못하고 있다는 점을 인정하면서, 사회문제에 대한 사회복지학적 접근이 문제 해결 지향적이라는 데에는 비교적 합의가 있어 보인다.

그러나 문제의 해결도 다양한 차원이 존재한다. 즉, 사회문제의 최종적 해결의 차원, 사회문제의 근본적 원인 제거의 차원, 그 문제로 인하여 파생되는 부작용이나 고통을 최소화하는 차원 등으로 나눌 수 있다. 그런데 이러한 문제해결의 차원 중에서 어디까지 사회복지학이 개입해야 하는지에 대해서는 논란의 여지가 많다. 학문적 대화를 통하여 그 대답을 추구해 나가는 것이 사회복지학계의 과제일 것이다(최선화 외, 2014).

이처럼 사회문제는 사회복지의 제 분야를 추출해 내는 이론적 배경이 되며, 사회복지는 사회문제를 해결해 가는 실천적 방법이 됨으로써 양자는 동전의 양면과 같다고 할 수 있다. 비록 사회복지학 고유의 접근방법이 형성되지 못했다 하더라도 지금 필요한 것은 독자적인 접근을 나름대로 시도하는 것이며, 사회복지학적 측면에서 더 많은 연구와 노력이 있어야 할 것이다(김지미 외, 2020).

사회복지학에서 사회문제에 접근하는 방법은 일차적으로는 사회학적 연구에서 밝혀진 사회문제의 원인적 요인에 근거하여 적절한 해결책을 찾는 데 초점을 두고 있지만, 문제 해결의 논리적 근거는 사회과학적 연구를 근거로 하고, 사회학적인 연구가 부족할 때는 사회과학적 이론까지 포함하여 접근할 수도 있다. 그러므로 사회복지학적 접근은 사회문제에 대한 해결책의 참구(參究)뿐만 아니라 해결책에 연관된 사회문제의 이론적 연구도 포함하여 접근하는 것이 타당할 것이다(고명석 외, 2009).

생각해 볼 문제

1. 사회문제의 주요한 가치 이념 세 가지를 간략히 설명해 보자.

2. 개인적 접근방법과 제도적 접근방법을 비교하여 설명해 보자.

3. 기능주의적 관점과 갈등주의적 관점을 비교하여 설명해 보자.

4. 사회문제의 이념적 접근방법 세 가지를 제시해 보자.

5. 사회문제의 현상적 접근방법 네 가지를 제시해 보자.

Chapter

03

빈곤 문제

우리는 빈곤이 실재한다는 사실을 직간접적인 경험을 통해 알고 있다. 하지만 어떤 상태를 가난하다고 규정할 것인가는 질문을 만나면 누구라도 이러저러한 설명을 할 수 있지만, 조금만 자세히 들어가면 그렇지 못하다는 것을 쉽게 알 수 있다. 가난은 음식이나 집, 옷, 돈이 부족한 상태일 수도 있고, 지식이 부족한 상태일 수도 있으며, 존중받음이나 기회 혹은 능력 등과 같은 심리·사회적 자원이 부족한 상태일 수도 있다. 어떤 사람은 물질적 자원이 부족해도 심오한 지식을 가지고 있다면 스스로 가난하다 여기지 않을 수 있다. 어떤 사람은 가지고 있는 자원이 많아도 다른 사람과 비교했을 때 부족감이나 열등감을 가진다면 스스로 가난하다 여길 수도 있다. 이러한 상식적인 예들만 상기시켜도 우리는 '가난이란 무엇인가?'라는 아주 오래된 질문에 대해 단순하고 정확한 답을 내리기가 어려워진다. 이는 사람마다 가지고 있는 가치관과 세계관이 다르기 때문에, 어떤 한 사람 혹은 집단이 '가난은 무엇이다.'라고 정의할 수 없다. 빈곤이라는 개념에 대한 완벽한 정의가 없기 때문에 모든 사람이 합의할 수 있는 정의 또한 없다. 이러한 모호함으로 인해 가난에 대한 이해도 다양하며, 원인 진단과 해결방식에 관한 주장 역시 다양하다. 여기에서는 이러한 빈곤에 대한 복잡한 견해들의 장단점을 살펴보고 빈곤이라는 사회문제를 해결하기 위한 적절한 방법을 모색해 보고자 한다.

01 빈곤 이해

1) 금전적 접근(the monetary approach)

금전적 접근을 통한 빈곤의 정의는 가장 보편적인 방법이다. 이는 주어진 인구집단에서 빈곤의 비율을 측정하는 방법을 말한다. 여기서 사용되는 지표들은 빈곤 발생률(the poverty incidence), 빈곤인구율(the poverty headcount ratio), 빈곤 비율(the poverty ratio) 또는 빈곤율(poverty rates) 등이다.

2) 능력적 접근(the capabilities approach)

높은 수준의 인간복지는 그들이 가치를 두고 있는 것들에 대해 얼마나 잘할 수 있는가(기본적 능력, capability)에 달려 있다고 보는 관점이 능력적 접근이라고 할 수 있다. 이를 파악하기 위한 지표로는 수입, 적절한 영양섭취, 의복, 주거, 중요 공공시설, 품위 유지, 공동사회의 참여 등이 있다.

3) 생계적 접근(the livelihood approach)

생계적 접근은 어떤 한 요소가 인간의 생활을 구성하지 않는다는 가정에 근간을 두고 있다. 즉, 인간 생활의 특성은 '금전적 요소'와 같은 하나의 기준으로 모두 설명할 수 없다는 것이다. 생계적 접근은 인간의 결핍을 다차원적인 본질로 받아들인다. 이는 가난한 가구는 전형적으로 그들의 상태를 해결하려고 하는 일련의 전략을 인식하고 있다는 데 기초를 두고 있는 접근법이다.

4) 사회적 배제 접근(the social exclusion approach)

사회적 배제 접근은 개인이나 집단이 사회에 충분히 참여할 수 없는 현상을 나타내는데, 생계적 접근방법과 마찬가지로 포괄성을 띠고 있다. 그러나 생계적 접근방법과 달리 사회적 관계와 네트워크, 참여 등의 요소들까지 섭렵하고 있는 접근이라고 할 수 있다. 빈곤에 대해 포괄적으로 이해할 수 있도록 하지만, 설명에 있어서는 복잡한 양상을 띤다(남일재 외, 2021).

02 빈곤을 설명하는 이론

1) 사회문제를 해석하는 세 가지 이론으로 비추어 본 빈곤

(1) 기능주의(functionalism) 관점

기능주의자들은 사회의 구성요소들이 전체 사회의 기능을 위해 공헌하는 하나의 체계라고 본다. 사회 구성원이 긍정적인 공헌을 하려면 기제가 필요하다. 이러한 것은 제도에 의해 수행되고 빈곤은 제도에 따른다. 기능주의 관점에서 빈곤은 하나의 일탈 행동이며, 빈민은 사회에 적응하지 못하고 공헌하지 못하는 행동을 한다고 보는 것이다. 이 결과로 사람들은 아주 적은 보상을 받는데, 빈곤은 그것이 사람들로 하여금 사회에 생산적인 공헌을 하도록 동기를 부여하는 기능을 그 이상 수행할 수 없을 때 사회문제가 된다는 것이다.

사회에 공헌하지 못한 결과가 바로 빈곤이며, 이 때문에 사람들은 사회에 중요한 일을 더 잘 수행하도록 노력하게 된다. 즉, 빈민들은 중요한 과업을 수행하지 않기 때문에 적은 보상을 받을 수밖에 없는 것이다. 그러나 예외적인 경우가 있어 비판받고 있다. 기능주의자는 빈민이 그들의 기능을 수행하지 못해서 가난해지거나 혹은 그들이 수행하는 기능 때문에 가난하게 된다고 말한다.

(2) 갈등론(conflict theory) 관점

갈등론자들은 빈곤을 사회의 경제제도와 관련하여 파생한다고 본다. 빈곤은 사회에 주요하거나 이롭지 않으며 어떤 계층과 집단들이 빈곤으로부터 이익을 얻기 때문에 발생한다고 본다. 갈등론적 관점에서 빈곤은 사회의 어떤 집단들이 현재의 자원배분이 공평하지 못하고 정당하지 못하기 때문에 이를 개선하기 위해 무엇인가 해야 한다고 느낄 때 사회문제가 되는 것이다. 갈등론자들은 빈민들이 가난한 것은 빈곤이 존재함으로써 이익을 보는 보다 강력한 집단들에 의해 착취 당하기 때문이라고 주장한다. 기득권층은 빈곤을 해결하려는 것처럼 하면서 이득을 취하기 때문에 빈민들이 빈곤 해결의 주도권을 잡는 것에 심하게 반발한다.

(3) 상징적 상호작용론(symbolic interactionism) 관점

상호작용이론가들은 현실에 대한 주관을 강조하므로, 빈곤이 사회문제가 되는 것은 한 사회의 영향력 있는 집단들에 의해 그렇게 규정되기 때문이라고 한다. 이들은 빈곤을 경제적 박탈감의 문제가 아니고, 개인의 자화상에 관한 문제라고 본다. 가난한 사람들이 외부와의 유대가 강하지 않은 상태에서 하위문화권에서 장기간 살면, 외부와 하위문화권이 자신을 바라보는 시각을 내면화하여 가난한 사람의 태도와 행동을 하게 되고 가난에서 벗어나지 못하게 된다는 것이다.

2) 빈곤의 원인에 대한 이론

(1) 인간자본 이론(human capital theory)

인간자본 이론은 인간자본에 대한 투자가 개인의 생산성을 결정하며 개인의 생산성 여하에 따라 임금과 소득이 결정된다고 본다. 교육이나 직업훈련 등에 대한 개인적 투자가 많으면 지식과 기술을 갖추게 되고, 습득된 지식과 기술에 따라 생산성은 향상되며, 높은 생산성은 결국 높은 수준의 임금과 소득을 가져오게 된다는 것이다. 반면, 교육이나 직업훈련 등에 대한 개인적 투자가 없거나 적은 경우, 지식과 기술이 부족하여 낮은 생산성의 원인이 되며 결국 저임금과 저소득에 이르게 된다. 빈곤이란 결국 인간자본에 대한 투자의 부족에 그 원인이 있다고 설명한다.

(2) 개인선택 이론(private choice theory)

개인선택 이론은 빈곤을 여가와 노동 간에 어떤 것을 택하느냐, 또는 안정을 추구하느냐 아니면 위험부담을 감수하고 도전하느냐 하는 개인의 선택에 의해 결정된다고 본다. 만일 노동 대신 여가를 선택하면 임금을 받을 수 없거나 아니면 매우 낮은 수준의 임금을 받는 반면, 노동을 선택하면 일정 수준의 임금을 받게 될 것이라고 본다.

위험 부담을 느껴서 새로운 일을 회피하고 안정된 일을 추구하는 경우 높은 수준의 소득을 올리기 어려운 반면, 위험을 감수하고 새로운 일에 도전하여 성공하는 경우 높은 수준의 임금을 올릴 수 있지만 실패하면 빈곤에 빠진다. 따라서 빈곤이란 노동과 여가 사이의 선택에, 안정 추구와 위험에 대한 도전 간의 선택에 그 원인이 있다.

(3) 상속 이론(inheritance theory)

개인의 소득은 상속받은 인적·물적 재산의 격차에 의해 영향을 받는다. 상속받은 재산에는 물질적 재산뿐만 아니라 유전적 인자, 부모의 양육, 사회적 교류 등이 포함된다. 물려받은 물적 재산이 큰 경우, 그 재산으로 풍요로운 생활을 할 수도 있고 동시에 분산투자가 가능해 안정된 수익을 올릴 수 있다. 반면 물려받은 물적 재산이 없거나 적은 경우 상대적으로 빈곤의 위험이 많으며 또한 투자하더라도 분산 투자가 어려워 위험에 빠질 가능성이 있다. 양질의 유전인자나 부모 양육은 자식의 인간자본 형성에 긍정적 영향을 주어 높은 소득을 올리는 데 기여할 수 있다. 따라서 빈곤은 상속받은 인적·물적 재산이 없거나 부족한 데 그 원인이 있다.

(4) 우연성 이론(fortune theory)

어느 한 개인이 많은 소득을 올리는 것은 요행이나 운과 같은 예기치 못한 요인에 의해 결정된다. 어느 한 개인이 빈곤하게 되는 것 또한 인간자본에 대한 투자가 없거나 잘못된 개인적 선택이나 상속, 다른 사회적인 원인에 의해 나타나는 것이 아니라 우연히 닥친 불운과 같은 요인에 의해 발생한다. 갑작스러운 기업 도산, 교통사고, 화재, 수해 등과 같은 불운의 결과로 빈곤하게 된다.

(5) 마르크스주의 이론(Marxist theory)

자본주의 생산양식 아래에서는 생산수단의 유무에 따른 생산의 사회적 관계가 빈곤 여부를 결정하는 근거가 된다. 생산수단을 소유한 자본가는 생산의 사회적 관계에 있어서 노동자를 고용하여 노동을 시키면서 노동자로부터 잉여가치를 착취할 수 있는 위치에 있어 높은 소득을 올린다. 반면, 노동자는 생산수단의 소유주인 자본가에게 노동을 팔아서 그 대가로 임금을 받지만 그 임금은 본래 노동자들이 받아야 할 몫에서 잉여가치를 착취당한 이후의 임금이기 때문에 낮은 수준의 임금일 수밖에 없어 빈곤하게 생활하게 된다. 즉, 아무리 우수한 자질을 가진 사람이라 할지라도 그 사람의 계급이 노동자 계급이면 자본가 계급의 사람보다 소득이 낮을 수밖에 없다.

(6) 노동시장 분절 이론(segmented labor market theory)

개인의 빈곤은 분절된 노동시장의 어느 편에 고용되느냐에 따라 영향을 받는다. 노동시장은 동질적이 아니라 분절되어 있고, 분절된 노동시장은 임금 결정 과정이 다르고, 또 분절된 노동시장에 속한 근로자들 사이에는 매우 제한된 이동이 있다. 노동시장은 핵심 부문인 내부 노동시장(internal market)과 주변 부문인 외부 노동시장(external market)으로 나뉜다. 내부 노동시장에 고용된 노동자의 경우 고용이 안정적이고 높은 임금을 받으며 작업환경이 좋고 승진기회도 있는 반면, 외부 노동시장에 고용된 노동자의 경우 고용이 불안정하고 낮은 수준의 임금을 받으며 작업환경이 나쁘고 승진할 기회도 없는 직무에 종사한다. 따라서 빈곤은 개인이 분절된 노동시장에서 외부 노동시장에 고용된 데 그 원인이 있다.

(7) 빈곤문화론(culture of poverty theory)

빈곤은 주로 개인의 가치, 태도, 행동에 영향을 받는다. 그런데 이러한 가치나 태도는 주로 개인이 속한 주변 환경에 의해 많은 영향을 받는다. 빈민들이 속한 사회의 문화는 일반사회의 지배문화(dominant culture)와는 다른 독특한 하위문화(subculture)를 형성하고 있다. 빈민들이 형성하는 하위문화의 특성을 살펴보면, 출세에 대한 동기의식이 매우 약하고 의존심이 크며 열등의식을 가지고 있고 앞날에 대한 희망이 없으며 운명주의적이다. 빈민들은 자신의 주변에 널리 퍼진 이러한 하위문화에 의해 영향을 받아 자신도 그러한 가치나 태도를 지니게 된다. 이러한 가치나 태도는 상층사회로의 진입을 막아 빈곤 상태에 빠지게 만드는 원인이 된다. 더 큰 문제는 이러한 빈곤 문화가 세대 간에 전승되어 빈곤이 악순환될 가능성이 크다는 사실이다. 달리 표현하면 부모가 빈곤하면 자녀들도 빈곤해질 가능성이 더 크고, 이러한 현상은 세대 간에 반복해 전해지는 된다는 '박탈의 순환(cycle of deprivation)' 현상으로 나타난다.

3) 빈곤에 대한 포괄적 접근 이론

빈곤을 이해하기 위한 새로운 개념으로 등장한 사회적 배제는 기존의 빈곤을 설명하던 협소한 관점에서 벗어나 새롭게 재편되고 있는 경제구조와 정책 변화, 이와 같은 변화 속에서 이루어지는 특정 개인 및 집단에 대한 소외 등 다양한 요인을 포함하고 있다. 즉, 이 개념은 현대 빈곤계층의 빈곤 원인과 해결방식에 대한 포괄적 설명을 제공하고 있다. 우선 빈곤의 원인에 대한 전통적인 시각은 결핍, 박탈, 소외 등으로 설명하려고 하지만 사회적 배제 개념하에서는 사회경제적 제 측면에서의 배제 현상을 담는 다차원적 개념으로 이해하고자 한다.

사회적 배제(social exclusion)라는 용어는 1950년대 프랑스에서 정책적 담론의 장에서 사용되었다. 1980년대 중반 이후 프랑스를 중심으로 발전되었으며, 현재 유럽 국가의 통합체제 구축 시 가장 중요한 개념으로 고려되고 있다. 사회적 배제는 다차원적인 박탈의 동의어로 단순히 이해될 수 없다. 그 개념은 가족지원체계의 빈약함, 가족 외부의 사회적 지지체계의 허술함, 물질적 자원 운용의 부족 등에 대한 사회적 포함 노력의 부족으로 이해된다. 영국 정부는 사회적 배제를 '사람들 혹은 어떤 영역이 실업, 비숙련, 범죄율이 높은 환경, 부적절한 보건, 가족 파괴 등의 문제들로 인해 고통을 받을 때 일어날 수 있는 바를 요약해서 이르는 용어'라고 규정하였다. 유럽 연합 태스크포스(EU Task Force) 팀은 사회적 배제를 '저소득 지위, 열등한 노동시장 지위, 생활의 비금전적인 불이익 등에 의해 결정되는 문제 영역'으로 분석될 수 있다고 보았다. 사회적 배제 이론이 주된 관심을 두고 있는 문제는 복지권리에 대한 접근성의 문제, 고용에 대한 접근성의 문제, 교육의 문제, 차별의 문제 등으로 정리할 수 있으며, 사회적 관계망, 사회참여 능력, 사회에서의 정치적 생활에 사람들이 통합되는 정도에 초점을 두고 있다(남일재 외, 2021).

03 빈곤 상황

빈곤을 묘사하는 것은 어렵다. 빈곤에 대한 개념 규정을 어떻게 하느냐에 따라 전혀 다른 모습이 그려지기 때문이다.

빈곤이라는 개념이 지닌 복합성 때문에 빈곤을 특정한다는 것은 상당히 난해한 일이다. 현재 통용되고 있는 빈곤을 측정하는 방법들은 불평등이나 격차 혹은 결핍 등을 파악하는 데에 그치고 있다. 최근 다차원적 빈곤측정 방법들이 개발되고 있지만, 이 역시 빈곤을 차원별로 구분하여 측정할 뿐이지 복합측정은 아니라고 볼 수 있다. 즉, 빈곤의 측정은 빈곤의 단순한 면만을 부각시키는 방법에 그치고 있다. 하지만 이러한 빈곤의 양상을 단순하게 표현하는 것은 정책개발이나 대응전략을 구상하는 데 필요한 조건이다.

이에 빈곤을 측정하는 방법들을 살펴보면 다음과 같다.

1) 빈곤선(poverty line)

빈곤 여부를 확정하기 위해 준거가 되는 기준선을 빈곤선이라고 한다. 이 빈곤선을 기준으로 하여 아래에 있는 사람을 가난한 사람, 위에 있는 사람을 가난하지 않은 사람으로 구분하여 그 수와 양을 측정하는 방식이다. 빈곤선을 중심으로 빈곤을 결정하게 될 경우 크게 객관적 방식과 주관적 방식으로 나눌 수 있다. 객관적 방식에는 최저생계비를 기준으로 한 절대적 빈곤 추정방식과 전체 사회 구성원들의 소득 수준의 일정 비율을 기준으로 한 상대적 빈곤 추정방식이 있다. 주관적 방식에는 자기중심적 기준에 따른 빈곤 추정방식과 타자 중심적 기준에 따른 빈곤 추정방식이 있다.

이를 표로 정리하면 다음의 〈표 3-1〉과 같다.

표 3-1 빈곤 측정방식과 연구자들

방법			연구방법	연구자
객관적 방식	절대적 방식	전물량법	마켓바스켓 구성 중심	라운트리(B. S. Rowntree)
		반물량법	엥겔지수 중심	오션스키(M. Orsahnsky), 왓츠(H. Watts)
	상대적 방식		박탈지표 중심	타운젠드(P. Townsend)
			소득의 중심 경향치 중심	허치(V. Fuchs), 타운젠드(P. Townsend)
자기보고 기준법	자기기준법		효용함수이론 중심	괴다아트(T. Goedhart), 프라그(van Praag)
	타자기준법		제3자의 의견 중심	레인워터(L. Rainwater)

출처: 남일재 외(2021). 사회문제론.

빈곤의 개념에 따라 빈곤선 설정 방식이 달라진다. 빈곤의 개념은 절대적 결핍, 상대적 박탈, 주관적 빈곤, 사회적 배제에 의한 결과 등으로 파악할 수 있다. 빈곤의 개념을 절대적 결핍으로 생각할 경우, 최저생계비 추정방식은 객관적 방식을 상용하는 경향이 있다. 상대적 박탈을 중심으로 생각할 경우, 상대적 방식의 빈곤추정법이나 주관적 자기보고 기준법을 사용한다. 아울러 사회적 배제로서 빈곤을 받아들이는 경우는 소득을 기준으로 빈곤 설정을 하기보다는 생활을 기준으로 하는 경향이 있다.

(1) 절대적 빈곤선

절대적 빈곤선을 결정하는 방식은 인간이 생활하는 데 필요한 기본적 품목을 기준으로 한 전물량 방식(market basket method)과 인간의 생존에 필요한 음식비를 기준으로 한 반물량 방식(Engel method)이 있다.

① 전물량 방식

전물량 방식은 기본적 욕구를 해소하기 위한 생활 필수품목을 설정하여 필수품의 적정가격을 책정한 뒤 합산하는 방식이다. 조셉 라운트리(Joseph Rowntree)가 1899년 요크시에 대한 조사에서 사용한 방법이 최초로 여겨지고 있다. 이는 최소한 유지되어야 할 '일정한 생활 수준'을 상정하고, 이러한 생활 수준이 유지되기 위해 충족되어야 할 '일정한 욕구'를 규정하며, 이에 필요한 '일정한 소득 수준'을 설정하여 개인이나 가구의 소득이 이 기준에 미달하면 절대적 빈곤으로 규정하는 방식이다.

절대적 빈곤선을 결정하는 방식 중 가장 기본적인 방식이기는 하지만, 전물량 방식의 '일정한 생활 수준'과 '일정한 욕구'는 누가 그것을 규정하는가와 언제, 어떤 사회에서 규정되느냐에 따라 변할 수밖에 없어 자의(恣意)적이고 가변적이라고 할 수 있다.

② 반물량 방식

반물량 방식은 엥겔계수(Engel coefficient)를 활용한 방법으로, 엥겔 방식이라고도 한다. 이때 사용하는 엥겔계수는 음식비가 전체 소득에서 차지하는 비율이다. 음식비를 기준으로 빈곤선을 결정한다는 아이디어를 근간으로 하고 있는 반물량 방식의 전제는 음식비와 소득은 뚜렷한 상관관계가 있다는 것이다. 즉, 소득이 증가하면, 음식비 지출은 상대적으로 줄어드는 경향이 있다는 데에 착안한 것이다.

반물량 방식은 엥겔계수의 역에다 영양 유지를 위한 최소한의 음식비를 곱해 빈곤선을 산출한다. 1961년 미국의 상무성에서 빈곤선 책정을 위해 몰리 오션스키(Mollie Orshansky)가 사용한 방법으로, 미국 사람들의 음식비 지출은 소득의 약 1/3(미국 사람들의 엥겔계수)을 사용한다는 것을 바탕으로 최소한의 음식비에 3(엥겔계수의 역)을 곱하여 빈곤선을 산출하였다.

이 방식의 장점은 빈곤을 계측하는 데 있어 전물량 방식처럼 복잡하지 않고 단순하다는 데 있다. 또한 전반적인 생활 수준의 변화를 고려한 빈곤선 설정에 도움을 줌으로써 사회 변화의 속성을 내포하고 있다는 점이다. 하지만 반물량 방식의 단점은 엥겔계수의 불안정성에 있다. 엥겔계수는 측정하는 시기와 소비지출에 관한 자료의 성격 등에 따라 달라질 수 있기 때문이다.

(2) 상대적 빈곤선

가난은 물질적인 결핍만을 말하는 것이 아니다. 물질적인 결핍으로 인한 사회 내에서의 생존 혹은 생활을 어렵게 하는 데에 더 무게를 둘 수도 있다.

상대적 빈곤 개념은 절대적 빈곤 개념에 기초한 측정방법이 가지고 있는 기본 가정에 대한 비판으로 등장한다. 사회적 기본 욕구는 합의하기 어렵다는 피터 타운젠드(Peter Townsend, 1979)의 비판을 필두로 하여 상대적 빈곤, 즉 상대적 박탈을 중심으로 빈곤을 설명하였다. 그는 특정 사회의 전반적인 생활 수준과 밀접한 관련하에 상대적 박탈(relative deprivation)과 불평등(inequality)의 개념을 중시하였다. 상대적 빈곤이라는 개념은 '대다수가 누리는 생활 형태'를 측정하기가 거의 불가능하고, 그 수준의 어느 정도를 빈곤선으로 결정하느냐 하는 것이 인위적일 수밖에 없기 때문에 등장하였다고 볼 수 있다.

상대적 박탈을 중심으로 한 상대적 빈곤이라는 개념은 빈곤 개념에 대한 전환적 의미를 부여하였지만, '상대적'이라는 의미에서 저소득층의 생활 수준 향상이나 정책적 노력의 효과에 관계없이 빈곤이 규정된다는 점이 단점으로 작용하였다. 또한 빈민의 규모는 제시하지만, 빈민의 삶의 질에 대한 정보를 제공하지 못하는 한계가 있었다. 이러한 한계로 인해 빈곤 해결을 위해 상대적 빈곤선을 적용할 경우, 소득 불평등의 개념을 일부 받아들이는 한편, 빈곤 해결이라는 측면에서 실용적인 중위 혹은 평균소득의 일정 비율을 빈곤선으로 정하는 것이 바람직한 것으로 보았다.

상대적 빈곤선을 측정하는 방식은 중위소득을 중심으로 측정하는 방법과 소득분배 비율을 기준으로 측정하는 방법, 박탈지표를 중심으로 측정하는 방법 등으로 나누어진다.

① 평균 혹은 중위소득의 비율로 측정하는 방법

평균소득이나 중위소득의 40%, 50%(다수설), 60%을 기준으로 하여 측정하는 방법이다. 이때 평균소득을 빈곤선 책정의 기준으로 삼으면 빈곤선의 액수는 중위소득보다 일반적으로 높아지는 경향이 있다. 그래서 평균소득을 기준으로 삼는 것은 소득 불평등을 중시하므로 중위소득을 기준으로 할 때보다 빈곤선 이하의 사람의 숫자를 증가시킬 수 있다. 이 방법을 사용할 때 가구원 수에 따라 가구소득이 달라지므로, 가족의 소득을 개인의 소득으로 전환하는 방법을 강구해야 한다. 이를 위한 방법을 가구 균등화 지수법이라고 한다. 이 방식에 의한 빈곤 추정은 사회의 전반적인 생활 수준의 변화를 반영할 수 있는 장점이 있다.

② 소득분배상의 일정 비율로 측정하는 방법

'순수 상대적 빈곤(purely relative poverty)'으로 불린다. 한 사회의 소득분배 분포상의 가장 낮은 일정 비율을 정하여 이 비율 이하의 사람들은 빈곤한 것으로 여기는 방법이다. 소득의 불평등 정도를 측정할 때 소득분배상의 상위 소득집단에 비하여 하위 집단이 차지하는 소득의 정도를 알고자 하는 데 관심을 두고 있다.

표 3-2 상대적 빈곤선

주요 기관 및 국가	상대빈곤선
OECD	중위가구 소득의 40%
세계은행	개발도상국은 평균 가구 소득의 1/3 선진국은 평균 가구 소득의 1/2
허치(V. Fuchs)	중위가구 소득의 50%
타운젠드(P. Townsend)	빈곤층은 평균 가구 소득의 80% 이하 극빈층은 50% 이하
레인워터(L. Rainwater)	가구당 평균 소득의 46~58%
일본	근로자 가구 소비지출의 68%

출처: 남일재 외(2021). 사회문제론.

③ 타운젠드 방식

상대적 박탈이란, 어떤 사람이 빈곤하다는 것은 그가 거주하는 지역사회의 통상적인 '생활 양태(style of living)'를 누리지 못할 경우를 표현하는 개념이다. 빈곤 정의 시 결핍을 중심으로 하였을 때 나타나는 문제들을 고려하기 위해 상대적 박탈이라는 개념을 사용하였다. 통상적인 소득 부족의 개념을 넘어 소득 이외의 면들도 고려하는 방식으로 빈곤의 복합성에 접근하기 위한 시도로 해석될 수 있다.

피터 타운젠트는 상대적 박탈을 통해 빈곤에 관한 객관적인 입장을 정리할 수 있다고 하면서, "개인이나 가족, 집단은 그가 소속하고 있는 사회에서 관습으로 되어 있는, 혹은 적어도 널리 장려되거나 인정되는 수준의 식사를 하고, 사회적 활동에 참가하며, 생활의 여러 필요조건이나 쾌적성을 확보하는 데에 필요한 생활자원이 부족하게 되었을 때, 빈곤 상태에 있는 것으로 이해해야 한다."고 주장하였다. 그는 생활자원의 결핍을 측정하기 위해 박탈점수를 도출하였다. 이 과정을 간단히 설명하면, 60개의 '생활 양태'를 측정지표로 구성하여 이들 구성요건이 결핍될 때 일정한 박탈점수를 주어 총합한다. 이때 나타나는 총합점수를 소득 수준과 비교해서 일정의 소득 수준 이하에서 이러한 '박탈점수'가 급격히 떨어지면(breakdown point) 그 수준을 빈곤선으로 결정하는 방식이다.

(3) 주관적 빈곤선

앞의 두 가지 방식은 '누가 빈곤(여부)을 결정하는가'의 문제를 간과하고 있다는 점을 착안하여 주관적 빈곤이라는 개념을 도출하였다. '자신이 처한 상황에서 자신의 빈곤 여부를 가장 잘 평가할 수 있는 것은 자신'이라는 가정에서 출발하는 방식이 주관적 빈곤선 방식이다. 이에는 여론조사 방식과 라이덴(Leyden) 방식(실제 소득과 판단 최소소득의 비교)이 있다. 이 방법은 전문가의 판단보다 사회의 지배적인 의견을 빈곤선 설정에 이용하는 장점이 있다. 하지만 질문의 종류와 방법론의 차이에 따라 빈곤선 결정의 변동이 가능하고, 적은 표본을 사용한 추정치의 표준오차가 발생할 가능성이 있다는 평가를 받고 있다.

2) 빈곤 발생(poverty incidence)

빈곤선 결정에 따른 빈곤 여부의 결정은 나라마다 그 값이 다를 수밖에 없어 국가 간 비교연구에 적용하기가 어렵다. 각 사회의 객관적인 비교를 위해 사용하는 측정방식이 빈곤 발생(율) 측정이다. 이는 전체 인구 중 빈곤 한곗값보다 작은 수입 또는 지출을 갖는 개인의 비율을 파악하는 것이다. 주로 사용되는 방법은 하루 1달러(혹은 2달러) 소비(혹은 소득) 빈곤선($1-a-day poverty line) 등이다. 이러한 빈곤선을 사용하였을 때, 선진국가와 저개발국가의 상황을 객관적으로 대조할 수 있다는 장점이 있다.

3) 빈곤갭 지수(poverty gap index)

빈곤갭 지수는 미국사회보장위원회에서 개발한 것으로, 빈곤 발생과 달리 빈곤이 얼마나 심한지 빈곤의 깊이를 반영하는 지표이다. 빈곤갭의 정의는 빈곤선을 기준으로 빈곤선 이하에 있는 사람들의 소득 혹은 지출의 차이를 계산한 값이다. 이는 빈곤선 아래의 소비부족분과 같으며 빈곤선의 비율로 나타낸다. 즉, 빈곤선 이하의 사람들 모두를 빈곤선 소득으로 끌어올리는 데 소요되는 비용을 표현하는 것이다.

4) 빈곤갭 제곱 지수(squared poverty gap index)

빈곤갭 제곱 지수는 빈곤의 심각함을 반영하는 지수로, 빈곤집단 구성원 간의 불균등 차원을 드러내는 데 효과적이다. 어떤 주어진 빈곤갭 지숫값에 빈곤집단 구성원 사이의 수입 또는 지출의 산포(흩어짐)가 크면 빈곤갭 제곱 지수는 커지는 경향이 있다.

5) 로렌츠 곡선(Lorenz curve)

로렌츠 곡선은 소득의 불평등 정도를 가시적으로 드러낼 수 있는 그래프이다. 수입의 누적비율과 소득분포에서 모집단의 누적비율 간의 관계를 나타내는 것으로, 만일 완전한 수입 균등이 되면 로렌츠 곡선은 45도 각도의 직선이 된다.

6) 지니계수(Gini coefficient)

현재 불평등도를 중심으로 한 빈곤율을 드러내는 데 가장 효과적인 방법으로 알려진 지니계수법은 로렌츠 곡선에서 파생되었다. 로렌츠 곡선과 45도 직선 사이의 면적으로 45도 직선 아래 면적의 백분율로 표현되어 가장 간소한 방법으로 빈곤율(정도)을 파악할 수 있다는 장점을 지니고 있으나 빈곤의 심화 정도를 파악하는 데는 한계가 있다.

7) 센 지수법

아마르티아 센(Amartya Sen)이 개발한 빈곤측정지표로, 빈곤갭이 나타내는 빈곤의 심화 정도와 불평등 정도를 함께 드러낸다는 장점이 있다. 다시 말하면, 빈곤율과 빈곤 격차의 개념을 종합적으로 고려한 빈곤측정방법으로 볼 수 있다. 이의 산출식은 다음과 같다.

센의 빈곤측정 산출식

$$P = H \times \{ I + (1 - I) \times G \}$$

P: 센 지수　　H: 통상적 빈곤율

I: 소득갭 비율　　G: 지니계수

출처: 남일재 외(2021). 사회문제론.

04 빈곤 대책

빈곤 해결을 위한 대책은 여러 종류이다. 빈곤 대책은 정책·제도적 차원, 문화적 차원, 개인적 차원, 지역사회 중심 차원 등으로 구별해서 살펴볼 수 있다. 여기에서는 정책·제도적 차원에 한계를 논의하고자 한다.

1) 전반적인 빈곤 정책

빈곤에 대한 정책적 접근은 인간의 발달과정을 기준으로 기회의 평등을 위한 대책, 근로 능력이 있는 가난한 사람에 대한 노동시장 정책, 조세 정책, 소득보장 정책 등으로 이루어진다(최일섭, 2000).

(1) 기회의 평등을 위한 대책

기회의 평등을 제공하는 것은 미래의 빈곤을 예방하는 방법으로서, 시기적으로는 노동시장에 진입하기 이전에 대책 마련이 이루어져야 한다. 특히 기본적으로는 빈곤 가정의 아동들에게 초점을 맞추어 빈곤의 악순환을 끊기 위한 방법이라 할 수 있다.

이 대책의 대표적인 것은 가족계획 프로그램과 아동 양육 프로그램을 들 수 있다. 가족계획사업은 빈곤가정의 출산을 제한함으로써 빈곤의 발생과 존속을 줄이려는 것으로서, 그 효과는 첫째, 가난한 사람들의 아이들 숫자를 줄임으로써 아동 양육에 필요한 경비를 줄여서 빈곤으로부터 벗어날 가능성을 높이는 것이다. 둘째, 자녀의 수를 줄임으로써 보호자들(특히 여성 단독 세대주)의 근로소득을 높이는 것이다. 셋째, 적은 수의 자녀에게 교육, 건강, 애정 등의 기회를 줌으로써 아동의 장래의 빈곤 가능성을 줄이는 것이다. 넷째, 모자보건을 통해 가족의 건강을 높일 수 있다.

아동 양육 프로그램의 근거는 가난한 가정에서 태어난 아동은 그렇지 않은 아동에 비해 여러 측면에서 불리하여 그들이 다시 가난하게 될 가능성이 크다는 것이다. 따라서 빈곤가정 아동의 열악한 주거환경, 교육환경, 건강환경을 개선하기 위한 다양한 프로그램을 제공하는 것이다. 예를 들면, 아동주야간보호서비스, 취학 전 아동을 위한 프로그램, 정규교육에 대한 재정적 지원, 산모와 아동을 위한 건강 프로그램, 학교급식, 의료보호, 공공주택 제공, 주택비 보조 및 융자 등이 아동 양육과 관련된 프로그램이다.

(2) 노동시장 정책

노동시장 정책은 근로능력이 있는 가난한 사람들을 대상으로 노동시장에서 경험하는 각종 불이익을 해소하기 위한 적극적인 정책이다. 노동시장 정책에는 크게 네 가지가 있는데, ① 훈련과 재훈련 프로그램, ② 고용 프로그램, ③ 피고용자에 대한 임금보조 프로그램, ④ 최저임금제도 등이다.

(3) 조세 정책

빈곤 대책을 논의하는 데에 조세 정책은 사회보장 정책과 밀접한 상호 연관성을 가지고 있어 조세 정책 하나만 독립적으로 논의하는 것은 바람직하지 않다. 조세 정책 하나만 고려할 경우 빈곤의 정도가 악화하는 것처럼 보일지라도 사회보장급여와 동시에 고려하면 결과적으로 빈곤은 완화될 수 있는 것이다. 일반적으로 공공부조가 빈곤층의 소득을 빈곤선 위로 끌어올리는 능동적인 정책이라면, 조세 정책은 빈곤선 이하의 소득은 면세되도록 하고, 빈곤선 바로 위에 있는 층의 소득에 대해서는 과세 후 빈곤선 이하로 떨어지지 않게 하는 수동적 정책이라고 할 수 있다.

빈곤 대책을 위한 조세 정책은 크게 세 가지 조세제도를 통하여 수행되는데, ① 소득세의 면세점을 조정하는 방법, ② 사회보장세의 최저 소득 한도를 조정하는 방법, ③ 간접세의 면세 등이 있다.

(4) 소득보장 정책

기회의 평등을 위한 빈곤 정책은 미래의 빈곤을 예방하는 기능이 있고, 노동시장 정책은 현재의 근로 능력이 있는 가난한 사람들을 대상으로 하는 적극적 정책이다. 반면에 소득보장 정책은 이상의 두 가지 정책의 실패로 노동시장에서의 소득으로 빈곤에서 벗어나지 못할 경우 마지막으로 직접적인 소득 이전을 통해 빈곤을 해결하는 방법이다. 각종 공적 부조 프로그램과 사회보험, 수당, 의료보호 등이 대표적인 방법이다.

2) 공공부조를 중심으로 한 빈곤 정책

국민기초생활보장제도는 소득보장을 중심으로 주거, 교육, 장제, 의료 등의 서비스를 최저빈곤층에 제공하고자 하는 공공부조정책이다. 공공부조 정책은 절대빈곤층의 문제를 해소하기 위한 정책이기 때문에 따로 살펴볼 필요가 있다.

일제강점기에 시행된 조선구호령을 토대로 만든 생활보호제도가 외환위기를 경험하기 전까지 큰 변화 없이 시행되고 있었다. 외환위기와 시민사회의 성장으로 인해 생활보호제도는 2000년 10월에 시행된 국민기초생활보장제도로 바뀌었다. 이는 빈곤계층에 대한 정책으로, 지난 40여 년간의 시혜적 단순 보호 차원의 생활보호제도로부터 저소득층에 대한 국가 책임을 강화하는 종합적 빈곤 대책으로 전환되었다는 데 의의를 두고 있다. 2015년 7월 이후 빈곤 인정 기준을 상대적 기준으로 바꾸고 급여별로 세분화하여 적용하는 '맞춤형 급여체계'를 실시하고 있다. 국가의 보호가 필요한 저소득층에 대한 기초생활을 국가가 보장하되 종합적 자립자활서비스의 제공으로 맞춤형 복지를 구현하고자 하였지만, 현실적인 보장은 미흡하여 빈곤화를 해결하거나 탈빈곤을 촉진하거나 충분한 생활을 보장하는 데에는 부족한 실정이다.

05 빈곤정책의 방향

빈곤을 상상하는 것은 어렵지 않으나 정의하고 규정하는 것은 난해한 일이다. 빈곤을 어떻게 규정하느냐에 따라 대책이 달라지고, 그 효과 또한 달리 나타난다. 우선 중요한 것은 빈곤을 어떤 문제로 보느냐에 대한 인식이다.

빈곤은 사회적 문제이다. 빈곤을 바라보는 관점은 여러 가지가 있는데, 이 중 가장 보편적인 관점은 경제적 문제로 보는 것이다. 경제적으로만 빈곤을 바라보는 관점은 빈곤을 단순화시키기도 하지만, 역설적으로 빈곤에 대한 이해를 어렵게도 한다. 빈곤을 경제적 문제로 보고 분석하면, 물질적인 결핍을 빈곤의 원인으로 파악하게 되고, 빈곤을 해결하기 위한 방법으로 물질적 결핍을 보충할 뿐이다. 물질적인 자원을 통해 빈곤을 해결하려는 시도는 단기적으로는 효과가 있는 것처럼 보이지만 다른 사회문제와 마찬가지로 빈곤은 복잡한 원인에 의한 결과이기 때문에 그 효과는 쉽게 없어지고 만다. 빈곤 문제는 경제적 문제이자 관계의 문제이고, 문화 및 사회구조의 문제이며, 존재의 문제이다. 빈곤 문제를 포괄적 방식으로 이해하지 않으면 제대로 된 해결 방법을 모색할 수 없다.

현재의 빈곤 양상은 새로이 변화하고 있다는 주장이 속속 등장하고 있다. 신빈곤, 사회배제, 노동빈곤 등의 다양한 용어로 빈곤을 재정의하고 있다. 시대와 상황에 따라 변화하고 있는 빈곤 문제에 대응하여 대빈곤 정책의 확충과 보강, 다면화가 요청된다고 할 수 있다. 빈곤 문제는 물질적 결핍이라는 경제적 차원의 문제로만 이해할 수 없고, 인간 생활이 가지고 있는 다양한 측면들을 포괄적으로 파악할 때에만 이해할 수 있는 복합적 문제이다. 따라서 빈곤 해결을 위한 사회복지적 개입 역시 물질적 결핍, 주거, 교육, 노동, 사회적 관계와 참여 등의 전 분야에 걸친 노력이 필요하다고 할 수 있다(남일재 외, 2021).

생각해 볼 문제

1. 절대적 빈곤과 상대적 빈곤을 비교하여 설명해 보자.

2. 「국민기초생활보장법」의 필요성을 간략히 설명해 보자.

3. 빈곤 문제를 접근하기 위한 네 가지 관점을 제시해 보자.

4. 빈곤 문제의 네 가지 유형을 제시해 보자.

5. 빈곤 문제의 향후 과제 세 가지를 간략히 설명해 보자.

Chapter

04

노동 문제

01 노동 문제의 이해

현대적 의미에서의 노동 문제는 산업화가 진전되면서 본격적으로 발생하기 시작하였다. 고대사회에서의 노동은 정당한 평가를 받지 못하였으나 자본주의의 발달로 노동에 대한 수요가 발생하면서부터 노동력은 하나의 상품으로 취급되었다. 노동의 상품화가 이루어졌으나 노동의 대가는 저임금, 장시간 근로, 억압적인 노사관계, 빈발하는 산업재해가 일상적인 일이 되었다. 노동을 상품으로 제공하는 근로자들은 절대적인 빈곤에서 벗어나기 위해 열악한 근로조건을 받아들여야만 했다. 그러나 산업화에 따른 경제성장은 근로자의 불만 표출과 더불어 근로자의 실질임금이 상승하고 분배의 형평성도 개선되어 근로자의 절대적 빈곤에서 점차 벗어나고 권리의식이 높아짐에 따라 이러한 구조는 한계에 부딪혔다.

노동시장은 노동에 대한 수요와 공급으로 이루어져 있다. 노동에 대한 수요는 기업이 노동자에게 어느 정도의 가치를 두느냐에 따라 결정된다. 한 기업이 몇 명을 고용할 것인가? 적어도 기업은 임금으로 나가는 비용보다 고용에 따른 수입이 더 클 때 노동자를 고용한다. 기업의 비용인 임금이 올라갈수록 기업은 노동에 대한 수요를 줄인다. 반면에 노동 공급은 가계가 담당한다. 사람들은 일을 할 것인가, 만약 한다면 각 임금수준에서 얼마만큼의 일을 할 것인가를 결정한다. 시간당 임금이 높을수록 사람들은 어느 정도까지 일하는 시간을 늘리려고 한다. 게다가 낮은 임금 수준에서는 일할 의향이 없던 사람들도 임금이 높아지면 일을 하려 할 것이다(이영환·김진욱, 2004). 노동의 대가인 임금을 둘러싼 두 주체의 인식 차이는 이해관계가 서로 다르기 때문이다. 이러한 대립이 갈등으로 구체화하면 노동 문제가 된다.

결국 노동 문제란 자본주의적 생산관계에서 노동자의 노동력이 상품으로 간주됨으로써 자본과 임금노동 사이의 관계에서 발생하는 문제이다. 노동력은 다른 일반 상품과는 달리 인간에 결부되어 있다는 특수성을 지닌다. 이러한 노동 문제는 자본주의 사회의 기본 구조로부터 비롯되는 것으로서, 자본주의 사회문제의 핵심을 이룬다. 즉,

자본주의가 진전되면서 자본가가 힘의 우위로 주도적인 위치를 차지하였으나 오직 노동력만을 생존의 기반으로 삼는 노동자는 상대적으로 불리한 조건을 감수할 수밖에 없었기 때문이다. 노동 문제에서 노동자가 관심의 주된 대상이 되고, 노동 문제를 사회복지의 관심 영역으로 설정하게 된 이유도 여기에 있다고 볼 수 있다. 따라서 노동 문제를 이해하기 위해서는 자본주의하에서의 자본과 노동이라는 측면을 이해하여야 한다(김영화 외, 2013: 김지미 외, 2020 재인용).

02 ● 노동 문제의 이론

1) 기능주의

기능주의자들은 노동 혹은 일이 사회 내에서 특별한 기능을 수행한다고 주장한다. 일은 우리 삶의 경험들에 관하여 일부 예측 가능성을 제공한다. 우리는 18세가 넘거나 고등학교를 졸업한 이후에 임금을 지불받는 고용을 기대할 수 있다. 물론 고등학교 졸업 이후 대학에 가면 임금을 지불받는 노동의 시작이 4~5년 늦어지기도 하지만, 직업을 갖는 것이 결혼하는 시기, 첫째 아이를 낳는 시기, 집을 언제 살 것인가 등을 결정하는 데 중요한 변수이다. 소득과 직업에 따라 계층화되듯이 직업은 하나의 중요한 사회구조로 작동한다. 심지어 가장 독립적인 사람이라고 할지라도 우리는 먹는 것, 입는 것, 안전, 교육과 건강 등 수많은 노동에 의존하며 살고 있다. 우리의 삶은 노동으로 인한 생산결과물과 활동에 묶여 있다. 이러한 측면에서 다시 생각해 보면, 노동은 사회문제를 발생시키는 일련의 기능장애를 가져올 수도 있다. 고용주들은 노동 생산성과 질을 높이기를 희망하며 근로자들에게 자신의 일에 몰입하도록 요구한다. 그렇지만 일에 너무 몰두하는 것은 직업 스트레스, 과도한 노동, 근로자의 직업 불만족 등, 이 모든 것이 기능장애에 이를 수 있다. 비록 부분적으로 기술이 노동의 속도와 질을 향상시켰음에도 불구하고 기계가 인간의 노동을 대신할수록 기술은 직업 및 임금 손실, 기능장애들을 가져올 수 있다.

구조기능주의자(structural functionalist)들에 따르면, 경제제도는 모든 사회제도에서 가장 중요한 기능을 하는 제도 중 하나이다. 이는 경제제도가 인간에게 필요한 모든 기본 필수품, 즉 의식주를 제공하기 때문이다. 경제제도는 사회 구성원의 생존에 필요한 욕구를 충족시켜 줌으로써 사회안정에 기여한다. 경제제도가 비록 사회에 필수적인 기능을 하지만 기능장애가 나타나는 부분도 있다. 예를 들어, 산업화 이전의 농업사회에서는 노동의 분화 정도가 낮아 사회 구성원이 할 수 있는 노동 역할은 많지 않았다. 이렇게 제한된 노동 역할은 그 사회 구성원으로 하여금 비슷한 역할을 공유하도록 만들었고, 노동과 관련된 비슷한 규범과 가치를 발전시켰다(Durkheim, 1966). 이에 비해 산업화된 사회는 다양한 노동 역할과 높은 분화가 특징으로 나타나고, 사회 내 응집력은 사람이나 그들 역할의 유사성이 아닌 상호관계에 근거하여 형성되었다. 산업화된 사회의 개인은 다른 사람이 제공하는 기술과 서비스가 필요하다. 산업화된 사회 내에서 공통된 규범과 가치의 부족은 아노미 상태, 규범이 부재한 상태를 초래한다. 따라서 구조기능주의자는 노동 문제를 경제제도 발전에 따라 산업화 사회가 되면서 공통된 노동 규범이나 가치의 부재로 생겨난 아노미 상태로 본다.

그러나 이 관점은 기존의 사회경제 체계를 기정사실화하여 이를 문제시하지 않거나, 사회문제를 경제적·정치적 불평등과 거의 혹은 전혀 관계가 없는 것으로 본다. 심지어 전체 사회기능의 영위와 존속을 위해 오히려 계층체계와 빈곤이 기능적으로 필요하다고 보는 측면이 있다는 점에서 체계옹호론적 이데올로기로 변화할 소지가 있다는 비판을 받고 있다(고영복, 1992). 이러한 구조기능주의 시각을 노동 문제에 적용해 보면, 노동 문제의 본질을 왜곡하여 궁극적으로 노동자의 이익과 상반되는 방향으로 해결책이 설정될 가능성이 많다(감정기, 1995: 김지미 외, 2020 재인용).

2) 갈등주의

마르크스의 설명에 의하면 권력은 생산수단에 대한 사람의 관계에 따라 결정된다.

생산수단의 소유주는 시스템에서 모든 권력을 가지고 있고, 노동자에게는 아무것도 남겨져 있지 않다. 노동자의 노동만이 생산품을 만들고 소유주를 위한 이익을 만든다. 실질적인 권력, 통제, 소유권을 가지고 있지 않은 산출물들에 노동자의 에너지가 소비된다. 그에 의하면, 사람의 노동은 결국 수단이 된다. 우리는 단지 돈을 벌기 위하여 일한다. 우리가 우리의 노동으로부터, 우리가 생산했던 것으로부터, 우리가 같이 일하는 동료들로부터, 우리의 잠재적인 것으로부터 소외되거나 제외될 수 있다는 것을 마르크스가 결국 예측하였다. 일이 인간 잠재력의 변화와 성취를 제공하는 대신에 일이 우리로 하여금 가장 덜 인간적 장소로 느끼도록 만든다는 것이다.

노동의 근대적 시스템도 노동에 대한 노동자의 힘을 지속적으로 침식해 간다. 탈숙련화는 일자리를 체계적으로 재구성하여 필요한 기술을 더 줄이게 만들고, 결국, 관리자가 노동자에 대하여 더 많은 통제권을 가질 수 있도록 한다. 테일러(Taylor,)가 생산을 개선하기 위한 수단으로서 과학적 관리를 제안하였지만, 사회학자 헤리 브레이브만(H. Braverman)은 생산시스템을 변경함으로써 자본주의와 관리자는 노동자에 대한 자신들의 통제를 증가시킨다고 하였다. 노동자는 숙련된 노동이 사라지면 무력해지고, 그들은 결국 기계에 대치된다.

마르크스는 자본주의가 사라질 것이라고 예상했지만, 자본주의는 더욱 강해지고, 사회적·경제적 불평등은 전 세계적으로 더 증가해 왔다. 자본주의는 단순한 경제 시스템 이상이 되었다. 그것은 하나의 완전한 정치적·문화적·사회적 질서다. 현대 자본주의는 기업들, 미국과 다국적 대기업들의 성장과 지배를 포함하고 있다. 갈등주의자들의 주장은 자본주의자들과 기업지도자들이 노동자와 일반 대중을 희생시키면서 권력과 경제적 이익을 유지한다는 것이다.

결국 노동 문제는 전체 사회의 모순, 특히 지배계층인 자본가와 피지배계층인 노동자 사이의 불평등구조에서 생겨난 모순이라고 설명한다. 갈등주의 이론에서 노동 문제는 노동자의 적극적인 인식을 통해 사회문제로 부각될 수 있다는 점과 노동 문제의 실체를 지배계급이 왜곡하여 규정할 수 있는 위험을 안고 있다는 점을 지적하여 준다 (김영화 외, 2005: 김지미 외, 2020 재인용).

3) 상징적 상호작용주의

상징적 상호작용주의에 의하면, 노동은 사람의 정체성을 형성하는 중심적인 역할을 한다. 사람들이 다른 사람을 처음 만났을 때 가장 처음에 하는 질문이 "무슨 일을 하고 있으세요?"이고, 이에 대한 답이 주로 그 사람이 누구인지를 규정한다는 것이다. 카페에서 바리스타로 일하고 있는 사람의 정체성은 학교에서 교사로 일하고 있는 사람으로서의 정체성과 사회적 의미가 다르다. 더하여 매장 관리자나 대학 교수 등과 같은 직장에서의 직위는 그 자체로 의미가 있으며, 당사자에게 갖는 의미도 다르다. 한 개인의 직업 생활에 있어 높은 지위는 가장 중요하다. 많은 경우에 '관리자'라는 지위는 그 사람의 사회적 정체성에 있어 매우 중요한 의미를 가진다.

상징적 상호작용주의자들은 행동에 영향을 미치는 정의나 의미에 주목한다. 예를 들면, 사회적으로 아동노동의 의미나 정의가 어떻게 규정되느냐에 따라 아동노동의 영속성을 만들어 낸다. 일부 사회에서는 아동노동이 인권의 문제로 규정되는 데 반해, 일부 사회에서는 아동이 일하는 것 자체를 중요한 책임성과 필요한 것이라고 간주하고 통과의례로 생각하기도 한다.

상징적 상호작용주의자들은 태도나 행동이 다른 사람들과의 상호작용으로 영향을 받는 것을 강조한다. 작업 환경에서 상징적 상호작용이 적용되는 것은 무수히 많다. 고용주나 관리자는 고용인으로 하여금 본인들이 원하는 태도나 행동을 하도록 만드는 개인 간의 상호작용 기술들에 관심을 많이 기울인다. 노동조합대표자는 직원들이 노동조합에 가입할 수 있도록 설득할 수 있는 개인 간의 상호작용 기술이 필요하다. 직업훈련 프로그램들은 참여자가 효과적으로 동기화할 수 있는 개인 간의 상호작용 기술에 관심이 많다.

03 노동 문제의 접근 방향

1) 실업

실업(unemployment)이란 일할 의사가 있음에도 불구하고 일을 하지 못하고 있는 상태를 말한다. 실업을 객관적으로 측정하기 위해서는 실업자에 대한 명확한 규정이 필요하다. 일반적으로 국가의 경제사회통계 작성에 사용되는 실업자(unemployed persons)는 "고용조사 시점에서 '일주일' 동안 적절한 일자리가 있음에도 불구하고 일을 하지 않은 사람과 연속 '4주간' 일자리를 찾고자 노력했으나 일을 하지 못한 사람"을 말한다. 재취업을 위해 대기 중인 사람도 간주된다. 단, 질병에 걸려 일시적으로 일을 하지 못한 사람은 제외한다(원석조, 2005).

실업에 큰 영향을 끼치는 것은 경기 순환이다. 순환되는 경기의 확장과 수축 현상은 노동시장에 그대로 반영되기 때문에 경기 순환을 이해하는 것이 중요한 이유를 반증해 준다. 경기 순환이 기업의 이윤을 증가 혹은 감소시키는 기능만을 한다면 정부가 경기 순환을 예측하고 변동의 폭을 통제하기 위해 그토록 신경을 쓰지 않을 것이다. 그러나 실업과 그로 인한 소득 감소가 국민의 생활 수준에 직접적인 영향을 주기 때문에 실업에 관련된 요소나 경기 순환을 이해하는 것이 이처럼 중요시되는 것이다. 경제학자들은 실업의 기본적인 형태를 다음과 같이 구분한다(이영환 외, 2004).

- 계절적 실업: 월별 혹은 계절별로 어떤 산업의 노동 수요가 규칙적으로 변함에 따라 발생하는 실업
- 마찰적 실업: 직장을 처음 구하는 사람이나 직장을 옮기는 사람들의 단기적 실업
- 구조적 실업: 기술 변화나 경제구조의 변화로 인한 실업
- 경기적 실업: 경기 순환으로 인한 실업

실업의 정도를 나타내는 척도가 실업률(unempolyment rate)이다. 실업률은 일하고 싶어도 일할 수 없는 노동인구의 비율이다. 이 비율은 실업자 수를 경제활동인구(labor force)로 나누어서 계산한다.

2) 비정규직 근로자

비정규직 근로자란 상용직 근로자에 대비되는 근로자 집단으로서, 한시적 근로자(기간제 노동 포함)와 시간제(파트타임) 근로자, 비전형 근로자(파견, 용역, 특수고용, 일일, 가내 근로자)를 모두 합친 것을 말한다.

1997년 경제위기로 인한 대규모 구조조정 과정에서 실직했던 사람들이 경제회복 후 노동시장에 재진입하는 과정에서 비정규직으로 지위가 변화되면서부터 비정규직 근로자의 문제가 발생하였다. 우리나라에서 비정규직 근로자의 변화 추이를 살펴보면, 2001년 전체 임금근로자의 26.8%에서 매년 증가하여 2006년에는 전체 임금근로자의 35.5%를 차지하였다. 이처럼 비정규직 근로자가 크게 늘어난 직접적인 원인은 실업자 수의 급증과 노동수요의 감소에 따라 노동시장이 고용주에게 유리한 방향으로 조성되었고, 노사협상에서 고용주의 힘이 월등히 커졌으며, 실업의 장기화로 근로자의 선택폭이 줄어 비정규근로가 어쩔 수 없는 대안이 되었다는 데 있다. 비정규근로는 고용주 입장에서는 적은 비용으로 근로자를 고용하고, 경기변동에 탄력적인 고용조정을 기할 수 있는 장점이 있으며, 근로자의 입장에서는 시간적·공간적 제약을 줄이면서 노동력을 탄력적으로 제공할 수 있는 장점이 있다. 그러나 비정규직 근로자는 고용불안에 시달릴 뿐만 아니라 노동시간은 정규직과 비슷하지만 정규직에 비해서 낮은 임금과 근로복지와 사회보험 등에서 배제되고 있다.

3) 최저임금제도

노동시장에서의 임금 격차는 여러 가지 형태로 존재하지만, 고용의 양극화와 더불어 점차 확대되고 있다. 임금의 양극화를 막기 위해서는 적정 수준으로 최저임금을 결정하여야 한다. 최저임금제는 근로자에 대하여 임금의 최저수준을 보장하여 근로자의 생활 안정과 노동력의 질적 향상을 꾀함으로써 국민경제의 건전한 발전에 이바지하게 함을 목적으로 하여 사용자에게 이 수준 이상의 임금을 지급하도록 법으로 강제함으로써 저임금 근로자를 보호하는 제도이다. 이를 실현하기 위하여 최저임금위원회에서는 매년 근로자의 생계비, 유사근로자의 임금, 노동생산성, 소득분배율 등을 고려하여 최저임금을 결정하고 있으나 그 기준에 대한 논란이 많다. 따라서 선진국 사례처럼 '상용직 중위임금 대비 일정 수준' 또는 'OECD 회원국의 중위임금 대비 최저임금비율 평균수준'과 같은 최저임금 설정의 준거를 최저임금 심의과정에서 더 적극적으로 고려하여야 한다.

04 노동시장과 노동 문제

근로자의 '삶의 질'을 좌우하는 핵심적 요소로는 임금, 근로시간 등의 근로조건과 사업장 작업환경 등을 들을 수 있다. 1970~1980년대의 급속한 경제성장기에는 근로자의 실질임금이 상승하고 분배의 형평성도 개선되어 근로자들의 불만을 잠재우는 안정적인 노동시장 구조를 형성할 수 있었다. 그러나 1987년 6~8월에 폭발한 민주화 및 노동운동으로 인하여 각 사회집단의 권리의식이 높아짐에 따라 근로자들도 노조 결성 등 조직화를 통해 본격적으로 열악한 근로조건 및 작업환경에서 벗어나기 위한 자신들의 요구를 표출하기 시작하였다. 이러한 노력은 「근로기준법」 5인 이상 확대 적용(1988년), 주 44시간제 및 최저임금제 도입, 산재보험 급여 수준 상향(1989년) 등 기본적인 근로조건에 대한 법적인 보장 강화 및 내실화로 이어져 전체 근로자의 근로조건이 향상되는 계기가 되었다. 그러나 1997년 IMF 경제위기는 노동시장에 새로운 형태의 문제를 발생시켰다. 1987년 민주화 운동이 산업현장 전체 근로자의 기본적인 근로조건 및 단체 행동권을 신장하는 데 기여했다면, IMF 경제위기는 '고용의 불안정'

이라는 새로운 사회적 문제를 발생하면서 노동시장 내의 질적인 변화를 야기하였다. 첫째, 한시적 근로자(기간제 노동 포함)와 시간제 근로자, 비전형 근로자 등 비정규 형태의 근로자가 급격히 늘었다. 둘째, 대기업과 중소기업 간의 근로조건 격차가 확대되었다. 1,000인 이상 사업장의 노조원은 강력한 노조의 보호를 받는 반면에 50인 미만 사업장의 근로자는 매우 유동적이고 차별적이며 불안정한 위치를 벗어나지 못하고 있다. 셋째, OECD 국가 중 근로시간이 길고, 최저임금액은 낮을 뿐만 아니라 산업재해율은 높다.

노동시장의 양극화 심화는 근로자 사이의 분배구조를 악화시키고 사회통합의 기반이 잠식되어 결과적으로 성장잠재력을 고갈시켜 지속가능한 성장을 저해하고 국가경제가 도약하는 데 장애 요인이 될 것이다. 노동시장의 양극화에 따른 근로환경의 현황을 점검하여 보면 다음과 같다.

1) 임금

기업 규모 간 임금 격차는 1980년 후반의 민주화 이행과 1990년대 후반 IMF 경제위기를 계기로 확대되었다가 2000년대 들어서 그 폭이 더욱 커지고 있다. 이는 경기침체로 인해 내수 관련 중소기업들이 외환위기에 버금가는 어려움을 겪고 있는 데 반해, 대기업은 상대적으로 수출 호조에 따른 호황을 누리면서 기업 규모별 지불 능력에서 현격한 차이가 발생한 데 따른 것이다.

2023년 말 기준, 사업체 노동력조사 결과 보도자료에 따르면 상용 300인 미만 사업체의 근로자 1인당 임금총액은 3,387,000원으로 2.8%(+91,000원) 증가, 300인 이상은 5,319,000원으로 5.7%(+289,000원) 증가하였다. 300인 미만 사업체의 임금 상승률이 전년보다 둔화된 것은 보건업 및 사회복지, 서비스업 등에서 근로시간이 짧은 근로자 증가, 정보통신업, 금융 및 보험업 등에서 특별급여 지급시기 변경 및 축소 등의 영향이라고 볼 수 있다.

표 4-1 사업체 규모별 근로자 1인당 월평균 임금총액 (단위: 천 원, %)

구분	2022년 11월	2023년 8월	9월	10월	11월
300인 미만	3,296(4.1)	3,402(0.5)	3,793(4.3)	3,420(3.5)	3,387(2.8)
300인 이상	5,031(5.6)	5,412(2.0)	6,869(8.3)	5,616(6.4)	5,319(5.7)

* 임금은 세금공제 전 임금, 괄호 안은 전년동월대비 증감률

출처: 고용노동통계(2024). 2023년 12월 기준 사업체노동력조사결과.

산업별로 살펴보면 임금총액이 많은 산업은 금융 및 보험업(6,169,000원), 전기, 가스, 증기 및 공기조절 공급업(5,666,000원) 순, 적은 산업은 숙박 및 음식점업(2,082,000원), 사업시설관리, 사업지원 및 임대 서비스업(2,642,000원) 순으로 나타났다.

정규직과 비정규직의 임금 격차가 6년째 역대 최대폭으로 벌어지고 있다. 정규직 근로자의 평균 임금이 오르는 것에 비해 비정규직 근로자의 임금 상승은 더딘 것을 알 수 있다. 2023년 정규직 근로자의 월평균 임금은 3,623,000원으로 1년 전보다 '143,000원' 오른 데 비해, 비정규직 근로자의 월평균 임금은 1,957,000원으로 '76,000원' 오르는 데 그쳤다. 정규직과 비정규직의 임금 격차는 2017년 1,282,000원에서 6년 연속 확대되며 2023년 1,660,000원을 넘어섰다([그림 4-1]).

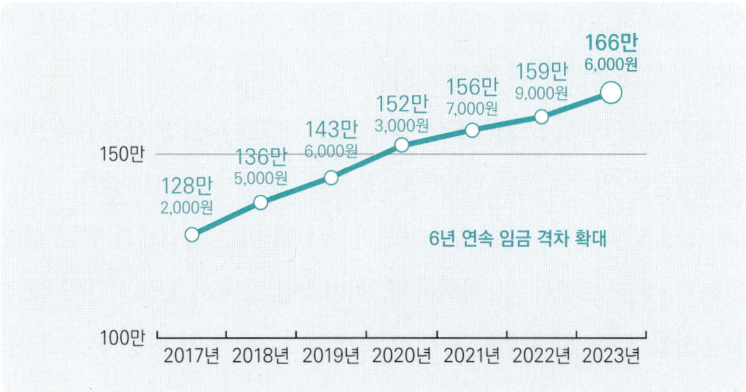

그림 4-1 정규직, 비정규직 임금 격차(월 기준)

출처: 고용노동통계(2024). 2023년 12월 기준 사업체노동력조사결과.

정규직과 비정규직의 임금 격차는 비정규직 근로자 중 시간제 근로자 비중이 높아지면서 비정규직 월평균 임금은 작아지는 구조라고 볼 수 있다. 실제 시간제 근로자를 제외한 비정규직 근로자의 평균 임금은 2,761,000원으로, 1년 전보다 151,000원 증가하였다. 시간제를 제외한 비정규직과 정규직의 임금 격차를 살펴보면 1년 전보다 오히려 격차가 감소되었다.

2023년을 기준으로 비정규직 근로자는 1년 전보다 34,000명 감소하였다. 이는 2021년과 2022년 비정규직 수가 2년 연속 역대 최대치를 갈아치운 뒤 3년 만에 감소세에 접어든 것이다. 그러나 비정규직 중 시간제 근로자는 오히려 186,000명 증가하였는데, 통계 작성 이래 최대 규모를 기록한 것으로 볼 수 있다. 다음의 [그림 4-2]에서 살펴볼 수 있듯이 시간제 근로를 선택한 근로자 중 '자발적'으로 시간제 근로를 선택한 비중은 1년 전 55.6%에서 2023년에는 59.8%로, 눈에 띄게 늘어난 것임을 알 수 있다. 그 각각의 이유는 근로조건에 만족, 직장이동 등을 위해, 안정적인 일자리, 노력한 만큼 수입 등이 있다.

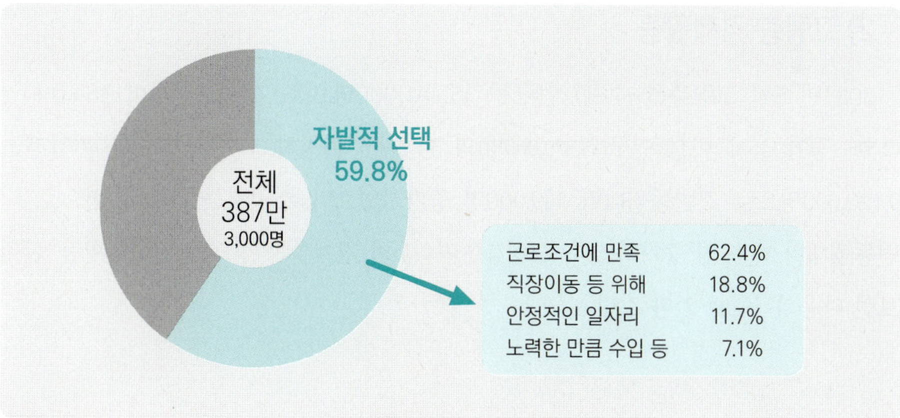

그림 4-2 시간제 근로 선택동기(2023년 기준)

출처: 고용노동통계(2024). 2023년 12월 기준 사업체노동력조사결과.

시간제 근로자가 증가한 것을 산업별로 살펴보면 186,000명 중 '보건사회복지업'에서만 115,000명이 증가하였다. 연령별로 살펴보면 60대 이상이 138,000명 증가해 대다수를 차지하고 있다. 이는 인구 고령화의 영향으로, 돌봄 수요가 늘면서 돌봄 서비스가 포함된 보건사회복지업 취업자 역시 늘어나고 있기 때문이다. 그만큼 보건사회복지업에 주로 취업하는 '60세 이상·여성'의 취업자 규모도 눈에 띄게 증가하였으며, 이 같은 고용 추세가 시간제 근로자 규모를 늘리는 등 근로 형태에도 반영된 것으로 볼 수 있다.

통계청(2023a)이 발표한 「경제활동인구 고령층 부가조사 결과」에서 고령층이 선호하는 일자리 형태는 '시간제 근무'가 46.7%로 절반 가까이를 차지하였다. 전일제 근로를 희망하는 비중은 53.3%로 절반을 좀 넘었지만 오히려 1년 전보다 비율이 감소하였다. 젊은층의 변화 역시 20대 시간제 근로자도 약 29,000명 늘어났으며, 업종별로 보면 주로 교육서비스업이나 예술 스포츠업 분야로 나타났다. 최근 늘어난 트레이너, 운동 강사나 과외 종사자가 시간제 근로자로 잡힌 것으로 추정할 수 있다.

2) 고령층 경제활동

2023년 5월 고령층(55~79세) 인구는 15,481,000명으로 전년동월대비 384,000명(2.5%) 증가, 15세 이상 인구(45,379,000명)의 34.1%를 차지하고 있다. 고령층 취업자는 9,120,000명으로 전년동월대비 349,000명 증가하였으며, 실업자는 201,000명으로 전년동월대비 1,000명 증가하였다. 고령층(55~79세)의 경제활동 상태별 인구현황을 살펴보면 다음의 〈표 4-2〉와 같다.

표 4-2 고령층의 경제활동 상태별 인구현황

(단위: 천 명, %)

구분	항목	2013	2014	2015	2016	2017	2018	2019	2020	2021	2022	2023
고령층(55~79세)	고령층 인구	10,845	11,328	11,807	12,438	12,929	13,441	13,843	14,271	14,766	15,098	15,481
	비중*	(25.7)	(26.5)	(27.3)	(28.5)	(29.5)	(30.5)	(31.1)	(31.9)	(32.8)	(33.4)	(34.1)
	경제활동 인구	5,872	6,267	6,542	6,890	7,287	7,621	7,974	8,208	8,563	8,972	9,321
	• 취업자	5,763	6,132	6,376	6,715	7,117	7,421	7,739	7,895	8,276	8,772	9,120
	비중**	(22.5)	(23.5)	(24.1)	(25.2)	(26.4)	(27.4)	(28.3)	(29.3)	(30.0)	(30.8)	(31.6)
	• 실업자	109	135	165	175	171	200	235	314	287	200	201
	비중***	(13.7)	(14.1)	(16.2)	(17.4)	(17.2)	(17.8)	(20.5)	(24.5)	(25.0)	(22.5)	(25.5)
	비경제활동 인구	4,973	5,061	5,265	5,548	5,642	5,820	5,869	6,063	6,203	6,126	6,161
	경제활동 참가율	54.1	55.3	55.4	55.4	56.4	56.7	57.6	57.5	58.0	59.4	60.2
	고용률	53.1	54.1	54.0	54.0	55.0	55.2	55.9	55.3	56.0	58.1	58.9
	실업률	1.9	2.2	2.5	2.5	2.3	2.6	2.9	3.8	3.4	2.2	2.2

* 고령층 인구 비중(%) = (55~79세 인구 ÷ 15세 이상 인구) × 100
** 취업자 비중(%) = (55~79세 취업자 ÷ 15세 이상 취업자) × 100
*** 실업자 비중(%) = (55~79세 실업자 ÷ 15세 이상 실업자) × 100

출처: 통계청(2023b). 경제활동인구조사.

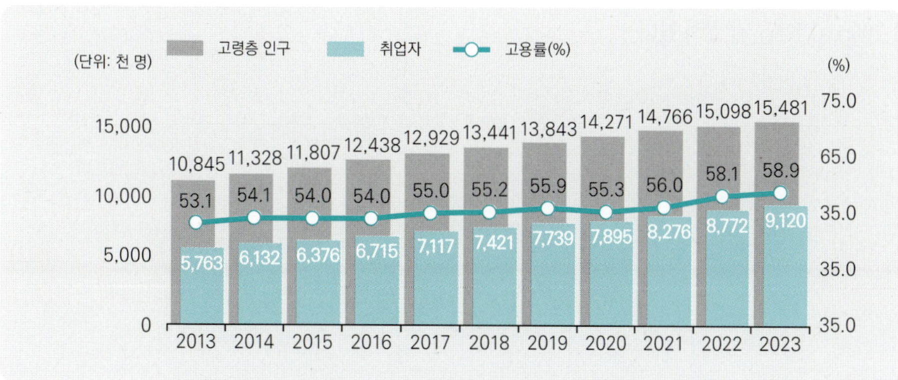

그림 4-3 고령층 인구, 취업자 및 고용률 추이(매년 5월 기준)

출처: 통계청(2023b). 경제활동인구조사.

〈표 4-3〉을 보면, 고령층의 장래근로를 희망하는 수요가 68.5%에 이르는 정도로 높은 수준임을 알 수 있다.

표 4-3 고령층의 장래근로 희망 수요 (단위: 천 명, %)

항목		2013	2014	2015	2016	2017	2018	2019	2020	2021	2022	2023
55~79세 인구		10,845	11,328	11,807	12,438	12,929	13,441	13,843	14,271	14,766	15,098	15,481
		(100.0)	(100.0)	(100.0)	(100.0)	(100.0)	(100.0)	(100.0)	(100.0)	(100.0)	(100.0)	(100.0)
장래근로 희망여부	장래근로 원하지 않음	39.9	37.8	38.8	38.5	37.4	35.9	35.1	32.6	31.9	31.5	31.5
	장래근로 원함	60.1	62.2	61.2	61.5	62.6	64.1	64.9	67.4	68.1	68.5	68.5
	남자	74.0	76.2	74.5	74.3	75.0	75.6	75.5	77.5	77.4	77.3	77.3
	여자	47.8	49.8	49.4	50.0	51.5	53.6	55.2	58.2	59.6	60.4	60.3

출처: 통계청(2023b). 경제활동인구조사.

장래근로 희망자의 희망 일자리 형태는 전일제가 53.3%로, 전년동월대비 0.9%p 감소하였으며, 시간제는 46.7%로 0.9%p 상승하였다. 성별로 보면 남자는 전일제(65.6%)를, 여자는 시간제(61.3%)를 더 희망하며, 남자는 전일제, 여자는 시간제가 각각 1.7%p, 0.1%p 감소하였다.

표 4-4 희망 일자리 형태 (단위: 천 명, %, %p)

구분		2022.5			2023.5			증감		
		장래근로 희망자	남자	여자	장래근로 희망자	남자	여자	장래근로 희망자	남자	여자
규모	〈전체〉	10,348	5,615	4,733	10,602	5,753	4,849	254	138	116
	전일제	5,608	3,781	1,826	5,650	3,774	1,876	42	-8	50
	시간제	4,740	1,834	2,906	4,952	1,979	2,973	212	145	67
구성비	〈전체〉	100.0	100.0	100.0	100.0	100.0	100.0	-	-	-
	전일제	54.2	67.3	38.6	53.3	65.6	38.7	-0.9	-1.7	0.1
	시간제	45.8	32.7	61.4	46.7	34.4	61.3	0.9	1.7	-0.1

출처: 통계청(2023b). 경제활동인구조사.

〈표 4-5〉와 같이 희망 일자리 형태를 연령계층별로 살펴보면, 연령이 높을수록 전일제 희망 비중이 줄어들고 시간제 희망 비중이 늘어나는 것을 알 수 있다.

표 4-5 연령계층별 희망 일자리 형태 (단위: 천명, %, %p)

구분	2022.5						2023.5					
	장래근로 희망자	55~59	60~64	65~69	70~74	75~79	장래근로 희망자	55~59	60~64	65~69	70~74	75~79
〈전체〉	10,348	3,415	3,180	1,971	1,132	650	10,602	3,373	3,233	2,131	1,182	683
전일제*	54.2	67.3	57.7	48.7	33.8	20.3	53.3	67.0	57.9	46.6	33.0	19.6
시간제*	45.8	32.7	42.3	51.3	66.2	79.7	46.7	33.0	42.1	53.4	67.0	80.4

* 연령대별 장래근로 희망자를 기준으로 산출함.

출처: 통계청(2023b). 경제활동인구조사.

3) 비정규직 증가

통계청(2023b) 「경제활동인구조사」에 따르면 2023년 8월 임금근로자는 21,954,000

명으로 전년동월대비 23만 명 증가하였다. 여기서 정규직 근로자는 13,832,000명으로 264,000명 증가한 반면, 비정규직 근로자는 8,122,000명으로 전년동월대비 34,000명 감소하였다. 임금근로자 중 비정규직 근로자의 비중은 37.0%로 0.5%p 하락하였다.

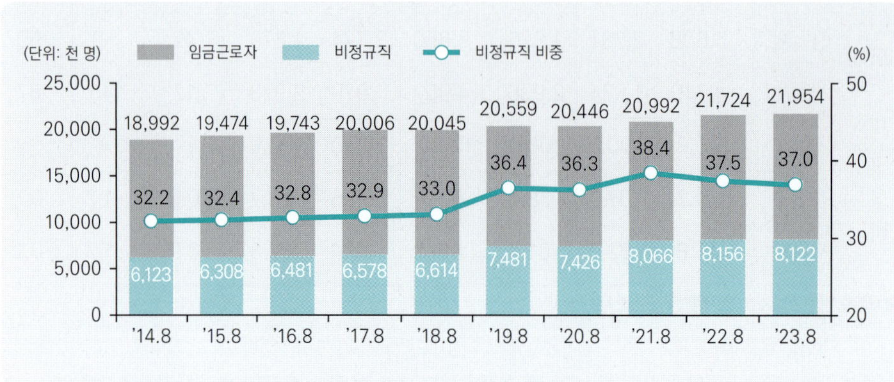

※ 추가 포착된 기간제 영향으로 비정규직 규모는 2018년 이전과 2019년 이후로 구분하여 증감 비교 가능.

그림 4-4 비정규직 근로자의 규모 및 비중

출처: 통계청(2023b). 경제활동인구조사.

표 4-6 임금근로자의 근로 형태별 규모

(단위: 천 명, %, %p)

구분	2022.8	비중	2023.8	비중	증감	비중
〈임금근로자〉	21,724	100.0	21,954	100.0	230	-
정규직	13,568	62.5	13,832	63.0	264	0.5
비정규직*	8,156	37.5	8,122	37.0	-34	-0.5
-한시적	5,348	24.6	5,259	24.0	-89	-0.6
-시간제	3,687	17.0	3,873	17.6	186	0.6
-비전형	2,131	9.8	1,957	8.9	-174	-0.9

* 비정규직 근로자의 전체 규모와 비중은 근로 형태별 비정규직 근로자(한시적, 시간제, 비전형)의 중복 인원을 제외한 순계로 유형별 규모 및 비중의 합계와 불일치함.

출처: 통계청(2023b). 경제활동인구조사.

근로 형태별로 한시적 근로자는 5,259,000명으로 전년동월대비 89,000명 감소하였다. 한시적 근로자 중 기간제 근로자는 4,809,000명으로 119,000명 증가했으며, 비기간제 근로자는 451,000명으로 208,000명 감소한 것으로 나타났다. 한시적 근로자 중 남자는 2,349,000명, 여자는 2,910,000명으로 각각 19,000명, 70,000명 감소하였다. 특히 비정규직 근로자 중 한시적 근로자 비중은 64.8%로 0.8%p 하락하였다(통계청, 2023b).

표 4-7 한시적 근로자

(단위: 천 명, %, %p)

구분	2022.8	비중	2023.8	비중	증감	비중
〈전체 비정규직〉	8,156	100.0	8,122	100.0	-34	-
한시적 근로자	5,348	65.6	5,259	64.8	-89	-0.8
-기간제*	4,689	57.5	4,809	59.2	119	1.7
-비기간제**	659	8.1	451	5.5	-208	-2.6
〈남자 비정규직〉	3,653	100.0	3,557	100.0	-96	-
한시적 근로자	2,368	64.8	2,349	66.0	-19	1.2
-기간제*	2,105	57.6	2,160	60.7	55	3.1
-비기간제**	263	7.2	189	5.3	-74	-1.9
〈여자 비정규직〉	4,503	100.0	4,565	100.0	62	-
한시적 근로자	2,980	66.2	2,910	63.7	-70	-2.5
-기간제*	2,585	57.4	2,649	58.0	64	0.6
-비기간제**	396	8.8	261	5.7	-135	-3.1

* 기간제 근로자: 근로계약기간을 설정한 근로자

** 비기간제 근로자: 근로계약기간을 정하지 않았으나 계약의 반복 갱신으로 계속 일할 수 있는 근로자와 비자발적 사유(계약만료, 일의 완료, 이전 근무자 복귀, 계절근무 등)로 계속 근무를 기대할 수 없는 근로자

출처: 통계청(2023b). 경제활동인구조사.

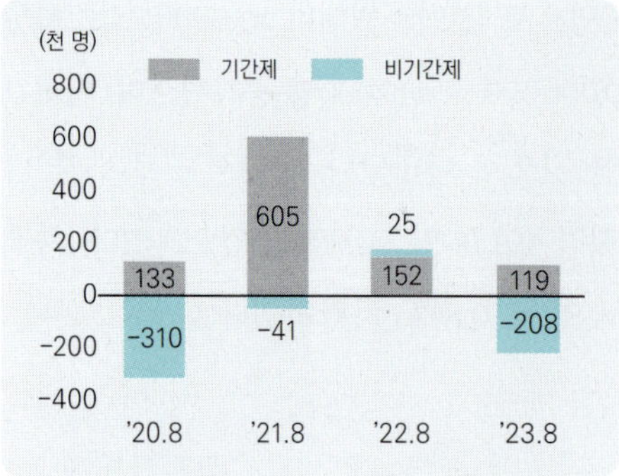

그림 4-5 한시적 근로자 세부 유형별 증감

출처: 통계청(2023b). 경제활동인구조사.

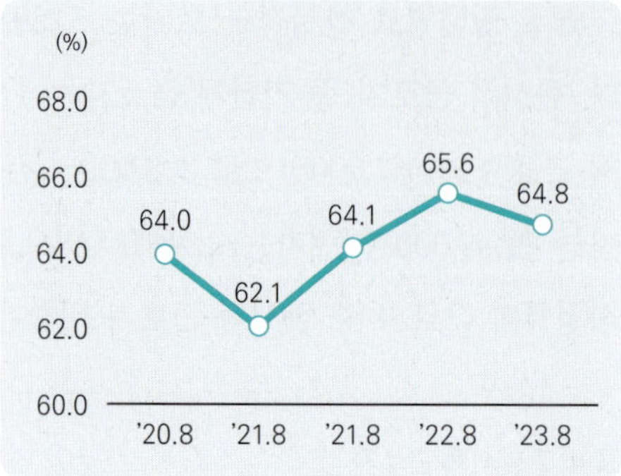

그림 4-6 비정규직 대비 한시적 근로자 비중

출처: 통계청(2023b). 경제활동인구조사.

근로 형태별로 시간제 근로자는 3,873,000명으로 전년동월대비 186,000명 증가하였다. 시간제 근로자 중 남자는 1,143,000명으로 17,000명 증가했으며, 여자는 2,731,000명으로 168,000명 증가한 것을 알 수 있다. 특히 비정규직 근로자 중 시간제 근로자 비중은 47.7%로 2.5%p 상승하였다(통계청, 2023b).

표 4-8 시간제 근로자*

(단위: 천 명, %, %p)

구분	2022.8	비중	2023.8	비중	증감	비중
〈전체 비정규직〉	8,156	100.0	8,122	100.0	-34	-
시간제	3,687	45.2	3,873	47.7	186	2.5
〈남자 비정규직〉	3,653	100.0	3,557	100.0	-96	-
시간제	1,125	30.8	1,143	32.1	17	1.3
〈여자 비정규직〉	4,503	100.0	4,565	100.0	62	-
시간제	2,562	56.9	2,731	59.8	168	2.9

* 시간제 근로자: 직장(일)에서 근무하도록 정해진 소정의 근로시간이 동일 사업장에서 동일한 종류의 업무를 수행하는 근로자의 소정 근로시간보다 1시간이라도 짧은 근로자

출처: 통계청(2023b). 경제활동인구조사.

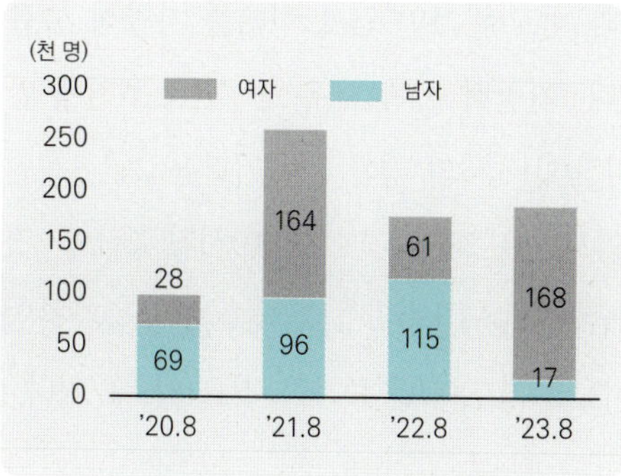

그림 4-7 시간제 근로자 성별 증감

출처: 통계청(2023b). 경제활동인구조사.

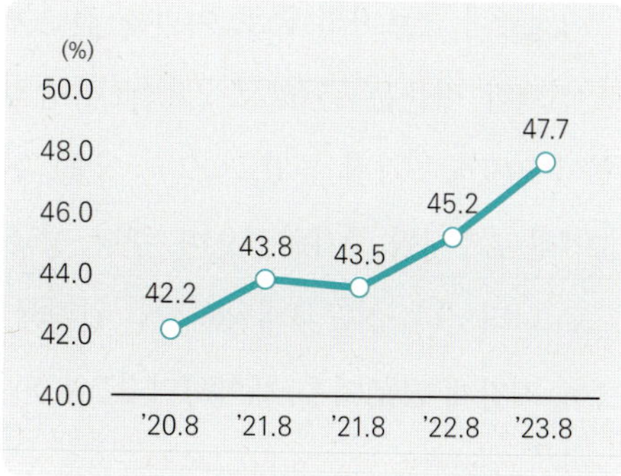

그림 4-8 비정규직 대비 시간제 근로자 비중

출처: 통계청(2023b). 경제활동인구조사.

근로 형태에 따른 시간제 근로자의 성별로는 남자가 3,557,000명(43.8%)으로 전년동월대비 96,000명 감소했으며, 여자는 4,565,000명(56.2%)으로 62,000명 증가하였다. 연령계층별로는 60세 이상 2,619,000명(32.2%), 50대 1,627,000명(20.0%), 29세 이하 1,577,000명(19.4%) 순으로 나타났다. 이는 전년동월대비 60세 이상은 66,000명 증가했으며, 50대는 98,000명, 40대는 13,000명 각각 감소한 수치이다.

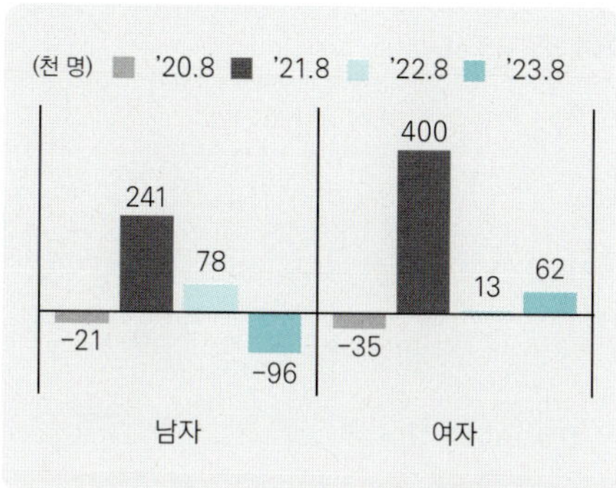

그림 4-9 비정규직 근로자 성별 증감

출처: 통계청(2023b). 경제활동인구조사.

그림 4-10 비정규직 근로자 연령계층별 비중(%)

출처: 통계청(2023b). 경제활동인구조사.

비정규직 근로자의 근로 여건을 전년동월과 비교해 보면 근로 형태를 자발적 사유로 선택한 비율은 65.6%로 2.8%p 상승하였다. 자발적 선택 사유 중 '근로조건에 만족'이 59.9%로 가장 높았고(0.2%p 상승), 현 직장(일)에서의 평균 근속기간은 2년 8개월(32개월)로 2개월 증가하였으며, 주당 평균취업시간은 28.7시간으로 0.9시간 감소한 것으로 나타났다. 최근 3개월(6~8월) 월평균 임금은 1,957,000원으로 76,000원 증가하였으며, 시간제 근로자를 제외하면 2,761,000원으로 151,000원 증가한 것을 알 수 있다.

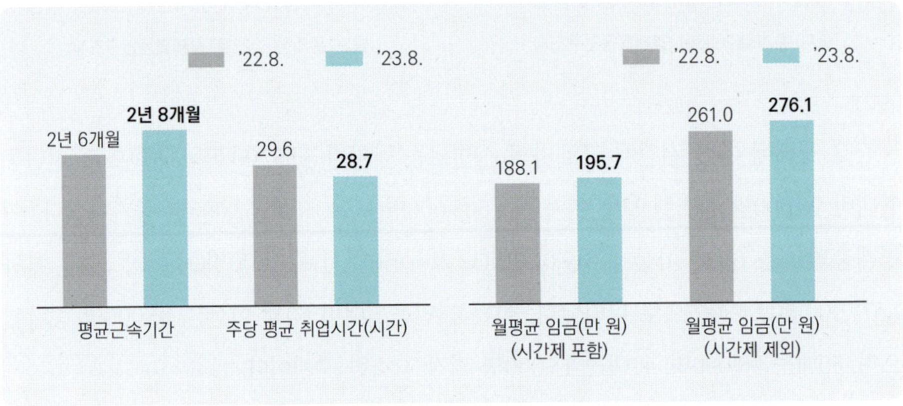

그림 4-11 비정규직 근로자 근로 여건

출처: 통계청(2023b). 경제활동인구조사.

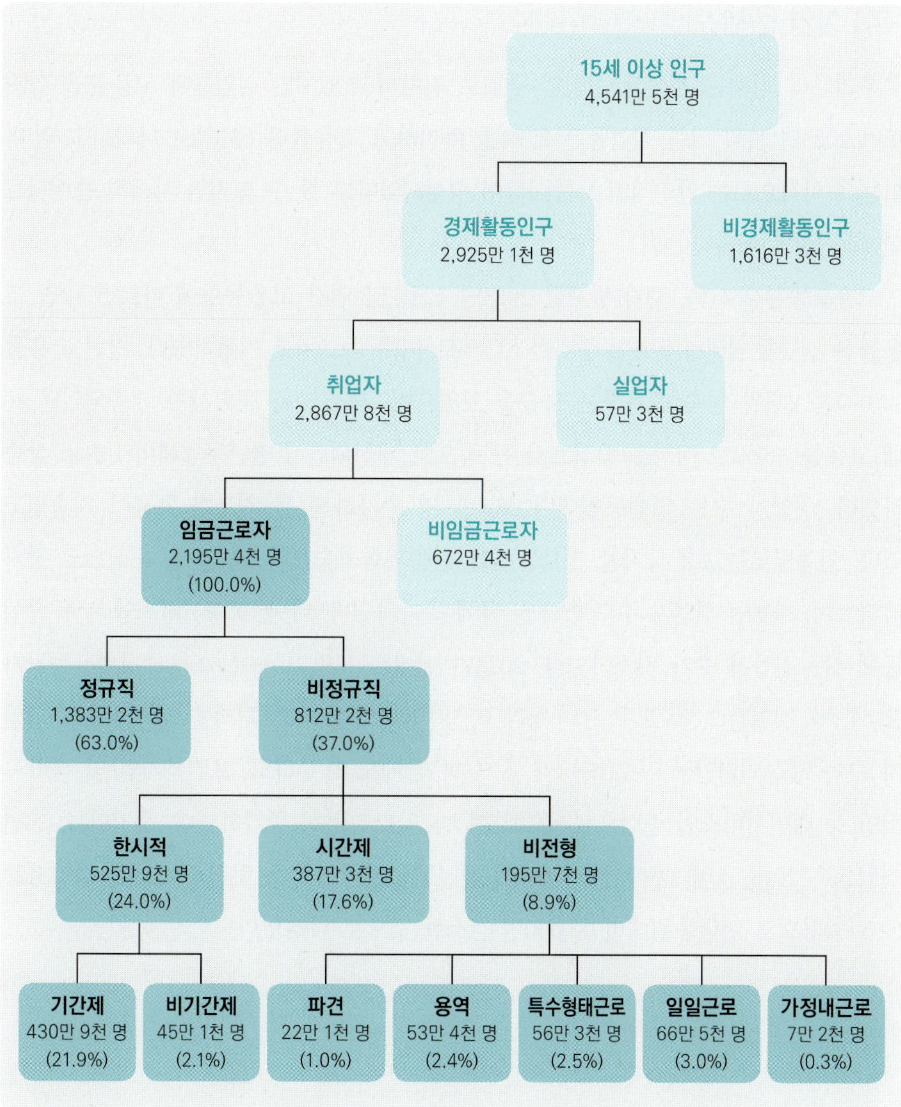

* 비정규직 근로자의 전체 규모는 비정규직 유형별로 중복되는 경우가 있어 그 합계와 불일치함

그림 4-12 근로형태별 근로자 구성(2023년 8월)

출처: 통계청(2023b). 경제활동인구조사.

4) 실업 문제

우리나라 경제는 저성장, 고실업 구조로 전락하고 있지만 실업률과 고용률을 살펴보면 2023년 11월 기준 실업률은 2.3%를 차지하고 고용률은 63.1%로 나타나고 있다. 이는 수치적으로는 안정적인 노동시장이 형성되었다고 볼 수 있지만 자세히 들여다보면 그 실상은 어둡다.

고용노동부(2024.01.10.)가 발표한 2023년 12월 및 연간 고용동향에 따르면 12월 고용률은 전년동월대비 0.4%p 증가한 61.7%로 역대 최고치를 기록하였다. 청년 고용률(46.0%)은 2개월 연속 증가하는 모습을 보였으며, 최근 고용 둔화세가 지속되었던 40대 고용률(79.0%)도 여성을 중심으로 큰 폭으로 개선되면서 전년동월대비 1.2%p 상승하였다. 취업자 수는 전년동월대비 28.5만 명 증가하는 등 견조한 흐름이 지속되고 있다. 업종별로는 보건복지업, 정보통신업, 전문과학기술서비스업 등을 중심으로 증가하였으며, 제조업 취업자 수도 12개월 만에 증가하였다. 다만, 교육서비스업, 부동산업 등에서는 취업자 수가 감소하였다. 2023년 전체를 보면 고용률(62.6%), 경제활동참가율(64.3%), 실업률(2.7%) 모두 관련 통계 작성 이래 역대 최고·최저를 기록하였고, 취업자 수는 생산연령인구 감소(15~64세, △27.8만 명)에도 불구하고, 보건복지업 및 숙박음식업 등 대면서비스업 중심으로 증가하며 연간 32.7만 명 증가하였다. 하지만, 2023년 실업률은 20대, 30대 등에서 하락하여 전년동월대비 0.3%p 하락하였으며, 실업자는 627,000명으로 전년동월대비 66,000명 감소한 것으로 나타났다.

표 4-9 연도별 취업자 수

(단위: 천 명, %)

성별	2018.12			2019.12			2020.12		
	경제활동 인구	실업자	실업률	경제활동 인구	실업자	실업률	경제활동 인구	실업자	실업률
계	27,582	944	3.4	28,095	942	3.4	27,661	1,135	4.1
남자	15,898	586	3.7	16,051	536	3.3	15,838	594	3.7
여자	11,684	358	3.1	12,044	406	3.4	11,823	542	4.6

성별	2021.12			2022.12			2023.12		
	경제활동 인구	실업자	실업률	경제활동 인구	실업자	실업률	경제활동 인구	실업자	실업률
계	28,278	979	3.5	28,674	866	3.0	29,037	944	3.3
남자	16,148	493	3.1	16,191	431	2.7	16,308	477	2.9
여자	12,129	486	4.0	12,483	435	3.5	12,728	467	3.7

출처: 통계청(2023b). 경제활동인구조사.

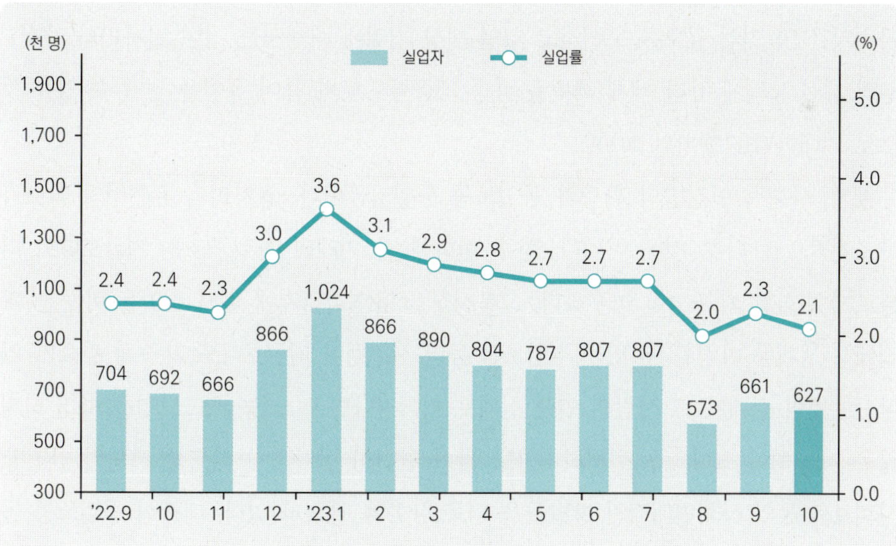

그림 4-13 실업자 및 실업률 추이(2023년 10월 기준)

출처: 통계청(2023b). 경제활동인구조사.

05 노동 문제 대응방안

노동 문제의 대응방안으로는, 첫째, 노동시장 이중구조 완화 대책의 일환으로 대기업과 중소기업 간 근로조건 격차 해소가 요구된다. 기업 임금분포공시제의 도입을 고려하여 대기업-중소기업, 정규직-비정규직, 원청-하청 간 임금 격차에 대한 사회적 관심을 유도하고 이를 바탕으로 임금 격차 해소를 위한 산업별·지역별 차원에서의 대화가 이루어지는 계기가 마련되어야 한다. 성과공유제의 확산 등 대·중소기업 상생협력기금의 사용 범위를 근로조건 개선 등을 포함하여 확대하고 상생협력에 대한 세제 지원을 강화해 갈 필요가 있다.

둘째, 청년층의 노동시장 조기 진입을 유인하여야 한다. 청년이 졸업 후 일정 기간 내 첫 일자리를 가질 경우 청년근로자에게는 소득공제·세액감면 등의 혜택을 주고 기업에는 법인세 감면 등의 세제 혜택을 부여하여 청년층의 노동시장 진입을 촉진할 수 있는 제도 마련이 필요하다. 청년들이 졸업 후 첫 일자리에 취직하기까지의 기간, 근속기간 및 기업 규모를 고려하고 취업 대상 기업에 대해서는 청년 일자리의 양적·질적 개선 노력에 따라 세제 혜택을 차등 제공함으로써 참여 유인을 높일 수 있을 것으로 기대한다(김지미 외, 2020).

셋째, 사회적 안전망의 확충과 동일노동 동일임금이다. 일자리의 유연성의 확보가 무조건적으로 나쁜 것은 아니다. 향후 변화해 갈 미래의 산업구조는 지금보다도 더 빠르게 변화할 가능성이 농후하다. 고용시장을 유연화하기에 앞서 직업을 바꾸는 과정에서 생계를 마련할 수 있는 실업보험 등의 시스템이 지금보다도 확충될 필요가 있다. 한 번의 실패가 그 사람의 인생 실패로 이어진다면 어느 누구도 모험을 하려 하지 않을 가능성이 크다. 즉, 실패하더라도 삶이 완전히 망가지지 않도록 사회적 안전망, 사회보험 등의 사회연대적인 방법들을 더욱 강화할 필요가 있다. 더불어 동일노동 동일임금에 대한 논의가 시작되어야 한다. 현재는 정규직과 비정규직 간의 임금 격차가 상당히 크므로 임금 간의 격차를 줄일 필요가 있다. 또한 청년들은 중소기업을 기피

한다. 중소기업의 임금이 상대적으로 낮고 고용 안전성이 떨어지기 때문에 최초 진입에 있어서 대기업이나 공기업 등과 같은 안전성을 더 고려한다. 이와 같은 현상을 방지하기 위해서라도 대기업과 중소기업 간의 임금 격차를 줄이고 중소기업들이 더욱 성장할 수 있는 사회적 환경을 조성할 필요가 있다(김지미 외, 2020).

생각해 볼 문제

1. 우리나라 임금 격차 문제와 비정규직 문제의 원인과 해결책을 노동시장 분절이론(이중구조)으로 설명해 보자.

2. 제4차 산업혁명으로 새로 등장하는 노동의 특성과 종류에 대하여 토론해 보자.

3. NEET족에 대한 국가와 지방자치단체의 지원정책들에 대하여 논의해 보자.

4. 비정규직 노동자의 증가에 대처하기 위한 정부 대책의 문제점에 대하여 논의해 보자.

Chapter

05

보육 문제

정부는 학대받는 아동들을 보호하고자 하는 일환으로 2000년 「아동복지법」 개정을 통한 아동보호전문기관 설치 근거 마련을 시작으로 정보시스템 구축, 교육 및 홍보 활성화를 위해 노력하였다. 2012년 「아동복지법」 전부개정을 통해 아동학대 신고의무자 직군 확대 및 신고 불이행 시, 아동학대 현장조사 수행 시 학대행위자가 업무를 방해할 경우 징역 또는 벌금에 처하도록 하는 규정을 새롭게 마련하였다. 또한 피해아동 및 가족 대상 사후관리와 서비스 지원 조항을 신설함으로써 아동학대 예방에 대한 지원을 보다 강화했으며, 2014년 1월 28일 신고의무자 신고 불이행에 대한 과태료 상향 등을 포함한 아동학대범죄의 처벌 등에 관한 특례법과 아동학대 관련 범죄자에 대한 취업 제한 등을 포함한 개정 「아동복지법」이 공포되었다.

이처럼 아동학대에 대한 심각성에 사회가 적극적으로 대처하고 있지만 아동학대는 해마다 증가하는 추세이며, 최근에는 아동의 권리적 측면에서 더욱 이슈화되면서 아동학대에 대한 사회의 적극적 해결 방안이 요구되고 있다.

여기서는 아동학대에 대한 개념 및 유형, 현황 및 원인을 비롯한 대응방안에 대해 살펴보고자 한다(초의수 외, 2021).

01 아동학대 개념 및 유형

아동학대의 개념은 시대적·사회적·문화적 배경에 따라 그 범위가 많이 달라졌으며, 아동학대에 대한 대응방안도 큰 차이를 보이고 있다. 특히 최근에는 아동학대에 대한 예방과 개입방법 및 법적·제도적 정책을 계획하는 데 있어 신중한 정의가 필요한 상황이다. 여기서는 아동학대 개념이 시대적으로 어떻게 변화되었는지 안동현 등(2017)의 연구를 통해 살펴보고 아동학대의 정의와 유형을 살펴보고자 한다.

1) 아동학대 개념의 발달

1950년 전쟁 이후 30여 년 동안, 우리나라에서의 아동보호가 부모가 없거나 부모에게 버림받은 아이들을 '어떻게 먹이고 입힐 것인가'와 관련된 문제에 집중되어 있었다. 하지만 1990년대에 들어 부모에게 학대받는 아이들의 문제가 서서히 드러나기 시작하면서 부모의 아동학대에 대한 논란이 시작되었다.

1990년대 후반까지만 해도 우리나라는 아동학대라는 용어조차 생소하였다. 1998년 발생한 '영훈이 남매' 사건은 부모의 구타와 학대에 의해 누나는 죽고 동생은 뼈만 앙상하게 남은 모습으로 살아남은 충격적인 사건이었으며, 이로 인해 아동학대 문제가 처음으로 대두되고 공론화되기 시작하였다. 결국 '영훈이 남매' 사건을 계기로 형식적으로만 존재하던 「아동복지법」의 개정이 이루어졌고, 아동학대 신고전화가 설치되는 등 아동학대 개입 근거가 마련되었다.

2013년 울주 아동학대 사망 사건[1]의 발생으로 전 국민의 학대 피해아동에 대한 관심이 급격하게 고조되었다. 이를 계기로 아동학대를 형사처벌 대상이 되는 범죄로 규정하였으며, 보호자나 신고의무자가 아동학대를 행할 시 가중처벌을 하는 등 「아동학대범죄의 처벌 등에 관한 특례법」을 제정하고, 「아동복지법」 일부를 개정하였다. 이로 인해 가정 내 훈육으로 여겨지던 아동학대는 범죄로 인식하게 되었으며, 국가가 적극적으로 개입해야 할 대상이 되었다.

2014년 제정된 「아동학대범죄의 처벌 등에 관한 특례법」(이하 「아동학대처벌법」)은 아동학대를 직접 정의하지 않고 「아동복지법」의 제3조를 준용하고 있는데, 그에 따르면 아동학대란 "보호자를 포함한 성인이 아동의 건강 또는 복지를 해치거나 정상적 발달을 저해할 수 있는 신체적·정신적·성적 폭력이나 가혹행위를 하는 것과 아동의 보호자가 아동을 유기하거나 방임하는 것"으로 정의하였다. 이에 따라 현장 조사 시에는 아동보호전문기관 상담원과 경찰이 동행하여 출동하도록 하였고, 아동학대를 범죄로 규정하여 학대행위자를 처벌하도록 하는 등, 경찰과 검찰의 역할을 강화하였다.

1) 울주 아동학대 사망 사건: 2011년 5월 13일부터 2013년 10월 24일까지 계모의 상습적인 학대로 인해 여아가 숨진 사건

아울러 '아동학대치사', '아동학대중상해', '신고의무자의 아동학대 범죄' 등에 대해 가중처벌을 하며, 임시조치를 통해 친권 제한·정지, 상담위탁, 치료위탁 등 학대행위자에 대한 강력한 국가 개입이 가능하도록 하였다. 또한 응급조치를 통해 피해아동이 위기 상황에서 신속하게 안전을 보호받을 수 있도록 하였으며, '피해아동보호명령'을 통해 피해아동 또는 아동보호전문기관장이 수사기관을 거치지 않고 법원에 직접 보호를 요청할 수 있게 되었다(김은정, 2016: 초의수 외, 2021 재인용).

2) 아동학대의 정의 및 유형

아동학대에 대한 개념은 1962년 켐프(Kempe)가 '매 맞는 아이 증후군(battered child syndrome)'이라는 용어를 반복적인 신체적 학대를 받는 아이에게서 나타나는 각종 증상으로 정의하면서 처음으로 등장하였다(Kempe & Helfer, 1973: 초의수 외, 2021 재인용). 현재 일반적으로 아동학대는 신체학대, 정서학대, 성학대, 방임 등을 포함하고 있어 적극적인 가해행위뿐만 아니라 소극적 의미의 단순 체벌 및 훈육까지 아동학대의 정의에 명확히 포함되어 있다.

아동학대는 보호자를 포함한 성인이 아동의 건강 또는 복지를 해치거나 정상적 발달을 저해할 수 있는 신체적·정신적·성적 폭력이나 가혹행위를 하는 것과 아동의 보호자가 아동을 유기하거나 방임하는 것으로 규정하고 있다. 또한, 적극적인 가해행위뿐만 아니라 소극적 의미의 방임행위까지 아동학대의 정의로 포함하고 있다. 또한 아동학대의 유형을 아동에게 가해진 행위로 아동의 건강과 복지를 해치거나 정상적인 발달을 저해할 수 있는 모든 신체적·정신적 상태, 성적 행위 및 방임을 포함하고 있다.

아동권리보장원에서도 역시 아동학대의 정의를 동일하게 취급하고 있으며, 아동학대의 유형은 신체학대, 정서학대, 성학대, 방임으로 구분하였다. 또한, 방임을 세부적으로 물리적 방임, 교육적 방임, 의료적 방임, 유기로 분류하였다.

(1) 신체적 학대

보호자를 포함한 성인이 아동의 건강 또는 복지를 해치거나 정상적 발달을 저해할 수 있는 신체적 폭력이나 가혹행위를 하는 것이다. 즉, 보호자를 포함한 성인이 아동에게 우발적인 사고가 아닌 상황에서 신체적 손상을 입히거나 또는 신체손상을 입도록 허용한 모든 행위를 말한다.

- 직접적으로 신체에 가해지는 행위(손·발 등으로 때림, 꼬집고 물어뜯는 행위, 조르고 비트는 행위, 할퀴는 행위 등)
- 도구를 사용하여 신체를 가해하는 행위(도구로 때림, 흉기 및 뾰족한 도구로 찌름 등)
- 완력을 사용하여 신체를 위협하는 행위(강하게 흔듦, 신체부위 묶음, 벽에 밀어붙임, 떠밀고 잡음, 아동 던짐, 거꾸로 매달음, 물에 빠트림 등)
- 신체에 유해한 물질로 신체에 가해지는 행위(화학물질 혹은 약물 등으로 신체에 상해를 입히는 행위, 화상을 입힘 등)

(2) 정서학대

보호자를 포함한 성인이 아동의 건강 또는 복지를 해치거나 정상적 발달을 저해할 수 있는 정신적 폭력이나 가혹행위를 하는 것이다. 즉, 보호자를 포함한 성인이 아동에게 행하는 언어적 모욕, 정서적 위협, 감금이나 억제, 기타 가학적인 행위를 말하며, 언어적·정신적·심리적 학대라고도 한다.

- 원망적·거부적·적대적·경멸적 언어폭력 등
- 잠을 재우지 않는 것
- 벌거벗겨 내쫓는 행위
- 형제나 친구 등과 비교·차별·편애하는 행위
- 가족 내에서 왕따 시키는 행위
- 아동이 가정폭력을 목격하도록 하는 행위
- 아동을 시설 등에 버리겠다고 위협하거나 짐을 싸서 쫓아내는 행위

- 미성년자 출입금지 업소에 아동을 데리고 다니는 행위
- 아동의 정서발달 및 연령상 감당하기 어려운 것을 강요하는 행위(감금, 약취 및 유인, 아동 노동 착취)
- 다른 아동을 학대하도록 강요하는 행위

(3) 성학대

보호자를 포함한 성인이 아동의 건강 또는 복지를 해치거나 정상적 발달을 저해할 수 있는 성적 폭력이나 가혹행위를 하는 것이다. 즉, 보호자를 포함한 성인이 자신의 성적 충족을 목적으로 18세 미만의 아동에게 행하는 모든 성적 행위를 말한다.

- 자신의 성적 만족을 위해 아동을 관찰하거나 아동에게 성적인 노출을 시키는 행위(옷을 벗기거나 벗겨서 관찰하는 등의 관음적 행위, 성관계 장면을 노출, 나체 및 성기 노출, 자위행위 노출 및 강요, 음란물을 노출하는 행위 등)
- 아동을 성적으로 추행하는 행위(구강추행, 성기추행, 항문추행, 기타 신체부위를 성적으로 추행하는 행위 등)
- 아동에게 유사성행위를 하는 행위(드라이성교 등)
- 성교를 하는 행위(성기 삽입, 구강성교, 항문성교)
- 성매매를 시키거나 성매매를 매개하는 행위

(4) 방임 및 유기

아동의 보호자가 아동을 방임하는 행위이다. 즉, 보호자가 아동을 위험한 환경에 처하게 하거나 아동에게 필요한 의식주, 의무교육, 의료적 조치 등을 제공하지 않는 행위를 말하며, 유기란 보호자가 아동을 보호하지 않고 버리는 행위를 말한다.

① 물리적 방임

- 기본적인 의식주를 제공하지 않는 행위
- 불결한 환경이나 위험한 상태에 아동을 방치하는 행위

- 아동의 출생신고를 하지 않는 행위, 보호자가 아동들을 가정 내 두고 가출한 경우
- 보호자가 친족에게 연락하지 않고 무작정 아동을 친족 집 근처에 두고 사라진 경우 등
- 아동을 병원에 입원시키고 사라진 경우

② 교육적 방임

- 보호자가 아동을 특별한 사유 없이 학교(의무교육)[2]에 보내지 않거나 아동의 무단 결석을 방치하는 행위
- 초등학교 및 중학교의 장은 해당 학교에 취학할 예정인 아동이나 취학 중인 학생이 ① 입학·재취학·전학 또는 편입학 기일 이후 2일 이내에 입학·재취학·전학 또는 편입학하지 아니한 경우, ② 정당한 사유 없이 계속하여 2일 이상 결석하는 경우, ③ 학생의 고용자에 의하여 의무교육을 받는 것이 방해당하는 때 지체 없이 그 보호자 또는 고용자에게 해당 아동이나 학생의 취학 또는 출석을 독촉하거나 의무교육을 받는 것을 방해하지 아니하도록 경고하여야 함(「초·중등교육법 시행령」 제25조)

③ 의료적 방임

- 아동에게 필요한 의료적 처치 및 개입을 하지 않는 행위

④ 유기

- 아동을 보호하지 않고 버리는 행위
- 시설 근처에 버리고 가는 행위

2) 의무교육은 6년의 초등교육 및 3년의 중학교를 의미(「교육기본법」 제8조제1항)

02 아동학대의 현황

1) 학대아동 발생 연도별 현황

아동학대를 발생 연도별로 살펴보면, 2001~2021년까지 지속적인 증가 추세를 보이다가 2022년 감소한 것을 알 수 있다. 최근 몇 년간 발생한 아동학대 사례 건수는 2018년 24,604건, 2019년 30,045건, 2020년 30,905건, 2021년 37,605건, 2022년 27,971건으로 나타났다. 아동보호전문기관의 수는 2018년 62개소, 2019년 67개소, 2020년 71개소, 2021년 77개소, 2022년 85개소로 나타났다. 2022년 집계된 전체 신고접수 건수는 총 46,103건이며, 이 중 아동학대의심사례는 44,531건으로, 전체 신고접수의 96.6%, 이외 동일신고는 711건(1.5%), 일반 상담은 861건(1.9%)이었다.

표 5-1 연도별 아동학대 사례 건수 및 아동보호전문기관 수

(단위: 건, %, 개소)

구분 \ 연도		2018년	2019년	2020년	2021년	2022년
아동학대 사례	건수	24,604	30,045	30,905	37,605	27,971
	증가율	10.0	22.1	2.9	21.7	-25.6
아동보호전문기관	기관 수	62	67	71	77	85
	증가 기관 수	2	5	4	6	8

출처: 아동권리보장원(2022). 2022 아동학대 주요 통계.

2) 학대아동 성별

아동학대로 판단된 27,971건 중 여아가 14,010건(50.1%), 남아가 13,961건(49.9%)으로 피해아동은 여아가 더 많은 것으로 나타났다.

표 5-2 피해아동 성별 (단위: 건, 명, %)

구분	남아	여아	합계
건수(비율)	13,961(49.9)	14,010(50.1)	27,971(100.0)
명수(비율)	10,992(50.5)	10,771(49.5)	21,763(100.0)

출처: 아동권리보장원(2022). 2022 아동학대 주요 통계.

3) 학대아동 연령

〈표 5-3〉에서 학대아동의 연령별 분포를 살펴보면, 중학생에 해당하는 만 13~15세의 아동이 전체의 6,903건(24.7%)으로 가장 큰 비율을 차지하였고, 다음으로는 초등학교 고학년에 해당하는 만 10~12세가 6,522건(23.3%), 초등학교 저학년인 만 7~9세가 5,331건(19.1%) 순으로 나타났다. 아동의 연령이 높아질수록 학대 비율이 높아졌고, 특히 만 13~15세에 정점을 이루는 것으로 나타났다. 이는 미국과 반대되는 결과로, 미국의 경우 학대아동의 연령이 낮을수록 학대 발견비율이 높았으며, 특히 1세 미만의 아동이 학대비율이 24.8%로 가장 높게 나타났다.

국내의 경우 전체 아동학대 사례 중 만 6세 미만 아동의 학대아동 비율은 20.1%로 나타났다. 이처럼 학령기 이전 아동의 경우 자신의 의사를 명확히 표현하기 어렵기 때문에 학대에 상대적으로 취약한 위치에 있다. 이러한 학대아동 연령을 고려하여 2018년 대법원 양형위원회는 '만 6세 미만 미취학 아동을 상대로 한 범행'을 양형기준의 '아동학대중상해치사 유형 가중 인자 및 집행유예 부정적 일반참작사유'로 추가하여 미취학 아동 대상 아동학대 범행에 대한 처벌기준을 강화한 바 있다. 또한 보건복지부는 미취학 아동에 대한 학대 발생을 예방하기 위해서 건강검진 및 예방접종 누락, 어린이집 장기결석 등 빅데이터를 적극적으로 활용하여 학대 위험군에 대한 모니터링을 하는 e아동행복지원시스템을 2018년 3월부터 가동 중이다.

표 5-3 피해아동 연령

(단위: 건, 명, %)

연령	건수(비율)		명수(비율)	
1세 미만	471	(1.7)	313	(1.4)
1세	578	(2.1)	363	(1.7)
2세	779	(2.8)	533	(2.4)
3세	900	(3.2)	637	(2.9)
소계	2,257	(8.1)	1,533	(7.0)
4세	1,050	(3.8)	699	(3.2)
5세	1,048	(3.7)	744	(3.4)
6세	1,248	(4.5)	888	(4.1)
소계	3,346	(12.0)	2,331	(10.7)
7세	1,571	(5.6)	1,148	(5.3)
8세	1,674	(6.0)	1,296	(6.0)
9세	2,086	(7.5)	1,626	(7.5)
소계	5,331	(19.1)	4,070	(18.7)
10세	2,033	(7.3)	1,578	(7.3)
11세	2,206	(7.9)	1,719	(7.9)
12세	2,283	(8.2)	1,824	(8.4)
소계	6,522	(23.3)	5,121	(23.5)
13세	2,288	(8.2)	1,871	(8.6)
14세	2,497	(8.9)	2,054	(9.4)
15세	2,118	(7.6)	1,750	(8.0)
소계	6,903	(24.7)	5,675	(26.1)
16세	1,703	(6.1)	1,456	(6.7)
17세	1,438	(5.1)	1,264	(5.8)
소계	3,141	(11.2)	2,720	(12.5)
계	27,971	(100.0)	21,763	(100.0)

출처: 아동권리보장원(2022). 2022 아동학대 주요 통계.

4) 학대아동 가족 유형

아동학대 사례로 판단된 피해아동 가족 유형의 경우, 친부모가정 18,152건(64.9%), 모자가정 3,713건(13.3%), 부자가정 2,526건(9.0%), 재혼가정 1,369건(4.9%) 순으로 나타났다.

표 5-4 피해아동 가족 유형 (단위: 명, %)

친부모 가정	부자 가정	모자 가정	미혼부·모 가정	재혼 가정	친인척 보호	동거 (사실혼 포함)	가정 위탁	입양 위탁	시설 보호	기타	계
18,152	2,526	3,713	443	1,369	217	343	80	76	164	888	27,971
(64.9)	(9.0)	(13.3)	(1.6)	(4.9)	(0.8)	(1.2)	(0.3)	(0.3)	(0.6)	(3.2)	(100.0)

- 친부모가정: 혼인절차에 의한 부모와 부모사이의 자녀로 구성된 가족 형태
- 부자·모자가정: 부모의 이혼 및 사별 등의 사유로 부와 자녀 또는 모와 자녀로 구성된 가족 형태
- 미혼부·모가정: 혼인절차 없이 자녀를 출산하여 부와 자녀 또는 모와 자녀로 구성된 가족 형태
- 재혼가정: 이혼 혹은 사별 이후 혼인관계를 통해 재구성된 가족 형태
- 친인척보호가정: 8촌 이내의 혈족, 4촌 이내의 인척에게 보호되는 가족 형태
- 동거(사실혼 포함): 혼인신고 없이 동일한 주거지에서 생활하는 가족 형태
- 가정위탁: 가정위탁절차를 통해 보호가 필요한 아동을 보호하기에 적합한 가정에 일정기간 위탁하여 보호하는 형태
- 입양가정: 입양절차를 통해 양부모-양자의 관례를 맺은 가족 형태
- 시설보호: 보호조치를 통해 아동복지시설 등에서 보호하는 형태

출처: 아동권리보장원(2022). 2022 아동학대 주요 통계.

피해아동 가족 유형을 연도별로 살펴보면, 2018~2022년까지 가족 유형이 친부모가정 형태인 경우가 매년 절반 이상을 차지하고 있다.

표 5-5 연도별 피해아동 가족 유형 (단위: 건, %)

가족 유형 \ 연도	2018년	2019년	2020년	2021년	2022년
친부모가정	13,546	17,324	18,059	23,838	18,152
	(55.1)	(57.7)	(58.4)	(63.4)	(64.9)
부자가정	2,997	3,311	3,521	3,707	2,526
	(12.2)	(11.0)	(11.4)	(9.9)	(9.0)
모자가정	2,865	3,621	3,977	4,618	3,713
	(11.6)	(12.1)	(12.9)	(12.3)	(13.3)

가족 유형 \ 연도	2018년	2019년	2020년	2021년	2022년
미혼부·모가정	404	424	248	506	443
	(1.6)	(1.4)	(1.6)	(1.3)	(1.6)
재혼가정	1,435	1,627	1,686	1,980	1,369
	(5.8)	(5.4)	(5.5)	(5.3)	(4.9)
친인척보호	483	583	582	443	217
	(2.0)	(1.9)	(1.9)	(1.2)	(0.8)
동거(사실혼 포함)	490	565	668	644	343
	(2.0)	(1.9)	(2.2)	(1.7)	(1.2)
소년소녀가정	8	15	0	0	0
	(0.0)	(0.0)	(0.0)	(0.0)	(0.0)
가정위탁	27	23	69	90	76
	(0.2)	(0.3)	(0.2)	(0.3)	(0.3)
입양가정	44	84	66	117	76
	(0.2)	(0.3)	(0.2)	(0.3)	(0.3)
시설보호	187	265	340	169	164
	(0.8)	(0.9)	(1.1)	(0.4)	(0.6)
기타	2,118	2,203	1,450	1,493	888
	(8.6)	(7.3)	(4.7)	(4.0)	(3.2)
계	24,604	30,045	30,905	37,605	27,971
	(100.0)	(100.0)	(100.0)	(100.0)	(100.0)

출처: 아동권리보장원(2022). 2022 아동학대 주요 통계.

5) 학대아동 발견율

추계 아동 인구(0~17세)를 기준으로 연도별 피해아동 발견율을 살펴보면, 2018년 2.98%, 2019년 3.81%, 2020년 4.02%, 2021년 5.02%, 2022년 3.85%로 나타났다.

표 5-6 연도별 피해아동 발견율

(단위: 명, 건, %)

구분 \ 연도	2018년	2019년	2020년	2021년	2022년
추계아동인구(0~17세)	8,255,490	7,888,218	7,678,893	7,487,738	7,256,021
아동학대 사례	24,604	30,045	30,905	37,605	27,971
피해아동 발견율	2.98	3.81	4.02	5.02	3.85

출처: 아동권리보장원(2022). 2022 아동학대 주요 통계.

6) 아동학대 유형

연도별 아동학대 사례 유형별 분류를 살펴보면, 2022년을 제외하고 2018~2021년까지 중복학대가 가장 높게 나타난다. 아동학대 사례 유형은 정서학대가 10,632(38.0%), 중복학대 9,775건(34.9%), 신체학대 4,911건(17.6%), 방임 2,044건(7.3%), 성학대 609건(2.2%) 순으로 나타났다. 중복학대 중에서는 신체학대·정서학대가 8,439건(30.2%)으로 가장 높았고, 정서학대·방임이 571건(2.0%), 신체학대·정서학대·방임이 364건(1.3%), 모든 학대 유형이 함께 발생한 신체학대·정서학대·성학대·방임은 2건(0.0%)이었다.

표 5-7 연도별 아동학대 사례 유형

(단위: 건, %)

연도 \ 학대 유형	신체학대		정서학대		성학대		방임		중복학대		계	
2018년	3,436	(14.0)	5,862	(23.8)	910	(3.7)	2,604	(10.6)	11,792	(47.9)	24,604	(100.0)
2019년	4,179	(13.9)	7,622	(25.4)	883	(2.9)	2,885	(9.6)	14,476	(48.2)	30,045	(100.0)
2020년	3,807	(12.3)	8,732	(28.3)	695	(2.2)	2,737	(8.9)	14,934	(48.3)	30,905	(100.0)
2021년	5,780	(15.4)	12,351	(32.8)	655	(1.7)	2,793	(7.4)	16,026	(42.6)	37,605	(100.0)
2022년	4,911	(17.6)	10,632	(38.0)	609	(2.2)	2,044	(7.3)	9,775	(34.9)	27,971	(100.0)

출처: 아동권리보장원(2022). 2022 아동학대 주요 통계.

7) 서비스 제공 현황

피해아동이 학대 후유증을 극복하고, 학대행위자의 재학대를 방지, 피해아동 가족의 가족기능을 강화하기 위해 피해아동, 학대행위자, 피해아동의 가족을 대상으로 다양한 서비스를 제공하고 있다. 서비스에는 상담서비스, 입원치료·통원치료를 포함하는 의료서비스, 심리검사·미술치료·놀이치료 등을 포함하는 심리치료 서비스, 가정지원서비스·사회복지서비스기관 연결·공적 지원 연결을 포함하는 가족기능강화서비스, 일시보호시설 및 쉼터 입·퇴소 절차 지원, 분리보호 및 절차 지원, 출결 및 비밀전학 처리 지원 등을 포함하는 학습 및 보호 지원서비스, 법률자문과 아동에 대한 응급조치 및 피해아동보호명령 절차 진행과 행위자에 대한 임시조치 또는 고소·고발 등 사건 처리에 대한 서비스가 있다. 또한 임시조치 또는 조건부기소유예, 보호처분 결정, 형벌과 수강명령 등의 병과를 통해 검찰·법원으로부터 상담·교육 위탁 처분을 받은 학대행위자를 대상으로 하는 행위자수탁 프로그램과 피해아동보호명령을 통한 상담 및 교육인 피해아동수탁프로그램을 포함한다.

표 5-8 전체 서비스 제공 실적

(단위: 회)

구분	2022년 전체 서비스
피해아동	886,989
학대행위자	536,730
부모 또는 가족	244,761
계	1,668,480

※ 서비스는 상담서비스, 의료서비스, 심리치료 서비스, 가족기능 강화서비스, 학습 및 보호 지원서비스, 사건 처리, 행위자 수탁프로그램 및 피해아동 수탁프로그램, 기타 등을 포함.

출처: 아동권리보장원(2022). 2022 아동학대 주요통계.

2022년 한 해 동안 피해아동에게 제공한 서비스 횟수는 총 886,989회이다. 구체적으로는 상담서비스가 612,047회(69.0%)로 가장 높았고, 가족기능 강화서비스 87,899회(9.9%), 심리치료 지원서비스 70,190회(7.9%) 순으로 나타났다. 학대행위자에게 제공된

서비스는 총 536,730회로 집계되었으며, 상담서비스 396,554회(73.9%), 사건처리 지원 36,085회(6.7%), 행위자수탁프로그램 33,855회(6.3%) 순으로 나타났다. 피해아동의 비가해 부모 또는 가족 대상 서비스는 총 244,761회였으며, 상담서비스 191,192회(78.1%), 가족기능 강화서비스 27,866회(11.4%), 심리치료 지원서비스 11,882회(4.9%) 순으로 나타났다.

표 5-9 피해아동, 학대행위자, 부모 및 가족에 대한 서비스 제공(중복 포함) (단위: 회, %)

구분	아동		행위자		부모 및 가족	
상담	612,047	(69.0)	396,554	(73.9)	191,192	(78.1)
의료 지원	4,749	(0.5)	1,399	(0.3)	472	(0.2)
심리치료 지원	70,190	(7.9)	31,855	(5.9)	11,882	(4.9)
가족기능 강화	87,899	(9.9)	28,131	(5.2)	27,866	(11.4)
학습 및 보호 지원	10,672	(1.2)	1,426	(0.3)	553	(0.2)
사건처리 지원	48,373	(5.5)	36,085	(6.7)	2,666	(1.1)
행위자수탁프로그램	1,241	(0.1)	33,855	(6.3)	354	(0.1)
피해아동수탁프로그램	1,098	(0.1)	141	(0.0)	55	(0.0)
기타	50,720	(5.7)	7,284	(1.4)	9,721	(4.0)
계	886,989	(100.0)	536,730	(100.0)	244,761	(100.0)

출처: 아동권리보장원(2022). 2022 아동학대 주요 통계.

03 아동학대의 원인

아동학대는 한 가지 요인에 의해 발생하는 것이 아니라 복잡하고 다양한 요인이 함께 작용하여 발생한다. 여기서는 김혜정과 조한나(2015)가 정리한 행위자의 개인적 요인, 가족적 요인, 사회문화적 요인을 아동학대의 주요 변인으로 제시하였다.

1) 개인적 요인

행위자의 개인적 요인과 관련한 선행연구들에 따르면, 성격적·기질적 요인, 알코올 및 약물남용, 학대 및 가정폭력의 경험, 양육 태도 및 방법 부족, 스트레스, 건강 상태 등이 아동학대에 영향을 주는 것으로 나타났다.

아동학대행위자들의 성격적·기질적 요인에는 충동성과 우울증 등 미성숙한 성향 등이 있다. 이러한 행위자들은 자신보다 주위 환경에 의존하는 경향이 많고, 이기적이며 자기도취적인 특성을 보인다. 또한 자녀에게 많은 것을 요구하고 기대하며 그것이 충족되지 않을 때 가학적인 형태의 양육 태도를 취하는 불안정한 성격을 보인다(이주희·이양희, 2000).

알코올 및 약물 남용 또한 아동학대의 주요한 요인으로 인식된다. 알코올 및 약물남용은 분노를 증가시키고 공격적인 충동성 억제에 어려움을 주며 부모로서의 판단 능력을 저해함으로써 아동학대를 유발한다(여진주, 2008). 박형진(2000)은 음주 문제가 특히 성적 학대에 영향을 미친다고 보았으며, 이재연과 한지숙(2003)은 아버지들의 잦은 음주는 아동의 구타나 방임으로 이어지고, 어머니들의 잦은 음주는 체벌, 구타, 정서 학대, 방임 등으로 이어진다고 하였다.

아동학대를 아동학대의 세대 간 전수(intergenerational transmission of child abuse) 측면에서 이해하고자 하는 연구에서는 아동학대 및 가정폭력 경험이 있는 행위자들이 학대를 가할 가능성이 크다고 보았다. 벨스키(Belsky)는 가해자가 어린 시절에 경험한 학대는 학습되는 경향이 있으며, 어린 시절 학대를 경험한 부모는 자신의 아동기 경험을 바탕으로 부적절한 양육 태도를 형성하여 학대행동을 반복할 가능성이 크다고 보았다(Frailberg, 1980: 조의수 외, 2021 재인용). 또한, 아내에게 폭력을 행사하는 남성의 70%가 아동을 학대하고, 아동학대와 가정폭력이 동시에 발생할 가능성이 크다(Howells & Rosenbaum, 2008: 김재엽 외, 2007 재인용).

부모의 양육 태도 및 방법 부족은 아동학대에 가장 크게 영향을 미치는 요인이다. 학대행위자의 대부분은 양육 태도가 경직되어 있고 유연성이 결여되어 있으며, 아동의 다양한 요구에 적절히 대응하지 못하고, 부모 자신의 경직된 신념을 자녀에게 강요하게 되어 부모-자녀의 갈등을 증가시킨다. 부모는 자녀의 불순종적인 태도를 반항 혹은 문제행동을 여겨 체벌로 다스리려 하고, 이러한 훈육과정이 학대로 이어질 수 있다.

부모의 스트레스 또한 아동학대와 관련이 높게 나타난다. 아비딘(Abidin)은 부모 역할 수행에서 일상적으로 지각하는 스트레스를 양육 스트레스로 개념화하였는데, 부모가 지각하는 스트레스를 부모의 양육행동에 영향을 미치는 주요한 변인으로 보았다. 「우리나라 영유아 학대 현황 및 예방방안」을 보고한 김은영(2017)에 따르면 학부모와 교사들은 아동학대의 가장 큰 원인으로 성인들의 스트레스를 꼽았다. 부모가 일상적으로 사소한 스트레스를 많이 경험하면 자녀에게 더 짜증을 내고, 어머니의 부정적인 기분이나 스트레스는 처벌적인 훈육행동을 유발하여 아동의 공격성에 대해 적절히 대응하지 못하게 하는 것으로 나타났다.

아동학대행위자의 건강 상태와 관련하여 아동을 학대하는 부모는 일반적으로 건강이 좋지 않거나 질병을 앓고 있으며, 늘 과로한 경우가 많다. 이는 특히 취업 모에게서 많이 나타난다(황영희, 1993). 또한 만성적인 정신질환이나 신체질환을 앓으면 극심한 스트레스가 쌓여 아동학대를 할 가능성이 크다. 김현정(2002)의 연구에서는 아버지의 건강에 따라 신체적 학대와 방임이, 어머님의 건강에 따라 신체적 학대, 정서적 학대, 방임이 유의미한 관계가 있는 것으로 나타났다.

2) 가족적 요인

아동학대와 관련한 가족특성 요인은 가족의 구조적 특성과 기능적 특성으로 나누어 볼 수 있다. 구조적 특성으로는 경제적 수준이나 가족 형태를 들 수 있고, 기능적 특성으로는 부부불화, 갈등적인 가족 분위기 등이 있다.

경제적 위기는 실업과 가족의 생계수단 결핍, 가족 내의 스트레스 증가 등으로 이어져 아동학대의 가능성이 높아진다. 가정의 경제적 수준이 낮은 경우 아동에 대한 물리적 자원이 부족하거나, 경제적 압박감이 가족원의 심리적 기제를 악화시켜, 방임이나 학대가 일어날 가능성이 크다(이원표, 2001). 부모의 경제적인 스트레스는 부모의 심리적·행동적 측면에 영향을 미치며, 빈곤과 같이 소득 수준이 낮아질수록 정서학대 발생률이 증가하는 것으로 나타났다(Jonson-Reid et al., 2003; 김세원, 2008).

가족의 형태와 관련해서는 아동학대와 한부모가족과의 관계에 대한 논의가 주를 이룬다. 이재연·한지숙(2003)은 한부모가족이 다른 가족 형태보다 방임하는 정도가 더 높다고 분석하였다. 겔스(Gelles, 1997)의 보고에 의하면, 한부모가족에서는 부, 또는 모가 부모의 기능을 모두 수행해야 하는데, 만일 부모의 책임을 다할 수 없다면 아동 양육에서 방임적 태도를 취하게 된다고 하였다. 특히, 부 혹은 계부가 모보다는 성학대를 가할 가능성이 더 크고, 모는 계모가 신체학대를 가할 가능성이 더 많은 것으로 나타났다(Belesky, 1993; 김보애, 2001 재인용). 다시 말해, 한부모가족은 부모의 역할을 동시에 수행함으로써 높은 수준의 스트레스와 생활의 어려움을 경험하게 됨으로써 이러한 긴장이 아동학대로 이어질 가능성이 크다는 것이다.

부부불화는 아동학대와 관련하여 가장 빈번히 언급되는 요인 중의 하나이다(이경님, 2004). 부부갈등과 아동학대의 관계에 대한 선행연구들을 살펴보면, 불화와 갈등이 많은 가정의 부모들은 그로 인한 부정적인 감정을 자녀에게 가장 직접적으로 표출하기 쉽기 때문에 아동학대로 이어질 수 있다. 즉, 부부간에 불화가 많은 가정은 그들의 갈등과 스트레스를 아동에게 전이시키기 쉬워 아동이 신체적인 공격을 많이 받을 수 있고(이경님, 2004; 하은경·박천만, 2002), 부부간에 갈등 해결 방법으로 폭력을 사용하는 가정일수록 자녀를 구타하는 것으로 나타났다(김재엽, 2001). 따라서 부부갈등은 부부 당사자들로만 끝나는 것이 아니라 가족구성원 각 개인의 인격 형성 및 아동학대에 주요하게 영향을 미친다.

3) 사회문화적 요인

사회문화적 영역은 아동과 부모가 거주하는 사회의 문화나 신념, 사회적 자원의 결핍, 사회지지망의 결여 등을 의미한다. 체벌에 대한 지지도는 그 사회나 문화권 내에서 부모가 자녀에 대하여 체벌을 사용하는 것에 대한 가치와 신념을 말하는 것으로서, 한국 문화는 자녀에 대한 체벌에 관대한 편이다. 한국 사회에서 체벌은 보편적인 형태의 자녀 양육 방식으로 받아들여지고 있어 아동학대에 대해 관용적인 특성이 있다(윤현영, 2005). 체벌의 보편적 사용에 관용적이며 문화적 규제가 적은 사회 분위기이거나 부모가 체벌의 효과에 확신이 있는 경우, 신체학대를 할 가능성이 크다.

지역사회 영역에 속하는 주요 요인으로는 사회적 자원의 결핍, 사회적 지지망 결여를 들 수 있다. 사회적 자원의 결핍은 경제적 요인과 연관되어 저소득층이 밀집된 지역에 거주할수록 사회적 자원이 결여되어 있다. 지역사회가 불안정하고 사회적 자원이 없어 아동 양육의 부담이 큰 취약지역에서는 전체적인 삶의 만족도가 떨어지고 아동학대의 가능성이 큰 것으로 나타나고 있다.

사회적 지지망의 결여는 가족이 필요로 하는 사회적 지원으로서, 정서적 지지, 충고, 인내, 정보 제공 및 물질적 원조 등 다양한 형태의 보호 및 서비스를 받을 수 없는 것을 말한다(이종복·이배근, 1999). 가족의 사회적 지지망의 결여는 가족과 지역사회와의 관계를 나타내는 것으로, 외부와의 접촉이 폐쇄적인 가족은 사회적으로 고립되어 있기 때문에 가족이 갈등 속에 있을 때, 상황을 이해하고 대안을 찾을 기회가 제한되어 있어 아동의 학대 가능성이 높아진다. 또한 친구나 친척들과 접촉이 거의 없는 부모들은 가족이 갈등 속에 있을 때 쉽게 좌절하고 화를 내며, 적대적이고 공격적인 유형으로 그들의 좌절감을 표현하여 아동학대로 이어질 수 있다고 보았다. 따라서 강미경(2009)은 학대 중단 요인으로 이웃과 사회복지사, 관련 기관의 서비스 등 사회적 지지체계 구축을 강조하였다. 사회적으로 고립되어 있거나 지역사회와 교류하지 않을 가능성이 큰 학대부모에게 사회적 지지는 학대 중단에 영향을 미치는 중요한 변인이 될 수 있을 것이다.

04 아동학대가 아동발달에 미치는 영향

학대를 경험한 아동은 신체, 정서, 행동 측면에서 다양하고 복합적인 어려움을 가지는 것으로 보고되고 있다. 여기서는 경기남양주 아동보호전문기관(http://www.nyj1391.or.kr)과 권민균(2007)을 중심으로 유형별 학대 경험이 아동발달에 미치는 영향을 살펴보고자 한다.

1) 신체적 학대

신체적 학대는 직접적으로 신체적 상처와 신경계의 손상을 일으키며, 장애를 초래하거나 극단적인 경우에는 사망에까지 이르기도 한다. 신체적 학대의 후유증은 아동기에 정서적 문제, 행동상의 문제, 학습 문제 등을 야기할 수 있다. 더욱이 신체적 학대 경험은 아동기뿐만 아니라 성인기까지 후유증을 지속시키고 대인관계를 발달시키는 능력에 손상을 줄 수 있다. 예를 들면, 다른 사람을 신뢰하지 못하고 버려질 것에 대해 불안해하고, 다른 사람과의 관계에서 긴장이나 공격성을 보일 수 있다. 그뿐만 아니라 성인기의 자아 개념에 부정적인 영향을 미쳐 성인기의 분노와 공격성, 수면장애, 약물중독, 자살충동에 영향을 미치기도 한다. 아동기에 신체학대를 경험한 성인은 그렇지 않은 사람보다도 스트레스를 더욱 많이 경험하며 스트레스를 유발하는 상황에 대한 반응 양식이 약하며, 스트레스를 유발하는 상황에 효과적으로 대처하는 능력이 낮다. 무엇보다 아동기 학대 경험은 성인기 배우자를 구타하거나 자녀를 학대하는 등 학대가 세습되는 경향이 있다.

2) 정서적 학대

정서적 학대는 신체적 학대 이상으로 심각한 영향을 장기적으로 미치는 것으로 꾸준히 보고되고 있다. 정서적 학대는 눈에 보이는 형태의 학대 혹은 그 이상으로 아동의 정신건강, 행동발달, 자아존중감에 부정적인 영향을 미치며, 특히 유아기의 정서적 학대는 치명적인 후유증을 겪게 한다. 정서적 학대를 받은 경험은 낮은 자아존중감, 의존성, 우울증, 낮은 학업 성취, 도벽, 거짓말, 타인에 의한 공격성 등과 같은 문제 행동과의 관계도 입증되고 있다.

3) 성적 학대

성적 학대의 후유증으로는 부적절한 성행동과 같은 성적 문제를 비롯한 부정적 자아개념, 우울 및 외상 후 스트레스 장애(PTSD) 등 다양한 문제를 보인다. 불안, 우울, 대인관계의 어려움, 물질남용, 반사회적 성격, 정신병, 정신적 역기능 등 모든 임상 척도에서 점수가 유의하게 높다. 또한 성적 학대를 받은 다수의 아동은 거부, 배신, 공포, 미해결의 경험으로 불안정한 애착이 형성되기도 한다. 아동학대의 후유증은 아동의 나이, 지속기간, 학대 수준, 고의성, 위협이나 강압의 정도 등에 따라 심각성의 정도가 다르게 나타난다.

4) 방임

방임은 아동의 인지적·신체적·사회적·심리적 발달에 광범위하게 영향을 줄 수 있으며, 학대와는 구별되는 특징이 있다. 학대받은 아동은 공격적이거나 적극적인 성향이 있는 반면, 방임을 경험한 아동은 일반적으로 수동적이며 사회적으로 위축된 모습을 보이는 경향을 보인다. 영유아기의 심각한 수준의 방임은 아동의 성장과 인지발달에 치명적 손상을 주며, 방임이 지속되면 사회적 기능, 대인관계, 학업성취 등에서 심각한 손상을 초래하고 극단적인 경우에는 사망에 이르기도 한다.

05 대응방안

1) 아동보호전문기관의 합법적 권한 강화

아동학대는 80% 이상이 부모에 의해 발생하고 있지만 학대행위자에 대한 적절한 개입이 이루어지지 못함으로써 재학대가 발생할 가능성이 크다. 따라서 효과적인 아동학대 예방 및 재학대 방지를 위해서는 수강명령을 받은 아동학대행위자뿐만 아니라 미약한 정도의 학대가 발생하고 있거나 발생할 우려가 있는 취약집단에 대한 아동학대 예방교육이 필요하다. 그러나 제도적으로 이들을 교육하기에는 한계가 있다. 수강명령을 받은 아동학대행위자의 경우에도 교육에 대한 거부감이 많아 실제 프로그램을 운영하기가 쉽지 않은 상황에서 미약한 정도의 학대가 발생하고 있거나 발생할 우려가 있는 취약집단에 대한 교육이 자발적으로 이루어지기란 쉽지 않다. 따라서 취약집단을 대상으로 하는 예방교육이 이루어질 수 있도록 아동보호전문기관의 합법적 권한을 강화할 필요가 있다. 현재 「아동학대처벌법」에서는 검찰의 기소유예와 법원의 수강명령을 통해 아동학대행위자 교육이 이루어지도록 하고 있으나 그 전 단계에서 아동학대를 예방할 수 있는 시스템이 마련되어야 한다. 아동학대전문기관의 권한을 확대하여 현장 방문 시 아동의 격리를 비롯한 부모에 대한 상담 및 교육 명령이 합법적으로 가능하도록 하는 제도적 보완이 필요하다.

2) 홍보를 통한 부모교육 강화 및 아동학대 예방교육 확대

아동학대는 부모가 폭력적이거나 부주의하기 때문이 아니라 아동의 욕구를 이해하고 적절하게 반응할 수 있는 지식이 결여되었기 때문에 발생한다. 따라서 아동학대를 예방하기 위해서는 양육 기술과 대화 기법 등 기본적인 부모교육이 선행되어야 한다. 아동보호전문기관은 아동학대 예방교육, 행위자 상담 및 교육 등 전문적이고 다양한 서비스를 제공하고 있으나 주민들이 잘 인지하지 못하고 있다. 아동보호전문기관에 대한 홍보를 강화하여 아동학대행위자에 국한된 프로그램만 운영하는 기관이 아니라 주민들을 위한 다양한 프로그램이 운영되고 있음을 알리고 주민들이 참여할 수 있도록 해야 한다.

또한 아동학대 예방교육 혹은 인권교육을 확대할 필요가 있다. 연구에 의하면 시민들 다수가 아동학대의 심각성과 교육의 필요성에 공감하고 있으므로 다양한 고등교육과정 등 정규교과뿐만 아니라 다양한 형태의 시민교육을 통해 아동학대와 인권교육 과정을 확대할 필요가 있다. 이에 비해 국가 아동학대정보시스템 분석에서는 여전히 「아동학대처벌법」 시행과 관계없이 의미 있는 변화가 발견되지 않으므로 법 집행자들의 인식이나 구체적 적용에 대한 지침이 부족한 것으로 보여 이에 대한 구체적인 지침 등도 필요하다.

3) 프로그램 전달 방식의 다양화

아동학대행위자 프로그램의 대부분은 아동보호전문기관을 방문하여 이루어지거나 기관에서 연계한 상담 전문가를 찾아가는 방식으로 이루어지고 있다. 그러나 이러한 전달 방식은 프로그램을 처벌의 하나로 인식하게 하여 아동학대행위자의 거부감을 강화하는 특성이 있다. 아동학대행위자의 저항감을 감소시키고 이들이 보다 적극적으로 프로그램에 참여하도록 유도하기 위해 기관으로 찾아오는 프로그램이 아니라 찾아가는 프로그램으로 전달 방식을 보다 다양화할 필요가 있다. 특히, 수강명령 대상자가 아닌 미약한 정도의 아동학대가 발생하거나 발생할 우려가 있는 취약집단에 대한 교육은 찾아가는 방식을 통한 프로그램 운영이 보다 효과적일 수 있다. 찾아가는 프로그램을 통해 가정을 직접 방문하여 가족의 경제적·사회적 상황을 파악하고 가족의 특성에 따른 프로그램이 운영됨으로써 프로그램이 보다 활성화될 수 있도록 하는 노력이 필요하다.

4) 상담 전문가 풀 구성

프로그램 구성과 전체적인 운영은 아동보호전문기관에서 이루어지지만, 실제 상담과 교육은 각각의 세부 프로그램 내용에 따른 전문가와의 연계를 통해 이루어진다. 따라서 아동학대 상담·교육 프로그램의 운영은 좋은 상담 전문가를 확보하는 것이 가장 중요하다. 그러나 상담 전문가 풀이 구성되어 있지 않아 아동보호전문기관들은 매우 개인적이고 개별적인 방식으로 상담 전문가를 확보한 실정이다. 따라서 유관기관들이 상담 전문가 명단을 공유하고 매해 추천을 통해 전문가를 추가 확보하는 방식을 통해 상담 전문가 풀을 구성하는 것이 필요하다. 그뿐만 아니라 상담 전문가들이 정기적 사례 모임을 통해 프로그램 진행 과정, 변화를 유도하기 위한 전략 등을 논의함으로써 전문가들이 효과적으로 의사소통할 수 있는 시스템이 마련되어야 할 것이다.

5) 아동 및 가족에 대한 서비스 강화

아동학대에 대한 예방은 아동이 다시 학대당하지 않도록 하는 것과 동시에 아동이 건강하게 성장하고 부모가 되었을 때 자신의 아동을 학대하는 세대 간 전승이 나타나지 않도록 하는 것을 의미한다. 이를 위해서는 아동학대행위자뿐만 아니라 아동과 가족에 대한 다양한 치료와 서비스가 병행되어야 한다. 부모로부터 아동의 격리와 같은 즉각적인 개입 외에도 신체적·정신적 피해를 회복하기 위한 서비스가 제공되어야 한다. 또한 가족 전체의 참여를 유도하고 학대를 유발할 수 있는 위기 요인을 제거하기 위해 노력하여야 한다. 아동과 가족의 강점을 부각하고 사용 가능한 자원을 활용할 수 있도록 정보를 제공하여야 한다. 나아가 부모집단을 구성하여 비슷한 처지에 있는 다른 부모들과 현재의 어려움을 함께 나누고 해결할 수 있는 관계를 형성하도록 함으로써 사회적으로 고립되지 않도록 도와주어야 한다.

6) 아동학대 예방 서비스 기관의 연계체계 구축

아동학대 예방을 위한 전문기관으로는 아동보호전문기관이 있는데, 이는 아동학대에 대한 직접적인 개입을 주로 담당하고 있다. 아동과 가족의 다양한 욕구에 대한 서비스를 제공하고 보편적인 아동학대 예방 서비스를 제공하기 위해서는 그에 적합한 서비스를 제공하는 많은 기관과 효율적인 연계체계를 구축하는 것이 필요하다. 아동학대는 개인적인 원인에서 사회적인 차원에 이르기까지 다양한 이유로 발생하므로 지방정부, 경찰서, 지방법원, 변호사회, 의사회, 교육기관, 아동 상담소, 지역아동센터, 사회복지관, 사회복지 관련 단체, 대학 등 지역사회 연결망을 통해 아동학대의 신고, 신속한 개입, 상담 치료, 아동학대 예방교육, 아동 및 가족에 대한 서비스 등을 제공하는 지역사회 협조체제를 구축하는 것이 필요하다(초의수 외, 2021).

생각해 볼 문제

1. 유휴 양육시설의 활용방안을 설명해 보자.

2. 국내입양과 가정위탁 활성화 방안을 제시해 보자.

3. 지역아동센터의 활성화 방안을 설명해 보자.

4. 보육서비스의 발전을 위한 사회복지 측면의 서비스를 설명해 보자.

5. 우리 사회에서 발생할 것으로 예견되는 아동복지 문제를 설명해 보자.

Chapter

06

청소년 문제

청소년 문제는 개인을 포함한 사회문화적 영향에서 바라보아야 한다. 1980~1990년대에는 본드 흡입으로 인한 사망사고가 청소년비행의 이슈였다면 최근에는 인터넷 및 소셜미디어 사용이 증가하면서 이전에 없었던 각종 사이버비행이 청소년 사이에서 증가하고 있다. 그럼에도 청소년비행에 대한 사회적 대응은 청소년을 둘러싼 환경 개선에 앞서 통제 및 처벌을 강화하려는 정서가 높은 것도 사실이다. 여기서는 청소년비행의 개념 및 유형과 함께 원인론을 중심으로 청소년비행의 원인을 살펴보고 청소년비행의 현황을 통해 대응방안을 살펴보고자 한다.

01 청소년비행의 개념과 유형

청소년비행(juvenile delinquency)은 협의의 개념과 광의의 개념으로 나눌 수 있다. 협의로는 법적인 개념을 적용하는 청소년 범죄를 의미하며, 광의의 개념으로는 사회규범이나 규칙을 위반한 청소년의 일탈행위를 일컫는다.

청소년비행은 시대에 따라 다른 기준을 적용하고 있는데, 가령 1990년대는 등록금 유용, 폭행, 패싸움, 가출, 환각제 흡입과 행위를 '중비행', 음주, 흡연, 늦은 귀가, 술집 출입과 같은 행위를 '경비행'으로 분류하였다(김준호·박해광, 1994). 2000년대 초반에는 청소년비행을 세 가지 행위군으로 범주화시켰다. 첫째, 살인, 강도, 강간, 폭행 등의 강력범죄와 절도를 위한 주거 침입 등과 같은 재산범죄를 포함한 '중범죄', 둘째, 사소한 절도를 포함한 기타 법위반 행위 등과 같은 중범죄보다는 경미하나 '형법을 위반한 범죄', 셋째, 음주, 흡연, 음란물 접촉 등 성인이 범했을 때는 사회적으로 그다지 큰 문제가 되지 않으나 청소년이라는 사회적 지위 때문에 일탈행동으로 간주되는 '지위비행'으로 분류하였다(김준호 외, 2003). 그러나 최근에는 정보통신기술의 발달로 인해 청소년의 사이버 상에서의 일탈행동이 증가하면서 현실비행과 사이버비행으로 구분하기도 한다. '현실비행'은 학교, 가정, 지역사회 등 일상적인 현실의 생활공간에서 전개되는 비행을 의미하며, '사이버비행'은 컴퓨터, 휴대폰 등 정보통신매체를 활용하여 가상현실 공간에서 전개되는 비행으로 규정하기도 한다(이종원 외, 2016).

이처럼 청소년비행에 대한 개념 및 유형 정의가 일치되기 어려운 것은 시대, 국가, 사회, 문화 등에 따라 사회규범으로부터 일탈된 행위가 다르고, 시대와 문화에 따라 범죄행동에 대한 규제가 차이가 나기 때문이다(김자경·혼정락, 2007).

우리나라 법에서는 비행청소년을 크게 세 가지로 구분하고 있다. 2007년 개정되어 2008년부터 적용된 개정 「소년법」 제4조에 의하면 "청소년비행이란 12세 이상 20세 미만의 청소년에 의한 범죄행위, 촉법행위, 우범 상태를 말하며, 이러한 행위를 하거나 상태에 놓인 청소년을 각각 범죄소년, 촉법소년, 우범소년이라고 한다."라고 정의하고 있다. 「소년법」 제4조의 보호 대상의 분류에 따른 비행청소년의 분류는 〈표 6-1〉과 같다.

표 6-1 「소년법」상의 청소년비행 분류

범죄소년	14세 이상 19세 미만의 소년이 형벌 법령에 저촉되는 행위를 한 경우를 말하며 형사 책임이 따른다.
촉법소년	10세 이상 14세 미만의 소년이 형벌 법령에 저촉되는 행위를 한 경우를 말하며, 이 경우 형사적 책임이 부담되지 않으나 보호처분의 대상이 된다.
우범소년	다음 각 항목에 해당하는 사유가 있고 그의 성격이나 환경에 비추어 앞으로 형벌 법령에 저촉되는 행위를 할 우려가 있는 10세 이상 소년 1. 집단적으로 몰려다니며 주위 사람들에게 불안감을 조성하는 성벽이 있는 것 2. 정당한 이유 없이 가출하는 것 3. 술을 마시고 소란을 피우거나 유해환경에 접하는 성벽이 있는 것

출처: 법제처 국가법령정보센터(https://www.law.go.kr/LSW/main.html)

「소년법」에서의 청소년비행이란 결국 「형법」을 위반한 행위뿐만 아니라 미래에 「형법」을 위반할 가능성이 있는 행위들도 포괄하여 정의하고 있음을 알 수 있다. 또한 「소년법」에서는 범죄소년과 촉법소년은 모두 형벌 법령에 저촉되는 행위를 한 청소년임에도 연령에 따라 형사 책임을 질 수도, 지지 않을 수도 있다. 이는 형사법상 형사미성년자의 연령이 14세 미만으로, 13세 이하는 범죄행위를 저질렀어도 형사처분을 받지 않는 형사미성년자이기 때문이다. 형사법상 비행청소년이란 범죄를 저지르거나 범죄의 위험성이 있는 청소년으로, 국가의 사법처분의 대상이 되는 청소년을 지칭한다. 이때 범죄란 현행 실정법에 위반된 행위를 말하고, 범죄의 위험성이란 범죄를 저지를 가능성이 있는 심리적·행동적 상황을 말한다(박정란 외, 2017).

이처럼 청소년의 일탈행위를 성인과는 달리 '비행'이라 규정하고 성인범죄와 달리 좀 더 관대하게 대하는 이유는, 첫째, 청소년의 일탈이나 비행 행동의 원인을 온전히 개인 내적 요인으로 보기보다는 미성숙하고 불안정한 청소년기만의 고유한 특성이라 여기기 때문이다. 더욱이 성인범죄에 비해 가정이나 사회환경 등 외적 요인이 있고 청소년은 아직 인격 형성기에 있기에 순화의 가능성이 있어 형벌보다는 교정에 중점을 주고 환경조성이나 보호처분을 통해 전과자로 낙인찍히는 것을 방지하면서 그들의 건전한 육성과 사회통합을 유도하기 위해서이다(김영화·최영진, 2017).

02 청소년비행의 현황

소년 재산범죄의 발생비는 2012년 소년인구 10만 명당 442.4건에서 2018년 300.6건까지 감소하는 추세를 보였고 2019년부터 다시 증가하다가 2021년에는 273.1건으로 감소하였다. 지난 10년간 소년 재산범죄 발생비는 38.3% 감소하였다.

소년 강력범죄(흉악)의 발생비는 2012년 소년인구 10만 명당 34.7건에서 2015년 28.2건까지 지속적으로 감소하였고, 이후 2016년부터 2020년을 제외하고는 지속적으로 증가하여 2021년 45.2건으로 증가하였다. 지난 10년간 소년 강력범죄(흉악)의 발생비는 30.4% 증가하였다.

소년 강력범죄(폭력)의 발생비는 2012년 소년인구 10만 명당 310.0건에서 2015년 181.4건까지 감소하였고, 이후 2년간 증가하였다가 2018년부터 지속적으로 감소하여

2021년 170.7건이 발생하였다. 지난 10년간 소년 강력범죄(폭력)의 발생비는 44.9% 감소하였다.

소년 교통범죄의 발생비는 2012년 소년인구 10만 명당 115.1건에서 2015년 89.4건까지 지속적으로 감소하였고, 2016년부터 증감을 보이다 2021년에는 92.5건이 발생하였다. 전체적으로 볼 때, 지난 10년간 소년 교통범죄의 발생비는 19.7% 감소하였다.

앞의 네 가지 범죄군 중에서 소년범죄 발생비가 가장 높은 범죄군은 재산범죄이며, 그 다음은 강력범죄(폭력), 교통범죄, 강력범죄(흉악)의 순이었다. 2021년 강력범죄(흉악)의 소년범죄 발생비는 다른 범죄군에 비하여 가장 낮았지만, 다른 범죄군은 지난 10년간 증감률이 감소한 반면 강력범죄(흉악)는 30.4% 증가하였다.

표 6-2 주요 범죄군별 소년범죄의 발생비 추이(2012~2021)　　(단위: 발생비, %)

연도	재산범죄		강력범죄(흉악)		강력범죄(폭력)		교통범죄	
	발생비	증감률	발생비	증감률	발생비	증감률	발생비	증감률
2012	442.4	-	34.7	-	310.0	-	115.1	-
2013	430.9	-2.6	34.4	-0.8	215.4	-30.5	96.2	-16.5
2014	367.4	-17.0	32.0	-7.8	196.0	-36.8	93.7	-18.6
2015	332.9	-24.8	28.2	-18.8	181.4	-41.5	89.4	-22.4
2016	352.9	-20.2	35.7	2.8	207.7	-33.0	99.4	-13.7
2017	319.3	-27.8	38.1	9.7	231.2	-25.4	105.8	-8.1
2018	300.6	-32.1	39.8	14.8	224.0	-27.8	86.7	-24.7
2019	327.6	-25.9	43.2	24.5	219.4	-29.2	88.0	-23.6
2020	351.7	-20.5	38.2	10.1	179.7	-42.0	100.7	-12.5
2021	273.1	-38.3	45.2	30.4	170.7	-44.9	92.5	-19.7

출처: 대검찰청(2012~2021). 범죄분석.

03 청소년비행의 원인론

청소년의 비행 및 범죄를 설명하는 여러 이론 중 여기서는 사회학적 관점의 이론을 제시하고자 한다. 사회학적 관점의 대표적인 비행 이론은 사회통제 이론, 차별적 접촉 이론, 사회학습 이론, 아노미 이론, 낙인 이론, 일반 긴장 이론 등으로 나누어 볼 수 있다.

1) 사회통제 이론(social control theory)

사회통제 이론은 사람들이 왜 범죄를 저지르지 않는가를 설명하는 이론이다. 사회통제 이론에 따르면 모든 사람은 잠재적인 범죄자이며 범죄를 저지르지 않는 사람들은 강한 사회적 통제를 받고 있기 때문에 법과 질서를 유지할 수 있다고 말한다. 즉, 강한 사회통제로 인해 범죄를 저지르지 않는다는 것이다. 하지만 이러한 통제가 깨지거나 약해지면 언제라도 비행 혹은 범죄를 저지를 수 있다고 설명한다.

이러한 사회통제는 네 가지 요소로 구성되는데 애착, 관여, 참여, 신념이다. 애착(attachment)은 한 개인이 형성하고 있는 다른 사람과의 관계를 말하며 전통적인 사회체계와의 애착이 강하면 강할수록, 한 개인은 범죄를 저지르지 않는다는 것이다. 부모, 학교, 친구 집단이 한 개인을 통제할 수 있는 가장 중요한 사회체계들이며 특히, 부모에 대한 애착과 부모의 감독이 비행을 통제하고 순응을 유지하는 데 가장 중요한 변인이라고 할 수 있다. 관여(commitment)는 교육적 혹은 직업적 성취와 관련한 전통적인 목표추구에 몰두하는 것을 말하는 개념으로, 전통적인 야망과 열망이 비행을 예방하는 데 큰 역할을 한다고 보았다. 참여(involvement)는 전통적인 활동에의 참여를 의미한다. 개인이 전적으로 전통적인 활동, 특히 학교에서 이루어지는 활동들에 많이 참여하면 비행으로부터 보호받을 수 있다는 것이다. 예를 들면, 공부, 가족과 함께 시간 보내기, 과외활동 등을 하면 불법적인 일에 참여할 수 없기 때문에 비행을 저지르지 않게 된다는 것이다. 신념(belief)은 전통적인 가치나 규범을 어느 정도 수용하고 있는가를 말하는 개념으로, 특히 법과 사회규칙이 도덕적으로 옳다는 믿음을 말한다. 범죄나 비행을 금지하는 규범을 수용하면 할수록 비행을 할 가능성이 줄어드는 반면, 비행을 금지하는 효과적인 신념을 가지고 있지 않으면 비행행동이 일어난다고 보는 것이다(Hirschi, 1969: 조의수 외, 2021 재인용).

따라서 전통적 사회체계에 대한 유대는 청소년의 문제행동 및 약물 사용에 간접적인 사회통제적 요인으로 가능하다는 것이다. 가족해체를 경험하는 청소년들이 음주와 흡연행위에 관여하게 되는 원인을 부모, 학교, 또래집단과 같은 주요 사회체계에 대한 유대와 통제의 문제로 설명하는데, 이러한 유대체계가 비정상적이거나 없는 청소년들은 결과적으로 비행행위나 약물사용을 하게 되며, 최근 들어 청소년들의 새로운 문제행동으로 나타나고 있는 인터넷 중독 등과 같은 문제를 발생시킨다는 것이다.

2) 차별적 접촉 이론(differential association theory)

서덜랜드(Sutherland)의 차별적 접촉 이론에 따르면, 범죄행위는 주로 일차적이고 친밀한 집단에서 다른 구성원과의 상호작용을 통해 학습된다는 것이다. 범죄행위가 학습될 때는 범죄기술, 구체적 동기나 욕구, 합리화, 태도 등을 포함하며 법 위반에 대한 우호적 정의가 비우호적 정의보다 클 때, 비행을 저지르게 된다는 것이다. 또한 차별적 접촉의 양상을 빈도, 지속성, 우선성, 강도의 측면에서 다양하게 나타날 수 있다고 하였는데, 즉 법 준수 정의보다 법 위반 정의에 먼저, 자주, 오랫동안, 강하게 노출된다면 당연히 비행을 저지를 가능성이 크다는 것이다.

3) 사회학습 이론(social learning theory)

에이커스(Akers)는 차별적 접촉, 차별적 강화, 정의, 모방이라는 네 가지 개념에 초점을 두고 일반적인 범죄와 비행, 일탈행동을 설명하였다. 청소년이 일탈적이거나 비행에 대해 허용적인 태도를 가진 또래와 접촉하면 비행행동에 우호적인 정의를 새로 배우거나 추가하게 되고 비행을 강화하는 모델에 노출되어 그 행동을 시작하거나 증가시키게 된다는 것이다.

사회학습 이론의 네 가지 개념 중, 첫째, 차별적 접촉(differential association)의 개념은 차별적으로 접촉하게 되는 대상인 가족과 친구와의 접촉이라고 할 수 있다. 둘째, 정의(definition)로, 행동에 주어지는 규범적 의미로서 특정 행위에 대해 옳거나 옳지 않다, 좋다 나쁘다, 바람직하다 바람직하지 않다를 정의하는 방향이나 태도를 말한다. 셋째, 차별적 강화(differential reenforcement)로, 행동 후에 기대되거나 혹은 실제로 일어나는 보상과 벌의 균형을 말하며, 개인이 범죄를 저지르느냐 않느냐는 행동에 따르는 과거, 현재, 기대되는 보상과 벌에 달려 있다는 것이다. 마지막으로 모방(imitation)은 다른 사람의 행동을 보고 그 행동을 모방하는 것을 말한다(Akers, 1994: 조의수 외, 2021 재인용).

국내의 연구에서 사회학습 이론을 지지하는 연구들이 있는데, 흡연행동이 차별적 접촉에 의해 행해지는 강한 예측 변인임이 밝혀지기도 하였다(Juon et al., 1995: 이상균, 2002 재인용).

4) 아노미 이론(anomie theory)

아노미는 현대 사회의 규제 결핍 상태를 의미하는데, 전통사회의 규범과 가치가 새로운 사회에 맞지 않고 부적응한 상태를 말하는 것이다. 머튼(Merton, 1938)은 아노미 이론에서 부의 획득과 축적을 성공의 지표로 삼는 자본주의 사회에서 사회적 목표와 그 목표에 이르는 수단 간의 불일치를 겪는 사람들이 내적 긴장 상태를 해소하기 위한 방법으로 범죄를 선택할 수 있다고 설명하였다(조의수 외, 2021).

긴장 상태에 대한 다섯 가지의 적응방식은 다음과 같다. 첫째, 순응(conformity)으로, 가장 일반적인 대처방식이다. 그 상황을 단순히 수용하고 일반적으로 허용되는 한정된 전통적 방법을 통해 성공하기 위해 노력하는 것이다. 둘째, 혁신(innovation)으로, 가장 일반화된 일탈적 대응이다. 기존의 성공이라는 목표에 집착하되 부당한 수단을 통해서라도 성공하는 것이다. 대부분의 범죄와 비행, 특히 이욕에 의한 범죄는 이 대처방식에 따른 것이라고 할 수 있다. 혁신은 하층민들이 가장 많이 선택하는 비순응적 방법이다. 결국 하층민들의 높은 범죄율은 아노미적 긴장 상태를 유발하는 그들의 지위 때문이라고 할 수 있다. 셋째, 혁명(rebellion)으로, 수단과 목표 모두를 거부하고 체제의 무력적 전복과 같이 완전히 새로운 것으로 대치하려는 것을 말한다. 넷째, 회피주의(retreatism)로, 이는 도피적인 방법인데 사회적으로 낙오되어 목표뿐만 아니라 목표달성의 시도조차 포기한 경우이다. 이러한 형태로는 알코올 중독, 약물 남용, 부랑, 정신질환 등이 있을 수 있다. 마지막으로, 의례주의(ritualism)인데, 출세를 위한 투쟁을 포기하고 규범을 엄격하고 철저히 지킴으로써 획득한 것을 유지하는 데 초점을 맞추는 태도이다. 하지만 아노미 이론은 하층계급과 소수계급의 비행과 범죄에 대해서만 설명할 수 있으며, 개인이 처한 문화적 목표와 사회적 수단 간의 괴리, 즉 긴장을 인식할 수 있고 측정할 수 있다고 상정하지만 이러한 가설을 지지하는 경험적 연구결과는 많지 않다. 아노미 이론은 특히 지역사회 내에서 환경을 개선하는 데 기여했는데, 도시의 위생환경 개선, 교통환경 개선, 주거지역 개선 등에 기여하였고, 이러한 환경 개선은 범죄율의 저하를 가져오기도 하였다.

5) 낙인 이론(labeling theory)

낙인 이론의 기본적 가정은 일탈자로 낙인찍힌 자는 일탈자로서 자기정체성을 띠기 쉽고 낙인찍히지 않을 때보다 실제로 일탈자가 되기 쉽다는 것이다. 비록 낙인을 원하지 않았더라도 낙인에 동조하려는 경향을 띠게 된다는 것이다. 비행자나 범죄자라는 자기정체성은 이러한 낙인의 결과이기 쉽다는 것이다. 후속행동은 이러한 자기정체성에 기초하여 나타나고 이차적 일탈의 다양한 행위를 함으로써 야기된다는 것이다.

최근에는 형사 사법과정에서의 낙인보다는 비공식적 낙인과정을 강조하는데, 이러한 낙인 이론은 탈시설화와 전환(diversion) 정책의 중요한 이론적 토대가 되고 있다. 정책적인 부분은 이루어졌지만 이러한 탈시설화나 전환이 재범을 감소시켰는지에 대한 경험적 지지가 부족한 것이 약점이다. 또한, 낙인 이론에 바탕을 둔 개념인 재통합적 수치는 범죄의 감소를 가져온다고 하는데, 회복사법과 신앙에 기반한 프로그램은 재통합적 수치 이론에 강력히 근거하고 있지만, 이 역시 경험적 연구 결과가 부족해서 재범 감소에 대한 효과를 확증할 수는 없다(Cullen et al., 2001: 초의수 외, 2021 재인용).

6) 일반 긴장 이론(general strain theory)

일반 긴장 이론은 애그뉴(Agnew, 1992)에 의해 주창된 이론으로, 욕구와 기대가 낮을 때 비행의 가능성이 가장 크게 나타난다고 주장하였다. 전통적 긴장 이론에서 강조되는 구조적 긴장 이외에 청소년들이 가정이나 학교에서 경험하는 일반적 긴장이 비행의 원인이 된다는 것이다. 일반적 긴장이 비행의 원인이 되지만 긴장이 되는 사건에서 비롯되는 부정적 감정 상태의 형성이 긴장과 비행의 관계를 매개한다는 것이다. 부정적 감정의 대표적 유형은 화인데, 이외에도 죄의식, 공포감, 분노, 좌절, 우울 등이 포함된다. 부정적 감정은 긴장과 청소년비행을 매개하는 기능을 한다, 이 이론은 최근 들어 이슈가 되고 있는 인터넷 중독, 즉 사이버상의 청소년범죄에 대해서도 설명하고 있다(이성식, 2005: 초의수 외, 2021 재인용).

04 청소년비행의 특성

1) 성비행 증가 경향

청소년의 비행과 학교폭력이 크게 증가하지 않는 상황에서 유독 청소년 성비행은 2008년 1,589건에서 2018년 성폭력범죄 발생 건수는 32,104건으로 나타났으며, 성폭력범죄 발생 비율은 2017년 대비 2.3% 감소하였으며, 지난 10년 동안 77.4% 증가하였다. 강력범죄(흉악) 중 살인, 강도, 방화범죄의 발생 비율이 지난 10년 동안 감소 추세를 보이고 있는 반면, 성폭력범죄 발생 비율은 약 1.8% 증가하였다(대검찰청, 2019). 아동·청소년 성폭력 범죄자 수는 2017년 3,195명, 2018년 3,219명으로 증가한 것으로 나타났다(여성가족부, 2020). 2015년에 1,253건이었던, 성폭력 건수가 2019년에는 3,060건으로 2.4배나 증가하였다. 무엇보다 학생 간 성폭력 및 초등학생의 성폭력 비행이 증가하고 있다는 사실에 주목해야 한다.

청소년의 성비행이 늘어난 원인으로는 SNS나 인터넷을 통해 음란물을 쉽게 접할 수 있는 환경적 요인과 함께, 신체적 성숙이 과거에 비해 빨라졌으나 절제와 금욕 중심의 성교육이 여전하고, 여성과 남성에 대한 이중적 성규범으로 존중과 평등의 가치관을 학습할 수 없는 사회적 요인이 크다고 할 수 있다(김기환, 1999). 이에 대해 유가효(1997)는 청소년들을 왜곡된 우리 사회 성문화 구도의 희생자로 간주하였다. 즉, 청소년들의 성문화 역시 기성세대 성문화의 반영으로서, 가부장적이고 이중적 성문화 구도에서 벗어나지 못한 채 행동은 앞서는 데 비하여 성에 대한 주체성이나 책임의식은 뒤따르지 못하는 일탈적인 방향으로 나타나고 있다고 하였다.

2) 사이버비행 증가 경향

청소년의 사이버비행 및 디지털 성범죄가 증가하고 있다. 인터넷진흥연구에 의하면 초·중·고 학생 14%가 다른 사람에게 사이버폭력을 가한 경험이 있다고 보고되고 있으며, 사이버폭력 가해 경험은 사이버 언어폭력(12.4%), 사이버 따돌림(2.3%), 사이버 명예훼손(1.5%), 신상정보 유출(1.5%), 사이버 스토킹(0.9%), 사이버 성폭력(0.5%) 순으로 나타났다. 사이버 범죄자의 직업적 특성에서도 학생이 무직자에 이어 두 번째로 높은 특성을 보여 학생의 사이버비행이 높다는 것을 알 수 있다. 인터넷 환경의 급속한 변화는 정보의 신속한 공유, 인간관계 유지 등의 긍정적 측면도 있으나 사이버 윤리교육이 부재한 상황에서 사이버 범죄, 사이버 일탈행동 등과 같은 부작용이 클 수 있음을 알 수 있다.

3) 저연령화 및 일반화 경향

청소년비행의 문제가 과거와 같이 가출 및 학교 밖 청소년에게만 국한된 것이 아니라 일반 학생비행이 증가하면서 청소년비행의 일반화 현상을 보여 주고 있다. 대검찰청(2018) 자료에 의하면 청소년비행 중 학생범죄는 2008년 65.7%에서 2017년에는 75.7%로 최근 10년간 10.0%p 증가하였다. 이러한 현상은 비행에 대한 규범의식 약화와 함께 입시와 성적 위주의 학교문화에서 기인한 바가 크다. 한편, 학교폭력의 경우는 저연령의 증가율이 빠르게 나타나고 있어, 학교폭력의 저연령화가 심각한 것으로 나타났다.

4) 재범 증가 경향

대검찰청(2018) 자료에 의하면 4범 이상 청소년 재범비율이 2008년 7%에서 2017년 14.1%로, 10년 사이에 약 2배가량 증가하였다. 다수 전과를 가진 재범 청소년이 증가한다는 것은 성인기 범죄로 이어질 개연성이 높다는 점에서 교정 프로그램의 차별성과 함께, 효과성 제고를 위한 방안이 필요함을 시사하고 있다.

5) 흉포화 경향

물질만능주의 사회 풍조, 풍요 속에서 느끼는 상대적 박탈감, 스마트폰을 비롯한 대중매체의 폭력 장면 장기간 노출과 이에 대한 무비판적 수용은 청소년들이 단순한 비행이나 탈선의 차원을 넘어 강력범죄에 가담하게 되는 결과를 가져왔다.

05 ● 청소년비행에 대한 대응방안

청소년비행을 어떻게 다룰 것인가에 대한 의견은 국가에 따라 상이하나 공통적인 추세는 비행청소년들이 인격 형성 과정에 있기 때문에 정신적으로 미성숙하고 교정 가능성이 크다는 점에서 형사 처벌보다는 보호처분과 교육에 중점을 두고 있다. 이에 대해 김은경(2006)은 소년사법제도의 개혁 방향으로 다체계적이고 통합적인 예방전략, 지역사회 중심의 처우정책(중간처우 확대), 민간 분야의 참여 확대, 사회-임상과학적 접근의 결합, 새로운 처우 대안으로서 '회복사법' 추구 등을 제안한 바 있다. 여기서는 이러한 관점에서 대응방안을 구체적으로 제시하고자 한다.

1) 청소년의 성주체성 형성을 위한 교육적·사회적 개입

한국 사회의 범죄는 다른 국가에 비해 높지 않은 반면 성범죄는 늘 예외로 나타난다. 대검찰청(2018) 조사에서도 나타났듯이 성비행은 해마다 증가하고 있으며, 다른 국가와 비교했을 때도 성비행은 성인과 청소년 모두 높은 순위를 차지하고 있다. 청소년에게 성적 욕구와 관심은 자연스러운 발달과정이지만 문제는 성행동이 향락적이고 성을 상품화하는 경우가 많아 청소년 스스로의 성 왜곡으로 인한 비행행동의 잠복성과 사회적 일탈을 경험하고 있다는 점이다. 이는 우리 사회에 아직도 팽배해 있는 전근대적 성윤리관과 밀접한 관련이 있는 것으로 판단된다. 건강하고 현실적인 청소년의 성윤리관 확립, 즉 성주체성(sexuality subjectivity) 형성은 음성적이고 일탈적인 성행위의 발생을 억제하는 데 크게 기여할 수 있을 것이다. 청소년의 성주체성이란 청소년이 자신과 타인의 성적 욕구 및 성적 자존감에 대한 존중을 기반으로 하면서 성적 결정을 함에 있어 기존의 가부장적, 여남 차별적 관행과 보수화된 기성세대의 관점과 기대로부터 자유로운 위치에서 상대방과 자신의 완전 합일된 결정과 금전이나 현실성 없는 약속에서 벗어나 자신에게 적합한 성행동을 결정하고 그에 따른 책임을 온전하게 지는 것이다(홍봉선·남미애, 2017). 이를 위해서는 청소년 성행동을 부정적으로 인식하여 금기시하고 억압하기보다는 청소년을 성적 주체로서 인정하고 그들의 건강한 성행동을 유도할 수 있는 젠더 감수성(gender sensitivity)에 입각한 교육적·사회적 개입이 요구된다.

2) 청소년 성장 단계별 비행 예방교육 수립

이종원 등(2016)은 중학생과 고등학생의 비행 유형에는 차이가 있다고 보고하였다. 이는 중학생과 고등학생 모두를 대상으로 하는 획일적인 비행 예방교육에서 벗어나 청소년의 성장 단계에 대응하는 비행 예방교육이 이루어져야 함을 시사하고 있다. 예를 들면, 청소년기의 비행이 사이버비행에서부터 시작됨을 고려하여 중학생에게는 컴퓨터, 휴대전화 등 매체 활용 교육이 강화되어야 하고, 고등학생에게는 흡연과 음주, 성관계 등 그들이 실제로 많이 경험하고 고민하는 문제들에 대한 교육이 이루어져야 할 것이다. 또한 초등학생의 경우 학교폭력 증가율이 다른 학교급에 비해 더 높은 것으로 나타나, 학교폭력에 대한 교육이 강화될 필요가 있음을 알 수 있다. 결과적으로 청소년의 성장에 따른 비행의 양상을 정확하게 이해하고, 이를 토대로 대상별 특성에 부합되는 대응방안을 마련할 필요가 있다.

3) 학교폭력 및 청소년비행에 대한 회복적 정의의 실천방안 강화

최근 청소년비행이 학생에 의한 비율이 높아지고 있고 학교폭력의 재심 신청율이 높아지고 있다는 점은 갈등 상황에 대한 학교 내 회복적 정의의 실천이 필요함을 말해 주고 있다. 회복적 정의(restorative justice)란 비행청소년을 지역사회에서 다시 통합시키는 것을 목표로 하는 것이다. 이는 지역사회라는 중간적 자원을 활용하여 피해자와 가해자의 진정한 화해를 통해 가해청소년과 피해청소년 모두의 진정한 재사회화를 이루는 것을 주요한 개념으로 하고 있다. 회복사법의 철학 안에는 가해자의 책임을 묻고 가해자의 피해자에 대한 진정한 사과와 배상, 피해자의 가해자에 대한 진정한 용서라는 개념이 내포되어 있으며, 이러한 개념을 통해 가해자와 피해자의 진정한 화해라는 목적을 달성하고자 한다. 하지만 현재 국내의 사법절차에서 피해자는 단지 참고인 혹은 증인 등의 지위를 버리지 못하고 있다. 이로 인해 피해자는 진정한 의미의 주체가 되지 못하고 있으며, 오히려 가해자가 주체가 되어 절차가 진행되는 것을 볼 수 있다. 이러한 절차는 결국 가해자로부터 진정한 책임의식과 죄책감 등을 끌어내지 못하고 가해자가 다시 범죄를 저지르는 등의 결과로 나타나고 있는 것이다(이수정 외, 2007). 다행히 최근 몇몇 학교현장에서 '회복적 생활교육 매뉴얼'이 배포되어 학생 중심의 생활교육뿐만 아니라 학교폭력 절차에서 회복적 조정 등을 수행하고 있고 그 효과 또한 긍정적인 것으로 나타나고 있다(차훈진, 2005: 이윤호·김지연, 2006 재인용). 학생 생활교육의 새로운 패러다임으로 등장한 회복적 정의가 확대될 수 있도록 「학교폭력 예방 및 대책에 관한 법률」의 개정이 필요하며, 학교 내 문화가 학생 중심으로 전환될 수 있도록 다양한 노력이 요구된다.

4) 민간차원 처우 확대와 기관 간 협력체계 구축

청소년비행의 특성 중 하나로 다수전과의 재범 청소년이 많다는 점은 청소년비행에 대한 사회적 처우방법에 문제가 있음을 보여 주는 것이다. 비행청소년에 대한 사회 내 처우는 민간처우의 확대와 기관 간의 협력체계가 우선되어야 한다.

현재 국내 비행청소년들이 접하게 되는 기관은 사법기관과 민간기관일 것이다. 국내의 사법기관은 200개가량으로 추산되며 민간기관은 최소 2,000개 정도로 추산된다. 파악하지 못한 민간기관을 모두 추정한다면 그 수는 2,000개를 웃돌 것으로 예상된다. 즉, 민간기관의 수가 사법기관의 수보다 10배 이상 되는 것이다. 따라서 사법기관에서는 이러한 지역사회의 민간기관을 기반으로 한 전환 시스템을 적극적으로 제도화하여 많은 비행청소년들에게 낙인의 문제를 줄여 주고 예방적·회복적 차원의 지원을 확대해야 할 것이다. 이렇게 지역사회의 민간기관을 기반으로 한 처우는 청소년들을 지역사회로 재통합시킬 가능성이 조금 더 크며, 청소년들에게 책임의식을 더욱 갖게 하는 효과를 가져올 수 있다.

영국의 경우 다기관 협력체계를 잘 활용하고 있는데, 청소년범죄대응팀(Youth Offender Team)은 경찰, 보호관찰국, 사회보건, 건강, 교육, 약물과 알코올 남용, 주택 문제 등을 담당하는 공무원들로 구성되어 있으며, 각 기관은 부처 간의 협력을 담당하는 공무원에 의해 관리된다. 다양한 공공단체가 함께 협력하기 때문에 포괄적인 방식으로 청소년범죄자의 욕구에 대응할 수 있는 것이다. 이러한 시스템은 가정, 학교, 지역사회를 연결하는 지역사회 중심의 적절한 전환 및 사회재통합 전략이 될 것이다(이수정 외, 2007).

5) 가족지원 프로그램 확대 및 강화

비행청소년의 다수는 빈곤가정 출신이거나 가정해체를 비롯한 가족 기능이 약화된 가정에 소속된 경우가 많다. 이로 인해 심리적 불안정이 높고 이를 해결하기 위한 수단으로 비행을 비롯한 문제적 행동에 노출되기도 한다. 현대 사회의 가족구조 및 기능의 약화 현상은 앞으로도 지속될 가능성이 크므로 비행청소년 가정에 대한 사회복지적 개입이 시급하다. 부모교육을 비롯한 부모의 양육 태도 교육 등 사회복지 서비스적 개입과 함께 정책적으로 빈곤가정을 위한 실제적인 지원이 필요하다. 가령, 빈곤가정에 대한 통합사례관리를 통해 부모의 직업훈련 및 고용지원과 생계급여의 현실적 지원 등이 그것이다. 현재의 빈곤정책은 빈곤 탈출보다는 빈곤유지의 정책이 주를 이루면서 삶의 무기력에 빠져들게 할 가능성이 크다는 비판이 많다. 사회적 자원의 효율적 배분을 위한 정책적 고려가 요구되며, 무엇보다 빈곤가정 부모교육은 교육을 받으면 현실적인 인센티브가 부여되어 이들의 교육이 활성화되도록 해야 할 것이다(초의수 외, 2021).

생각해 볼 문제

1. 청소년의 일탈행위는 성인과는 달리 비행으로 규정하고 성인범죄와는 달리 좀 더 관대하게 대하고 있다. 그러나 청소년의 흉악범죄 사건이 발생하면 형사미성년자의 연령을 지금의 14세 미만에서 13세 미만으로 낮추어야 한다는 여론이 높게 형성되었다. 형사미성년자의 연령을 낮출 경우 발생할 수 있는 악영향에 대해 논의해 보자.

2. 한국 사회는 OECD 국가에 비해 범죄 발생이 높지 않지만, 유독 성범죄에 있어서만은 예외적이다. 청소년 성범죄 발생률도 예외적이지 않은데, 최근 증가하는 청소년 성범죄와 디지털 성범죄를 비롯한 성범죄가 높은 이유에 대해 논의해 보자.

Chapter
07

고령화 문제

사회는 서로 다른 지위와 역할을 수행하는 다양한 연령계층의 인구집단으로 구성되어 있다. 한 사회의 인구구조 변화는 경제, 주택, 의료, 금융, 사회복지 등 사회 전반에 주요한 영향을 미친다. 그러므로 국가정책의 우선순위를 설정하고 장기적인 계획을 수립하기 위해서는 인구구조의 변화를 우선적으로 고찰해야 한다.

전 세계적으로 나타나는 인구구조의 가장 큰 특징은 평균수명이 연장되어 노인인구의 절대 수와 상대적 비율이 증가하고 있다는 점이다. UN의 세계인구전망에 따르면, 2000년을 기점으로 세계의 인구증가율은 둔화되고 있지만, 65세 이상 노인인구가 차지하는 비율은 1960년 5.3%에서 2000년에는 6.9%, 2015년에는 8.2%로 증가하였으며, 2030년에는 11.6%, 2060년에는 17.6%로 증가할 것으로 전망하고 있다. 이러한 노인인구의 증가 추이는 국가의 경제발전 수준과 관계없이 진행되고 있다는 데 특징이 있다.

노인인구가 증가하게 된 배경요인은 평균수명 증가(사망률 감소) 및 출산율 저하와 밀접한 관련이 있다. 저출산·고령화 현상은 의료기술 발달과 생활 수준의 향상으로 고령인구는 늘어나는 반면, 출산율 저하로 유소년인구는 줄어들면서 총인구가 감소한 데 따른 것이다. 사회가 발전함에 따라 보건의료기술이 발전하고 건강에 대한 관심과 건강 관련 서비스의 증가 및 영양, 안전, 위생환경의 개선 등과 같은 생활 수준의 획기적인 향상으로 평균수명이 증가하고 사망률이 낮아짐으로써 노인인구의 절대 수가 증가하였다. 그리고 노동력이 경제적 부와 직결되던 농경사회에서는 출산율이 높았던 데 비해, 기계가 노동력을 대체하는 산업사회로 전환되면서 소자녀(少子女) 가치관이 확산되어 출산율이 저하됨으로써 노인인구의 상대적 비율이 증가하였다.

우리나라도 1960년대 이후 산업화 과정을 거치면서 사망률과 출산율이 낮아지면서 노인인구의 절대 수가 증가하고 상대적 비율도 높아지고 있다. 이러한 인구 고령화는 출생률 감소와 맞물려 앞으로 경제성장의 잠재력을 떨어뜨리고, 국가재정과 사회보험제도의 유지 및 지속가능한 성장을 가로막는 최대 걸림돌로 떠오르고 있다.

01 ● 고령화의 정의

고령화란 전체 인구 중 노인이 차지하는 비중이 증가하는 것을 말한다. OECD 통계에 따르면, 고령화란 젊은 근로계층이 나이 든 근로계층 및 퇴직한 고령인구로 변화하는 것을 의미한다. UN은 65세 이상 노인인구가 전체 인구의 4% 미만을 유년기사회(young society), 4~7% 미만을 성년기사회(matured society), 7% 이상인 경우를 고령기사회(aged society)로 구분하였다. 또한 전체 인구 중에서 65세 이상 노인이 차지하는 비중이 7% 이상 14% 미만이면 '고령화사회'(aging society), 14% 이상 20% 미만이면 '고령사회'(aged society), 20% 이상이면 '초고령사회'(super aged society)라고 부르는데, 이러한 분류기준을 보편적으로 받아들이고 있다.

여기서는 고령화사회를 65세 인구가 전체 인구의 7% 이상인 고령사회도 포함하는 광범위한 개념으로 사용하고자 한다. 엄밀한 의미에서는 고령화사회와 고령사회를 구분하는 것이 타당하겠으나, 통상적으로 고령화사회를 노인인구의 비중이 많은 사회라고 받아들이고 있기 때문이다.

02 ● 고령화의 현황

2018년 우리나라 총인구 중 65세 이상 노인이 차지하는 비율은 14.3%(738만 명)이다. 노인인구 비율은 1970년까지 3% 수준에 불과했지만, 2000년에 7.3%, 2010년 11.2%, 2020년 15.6%, 2050년에는 38.1%(1,881만 명) 수준에 이를 것으로 전망되어 노인인구의 비율이 빠르게 증가할 것으로 예측된다(통계청, 2018b). 특히 85세 이상 초고령인구 비율은 2015년 1.0%(51만 명)에서 2030년 2.8%(147만 명), 2050년 9.8%(466만 명)로 크게 증가할 것으로 전망된다(통계청, 2016).

우리나라는 2000년대 들어 노인인구의 비율이 7.3%를 넘으면서 UN에서 규정하는 고령화사회로 접어들었다. 2018년에는 14.3%(738만 명)에 달하여 고령사회로, 2026년에는 20.7%(1,018만 명)로 전망되어 초고령사회에 진입할 것으로 추정하였다(통계청, 2016).

〈표 7-1〉에서와 같이 1970년에 100만 명에도 못 미치던 65세 이상 노인인구는 2000년에는 338만 명, 2010년에는 543만 명, 2020년에는 813만 명, 2025년에는 1,033만 명으로 지속적으로 증대할 것이다. 이와 같은 노인인구 절대 수의 증가는 전체 인구에서 차지하는 상대적 비율의 증가로 이어진다.

표 7-1 노인인구의 구성 및 추이

(단위: 천 명, %)

연도별 구분	1960	1970	1980	1990	2000	2010	2020	2030	2040	2050	2060
총인구수	25,012	32,241	38,124	42,869	46,136	48,580	51,974	52,941	52,198	49,433	45,246
65세 이상 인구	726	991	1,456	2,195	3,375	5,434	8,134	12,955	17,120	18,813	18,536
총인구 대비 노인인구 비율	2.9	3.1	3.8	5.1	7.3	11.2	15.6	24.5	32.8	38.1	41.0

출처: 통계청(https://www.index.go.kr)

문제는 우리나라 인구 고령화의 속도가 세계 어떤 국가와도 비교하기 힘들 정도로 매우 빠르게 진행되고 있다는 점이다(〈표 7-2〉 참조). 프랑스의 경우 고령화사회에서 초고령사회로 진행되는 데 154년이 소요되며, 고령화 속도가 빠르다고 알려진 일본의 경우도 36년이 소요되는 데 비하여 우리나라는 불과 26년밖에 소요되지 않을 것으로 추계되고 있다. 이와 같은 급격한 인구 고령화는 평균수명의 연장과 출산율의 감소로 인한 노인인구의 절대 수와 상대적 비율이 증가한 점이 근본적인 원인이 되겠지만, 한국전쟁 이후에 출생하여 현재 중년기에 속해 있는 베이비붐 세대가 한꺼번에 노인인구로 전환되는 것이 가장 결정적인 원인이 되고 있다.

표 7-2 주요 국가들의 인구 고령화 속도 비교

구분	도달 연도			증가 소요 연수(년)	
	고령화사회 (7%)	고령사회 (14%)	초고령사회 (20%)	고령사회 도달 (7%→14%)	초고령사회 도달 (14%→20%)
한국	2000	2018	2026	18	8
일본	1970	1994	2006	24	12
독일	1932	1972	2009	40	37
이탈리아	1927	1988	2008	61	20
미국	1942	2015	2036	73	21
프랑스	1864	1979	2018	115	39

출처: 보건복지부(2023). 고령자 통계.

특정 사회의 고령화 정도를 나타나는 데 주로 사용되는 지표로는 노인부양비(old age dependency ratio), 노령화지수(aging index), 노인 1명당 생산가능인구[3])가 있다. 노인부양비는 15세 이상 65세 미만 생산가능인구 대비 노인인구 비율로서 생산가능인구 100명이 몇 명의 노인을 부양해야 하는가를 나타내는 지표이다. 노령화지수는 15세 미만 유년인구 대비 노인인구 비율이다.

노인부양비는 1970년의 5.7%에서 점차 증가하여 2000년 10.2%, 2010년 15.4%, 2020년에는 21.8%, 2050년에는 72.6%로 증가될 것으로 전망된다(〈표 7-3〉 참조). 즉, 2000년에는 생산가능인구 10명이 1명의 노인을 부양하던 것이 2020년에는 4.6명의 생산가능인구가 1명의 노인을, 2050년에는 1.4명의 생산가능인구가 1명의 노인을 부양하게 된다. 따라서 생산가능인구의 노인부양부담이 급격히 늘어나서 사회적 노인부양부담이 가중될 것이다.

3) 생산가능인구 연령은 15~64세까지의 인구를 의미하며, 연소인구는 0~14세까지 인구, 노년인구는 65세 이상의 인구를 의미한다.

표 7-3 노인부양비 및 노령화지수 추이 및 전망

구분 \ 연도별	1970	1980	1990	2000	2010	2020	2030	2040	2050	2060
노인부양비	5.7	6.1	7.4	10.2	15.4	21.8	38.2	58.2	72.6	82.6
노령화지수	7.2	11.2	20.0	35.0	69.6	123.7	212.1	303.2	399.0	434.6
노인 1명당 생산가능인구	17.7	16.3	13.5	9.8	6.5	4.6	2.6	1.7	1.4	1.2

주: • 노년부양비 = (65세 이상 인구 ÷ 15~64세 인구) × 100
• 노령화지수 = (65세 이상 인구 ÷ 0~14세 인구) × 100
• 노인 1명당 생산가능인구 = (15~64세 인구 ÷ 65세 이상 인구)

출처: 통계청(2018b). 고령자 통계.

2016년 노령화지수는 100.1명으로, 고령인구가 유소년인구를 초과하였으며, 2018년 노령화지수는 110.5명으로 유소년인구(0~14세) 100명당 65세 이상 노인이 110.5명 수준이다. 노령화지수는 지속적으로 증가하여 2060년에는 4배 수준인 434.6명으로 증가할 전망이다(통계청, 2018b).

우리나라의 고령화 수준을 주요 선진국과 비교해 보면, 2010년 기준 고령화율과 노년부양비는 주요 선진국 수준보다 낮았지만 2040년에는 일본 다음 수준으로 높아질 전망이다. 2040년 주요 선진국의 고령화율은 2010년에 비하여 1.4~1.6배, BRICs 국가는 1.4~3.0배 정도 증가할 것으로 전망된다. 2040년의 고령화율이 2010년 대비 2배 이상 증가하는 나라는 한국(2.9배), 브라질(2.6배), 중국(2.6배), 인도(2.0배) 순으로 높을 것으로 예측된다(〈표 7-4〉 참조).

표 7-4 주요 선진국과 BRICs 고령화율

(단위: %)

구분	한국	미국	프랑스	영국	독일	일본	브라질	러시아	인도	중국
1990	5.1	12.5	14.1	15.7	15.0	11.9	4.5	10.2	3.9	5.8
2000	7.2	12.4	16.0	15.8	16.3	17.2	5.5	12.4	4.4	6.9
2010	11.2	13.1	16.8	16.6	20.8	23.0	6.9	13.1	5.1	8.4
2020	15.6	16.6	20.3	18.9	23.1	28.6	9.5	14.8	6.3	11.7
2030	24.5	20.1	23.2	21.7	28.2	30.7	13.6	18.1	8.2	16.2
2040	32.8	21.2	25.4	24.0	31.8	34.5	17.6	18.3	10.2	22.1
2040/2010	2.9	1.6	1.5	1.4	1.5	1.5	2.6	1.4	2.0	2.6

출처: 통계청(2016). 장래인구추계: 2015~2065년.

03 고령화의 원인

한국 사회의 급속한 고령화의 원인은 평균수명의 연장뿐만 아니라 베이비붐 세대의 급속한 고령화와 급격한 출산율의 하락이 근본적인 원인이다.

1) 평균수명의 연장

우리나라 국민의 평균수명이 선진국 수준까지 늘어나게 된 것은 경제 발전에 의해 국민들의 영양 상태가 양호해지고, 건강에 대한 관심이 높아졌으며, 보건의료 수준이 향상됨에 따라 사망률이 현저히 낮아졌기 때문이다.

우리나라 사람들의 평균수명은 〈표 7-5〉에서 보는 바와 같이 1960년에 52.4세였으나, 1980년 66.1세로 증가하였고, 2000년에는 76.0세에 이르렀다. 2010년 남자 76.8세, 여자 83.6세로 평균 80.2세에 달해 이미 평균수명이 80세를 상회하였다. 이러한 평균수명의 연장에 근거할 때 '인생은 60부터'라는 말은 옛말이 되었으며, '인생은 70부터'라는 말이 이미 현실이 되었고, 앞으로 '인생은 80부터'라는 말이 현실화될 것으로 보인다. 평균수명의 증가는 노인인구의 절대 수와 상대적 비율의 급증으로 이어지고 있다.

2017년에는 남자의 평균수명은 79.7세, 여자는 88.7세로 남녀 간의 평균수명 차이는 6.0세로, 1980년에 비해 2.5세, 2000년에 비해 1.4세 감소하였다. 이는 남자의 사망률 감소 속도가 여자보다 빠르기 때문인 것으로 분석된다. 향후 남녀 간 평균수명의 차이는 2030년 5.1세, 2050년 3.9세로 점차 줄어들 전망이다(통계청, 2018b).

표 7-5 평균수명의 추이

구분 \ 연도별	1960	1970	1980	1990	2000	2010	2020	2030	2040	2050
평균	52.4	62.3	66.1	71.7	76.0	80.2	83.5	85.2	86.9	88.3
남성	51.1	58.7	61.9	67.5	72.3	76.8	80.5	82.7	84.7	86.3
여성	53.7	65.8	70.4	75.9	79.7	83.6	86.5	87.8	89.1	90.2

출처: 통계청(https://www.index.go.kr)

2) 출산율 저하

2023년 기준 우리나라의 합계출산율(Total Fertility Rate: TFR)[4]은 0.72명으로, 출생통계 작성(1970년) 이래 최저치를 기록하였다. 이러한 합계출산율 수준은 세계적으로도 가장 낮은 수준이다. 인구 1,000명당 출생아수인 조(粗)출생률 역시 4.9명으로 통계

4) 합계출산율이란 출산 가능한 여성의 나이인 15~49세까지를 기준으로, 한 여성이 평생 동안 낳을 수 있는 자녀의 수를 나타낸다. 국가별 출산력 수준을 비교하는 주요 지표로 이용되는데, 2가지 방법으로 산출된다. 먼저 일반적으로는 연령별 출산율의 합계, 예를 들어 지난해 만 30세 여성이 낳은 아이의 수를 전체 만 30세 여성의 수로 나누어 연령별 출산율을 산출한 다음, 이렇게 계산한 각 연령별 출산율을 모두 더하면 합계출산율이 된다. 다른 하나는 5세 계급으로 계산된 연령별 출산율에 5를 곱하는 방식인데, 이들 간의 관계를 공식화하면 '합계출산율 = 연령별 출산율의 합 = Σ5세 계층연령별 출산표 × 5'가 된다. 이 경우 전체 여성 수는 미혼·기혼을 구별하지 않기 때문에 한국과 같이 혼인이 출산의 전제조건으로 작용하는 국가에서는 미혼여성이 늘어날수록 출산율이 떨어진다.

작성을 시작한 1970년 이래 최저치를 기록하였다.

1960년에 6.0명이나 되었던 합계출산율은 강력한 가족계획정책과 급속한 경제성장에 따라 빠르게 하락하여 1970년 4.53명, 1980년 2.83명, 1990년 1.60명, 2000년 1.47명, 2020년 0.84명, 2023년 0.72명을 기록하며 2025년 0.65명으로 떨어질 것으로 예측하고 있다(〈표 7-6〉 참조).

표 7-6 조출생률과 합계출산율 추이

구분 \ 연도별	2012	2013	2014	2015	2016	2017	2018	2019	2020	2021	2022	2023
조출생률	9.6	8.6	8.6	8.6	7.9	7.0	6.4	5.9	5.3	5.1	4.9	4.5
합계출산율	1.30	1.19	1.21	1.24	1.17	1.05	0.98	0.92	0.84	0.81	0.78	0.72

출처: 통계청(https://www.index.go.kr)

합계출산율의 감소는 한국만의 특수한 현상이 아닌 산업화사회에서 보편적으로 나타나는 현상이다. 다만 한국의 합계출산율의 감소 정도가 최근 들어 선진국보다 빠르게 저하되고 있다는 점이 문제이다.

저출산의 원인에는 다음과 같은 여러 요인이 있다(김승렬 외, 2003).

① 산업구조의 변화
② 여성의 고학력화
③ 여성의 사회참여 증가
④ 만혼과 비혼
⑤ 육아환경과 교육환경
⑥ 여성의 라이프 스타일의 변화
⑦ 가부장적 전통
⑧ 피임기술의 발달
⑨ 경제불황

특히 최근의 저출산의 원인은 29~33세 사이인 주 출산인구가 감소하는 데다 미혼인구가 늘고 있고, 기혼자는 초혼 연령이 높아지면서 둘째 아이를 낳는 사람이 줄어들고 있기 때문이다.

3) '베이비붐' 세대와 인구 고령화

현재 우리나라의 인구구조는 1950년대 중반에서 1970년대 전반에 출생한 '베이비붐' 세대가 40~50대의 중간 연령층을 두텁게 차지하고 있다. 이들 '베이비붐' 세대가 노인층에 접어들게 되는 2020년 이후로 본격적으로 진행되고 있다. 이는 중위연령(median age)의 변화 추이를 살펴보면 알 수 있다. 1990년 우리나라의 중위연령은 27.0세였으나 2010년에는 37.9세로 10.9세 증가했으며, 2030년에는 49.8세가 되어 1990년보다 21.8세가 높아질 것으로 예측된다(〈표 7-7〉 참조).

표 7-7 성별 중위연령

구분 \ 연도	1960	1970	1980	1990	2000	2010	2020	2024	2030	2040	2050
전체	19.0	18.5	21.8	27.0	31.8	37.9	43.6	46.3	49.8	54.6	57.9
남자	18.2	17.9	21.2	26.3	30.8	36.8	42.2	44.9	48.5	52.9	56.5
여자	19.8	19.2	22.4	27.7	32.7	39.0	45.1	47.7	51.2	56.3	59.5

출처: 한국여성정책연구원(2024). 통계DB조회.

특히 한국의 1차 베이비붐 세대는 한국전쟁 이후 출산율이 급증한 시점(1955년)에서부터 산아제한정책의 도입을 통해 눈에 띄게 출산율이 둔화되는 시점(1963년)까지 9년의 기간 동안 출생한 세대를 지칭한다. 베이비붐 세대의 규모는 713만 명 정도로 추정되고 있으며, 전체 인구 중 14.6%를 차지하고 있다. 현재 50세 중반에서 65세의 연령대에 걸쳐 있는 베이비붐 세대가 향후 본격적인 퇴직과 은퇴의 과정을 겪게 될 것으로 예상된다. 이들은 기존의 노인세대에 비해 경제적으로 여유가 있고, 교육 수준이 높으며, 다양한 대중문화와 경제사회적 성장을 동시에 경험한 세대이기 때문에 노인복지의 새로운 정책전환이 필요한 시점이다.

04 고령화의 사회적 영향

급속한 고령화는 노인 문제에 대처할 시간이 그만큼 부족하다는 것을 의미한다. 현재 고령사회인 여러 선진국의 인구 고령화는 장시간에 걸쳐 서서히 진행되어 왔기 때문에 연금·의료보장 등 정책적 대비를 할 시간적 여유가 있었다. 그러나 우리나라는 지금까지 경험하지 못한 속도의 급격한 고령화가 진행되고 있어 정책적 대비를 할 수 있는 시간적 여유가 부족하기 때문에 다양한 문제를 야기하고 있다.

인구의 고령화는 노인복지시설이나 서비스의 부족뿐만 아니라 세대 간 갈등 등 경제 전반에 걸친 문제를 야기한다. 또한 사회적으로도 노인부양의 부담 증가와 보호문제, 의료비용과 연금부담의 급증, 주택과 생활환경, 고용과 여가 문제 등 각 부문에 커다란 영향을 미친다.

1) 경제 성장의 둔화

인구 고령화가 사회경제에 주는 충격은 적지 않다. 저출산·고령화 현상은 장기적으로는 인구의 감소와 경제활동인구의 감소로 이어진다. 노동인구의 감소는 경제활동의 둔화를 가져오고, 노인인구의 증가는 사회보장제도를 통한 이전 소득의 규모가 확대되어 공적·사적 부담이 증가하게 된다. 사회보장제도는 선세대에 대한 후세대의 이전소득에 의해 부양된다. 저출산은 각종 연금재정의 각출금의 감소를 가져와 연금재정을 악화시킨다. 또한 국민의 연금부담률을 높여 가계를 압박하여 수요를 축소하고, 이로 인해 경제성장을 둔화시킨다. 이러한 현상은 이미 복지선진국에서 경험한 바 있다(김응렬 외, 2003).

한국개발연구원(2002)에 따르면, 급속한 인구 고령화는 향후 경제성장의 필수요소인 노동력의 양과 질을 감소시키고 생산적 자본축적을 저해하여 성장잠재력을 약화할 것이라고 경고하고 있다. 우리나라는 1990년대 평균 5%대의 경제성장률을 기록하였고, 2000년대에도 3~4%의 경제성장률을 보였다. 그러나 고령화가 심화되는 2010년 이후부터는 총 저축률 및 취업자 증가율의 감소 등으로 경제성장률이 점차 하락하여 2050년에는 1.0% 수준까지 떨어질 것으로 예상된다(〈표 7-8〉 참조).

이러한 경제성장의 둔화는 인구 고령화 자체보다는 연금·의료제도와 노동시장의 구조 등 기존의 제도가 새로운 인구 변화 상황에 적합하지 못하기 때문에 발생한다. 따라서 인구 고령화가 경제성장에 미치는 영향은 제도 개선의 노력과 의지에 따라 유동적이다.

표 7-8 경제지표의 실적과 전망

연도	총 저축률	취업자증가율	경제성장률
2000	32.4	4.3	9.3
2010	34.3	0.8	4.1
2020	34.4	△0.4	3.1
2030	29.2	△0.4	2.2
2040	24.2	△1.2	1.3
2050	22.1	△1.6	1.0

출처: 한국개발연구원(2002). 2002 연차보고서.

2) 고용과 노동시장의 변화

인구 고령화는 노동력의 양적·질적 변화뿐만 아니라 산업구조 변화 등과 맞물려 임금이나 정년제 등의 고용 관행 전반에도 영향을 미친다. 먼저 급속한 저출산과 고령화는 노동력의 규모를 감소시키고, 이에 따른 청년인구의 감소는 환경 변화에 대한 적응력과 노동생산성의 저하 등 성장잠재력을 훼손시킨다. 2017년 우리나라 55~59세

고용률은 72.6%, 60~64세 60.6%, 65~69세 45.5%, 70~74세 33.1%로, 지속적으로 증가하는 추세이다(통계청, 2017). 우리나라 55~59세 고용률은 EU 28개 국가 중 11번째 수준이다. 그러나 연령이 높아질수록 EU 국가보다 높아져, 60~64세 고용률(60.6%)은 EU 28개 국가 중 2번째, 65~69세(45.5%)와 70~74세(33.1%) 고용률은 EU 28개 국가보다 월등히 높다(OECD STAT). 반면에 전체 취업자 중 20~30대 인구의 비중은 2000년 36%에서 2010년 34%, 2020년 26%, 2030년에는 23.3%까지 줄어들 전망이다(통계청, 2017).

저출산·고령화에 따른 노동력 감소로 인한 경제성장률 둔화에 대한 해결은 노인과 여성의 노동력을 탄력적으로 대응함으로써 어느 정도 완화할 수 있다. 그러나 노인과 여성의 노동시장에의 유인은 사회환경의 정비가 우선되어야 한다. 노인의 노동시장 참여가 용이하도록 취업 형태의 유연성과 실버산업의 활성화 및 사회적 지원 정책의 제도화가 선행되어야 한다. 여성이 육아와 취업활동을 양립할 수 있는 출산·양육에의 지원, 보육산업의 활성화, 가사 및 보육의 사회화 등의 취업 환경의 개선으로 노동시장에 참여하기 쉬운 여건 조성이 필요하다. 현재 정부에서는 출산장려책을 강구하고 있으나, 출산은 사적 영역으로 국가정책이 개입하여 출산율을 높이는 데에는 한계가 있다. 출산과 육아비용에 대한 기회비용과 특히 사교육비 부담에 대한 대책, 육아와 취업활동을 양립할 수 있는 제도적 장치가 여성의 출산율을 높이고 노동시장 참여에 변화를 줄 수 있는 요인이다.

3) 세대 갈등의 심화

인구 고령화는 사회보장과 세금의 부담을 증가시켜 결과적으로 사회적 노인부양비의 상승을 초래한다. 우리나라의 급속한 고령화 속도에 비추어 볼 때 노인부양을 위한 후세대의 부담과 비용 증가속도는 OECD 국가 중 가장 빠를 것으로 예상된다. 더군다나 경제성장 둔화로 인해 총소득이 감소하는 상황에서 연금의 분배를 둘러싼 세대갈등이 심화될 것으로 예상된다. 이러한 세대갈등은 공적 사회보장제도 자체의 정당성에 대해 의문이 제기될 수 있으며, 사회보장제도의 지속가능성마저도 위협받을 수 있다.

고령화가 급속하게 진행되고 있는 우리나라에서 세대갈등의 핵심은 '의료비와 연금, 일자리'에 있다. 의료비, 연금, 일자리를 놓고 고령 세대와 젊은 세대가 서로 다른 견해와 입장을 보일 수밖에 없는 상황이 이어지는 것이다. 일부에서는 왜 젊은 세대가 당하고만 있는지 이해가 가지 않는다고 말하기도 한다. 지금과 같은 제도와 시스템이 지속된다면 현재의 우리나라 젊은 세대들 역시 고령 세대가 남겨 놓은 부채와 먹다 남은 음식 설거지만 해야 하는 미래가 거의 확실하기 때문이다.

실제로 현재의 젊은 세대들은 잡 푸어(job poor)에서 시작해 워킹 푸어(working poor), 하우스 푸어(house poor),[5] 메디컬 푸어(medical poor, 의료 푸어)를 거쳐 은퇴한 후에는 연금도 부족한 연금 푸어(pension poor)로 살다가 갈 가능성이 매우 크다. 일본의 젊은 세대들과 마찬가지로 우리나라의 젊은 세대들도 부모세대보다 못사는 첫 세대가 될 것이다. 온갖 푸어란 푸어는 다 겪을 세대로 우리나라의 젊은 세대는 미래 자체가 암울하다고 말해도 지나친 과장은 아닐 듯싶다.

청년실업률의 상승 또한 여러 가지 면에서 세대갈등을 불러오고 있다. 4차 산업혁명이라는 거스를 수 없는 글로벌 흐름에 따른 일자리 감소는 어떻게 할 수 없어도 국내적으로 갑작스러운 정년연장의 시행은 청년들의 취업을 더 어렵게 만들고 있다. 2013년 5월 그간 권고조항으로 되어 있던 정년을 의무조항으로 바꾸면서 60세로 연장하는 법안이 통과되었다. 이에 따라 2016년부터 공기업과 상시근로자 300인 이상 사업장에 적용되었고, 2017년부터는 국가 및 지방자치단체, 상시근로자 300인 미만 등 전 사업장에 적용되어 실시되었다. 당시 노동시장에서의 충격 및 청년고용 감소를 완화하기 위해 정년연장을 단계적으로 실시해야 한다는 주장도 있었지만 묻히고 말았다.

세대갈등이 폭발하기 전에 '의료비와 연금, 일자리' 등에서 보다 합리적인 사회적·국가적 합의를 만들어 내야 할 것이다. 젊은 세대들을 위해서만이 아니라 고령 세대를 포함한 우리나라의 지속가능한 미래를 위한 사회적·국가적 과제이다.

---

5) 여기에서는 집을 보유하고 있지만 무리한 대출로 인한 이자 부담 때문에 빈곤하게 사는 사람들을 가리키는 말이 아니라 아예 내 집을 가져볼 엄두도 못 내는 빈곤층을 뜻한다.

4) 공공재정수지의 악화

고령화에 따른 노동인구의 감소와 경제성장의 둔화로 조세 및 사회보장기여금 등의 수입은 지속적으로 감소할 것이다. 반면에 노인인구의 증가로 인한 연금수급자의 증가와 의료비 보장 및 사회복지 서비스 등 사회보장 지출은 증가할 수밖에 없다.

2022년 국민건강보험 가입자 중 65세 이상 노인의 진료비 증가 추이 역시 상승하고 있다. 노인들은 다른 연령층과 비교하여 유병률이 2~3배 정도 높으며, 만성질환으로 인해 많은 의료비를 지출하고 있다. 노인의 국민건강보험 이용 현황을 보면, 1인당 의료비는 4,544,000원으로, 64세 이하 일반 의료비 1,523,000원에 비해 3배 정도 높은 편이다. 수진율, 건당 진료일 수와 진료비, 내원일 수 등의 모든 건강보험의 노인의료비 관련 주요 지표가 지속적으로 증가하는 것으로 나타났다. 65세 이상 노인 의료비는 2010년 12조 7,847억 원이었으나, 매년 12.6%p 증가하여 2022년에는 전체 의료비의 42.0%를 차지하였다(국민건강보험 빅데이터실, 2023.08).

이러한 노인의료비의 증가 추이는 지속적으로 이어져 국민건강보험 재정에 부담이 될 전망이다. 「고령사회를 대비한 노인의료비 효율적 관리방안」이라는 보고서에서 65세 이상 의료비 총액이 2015년 21.4조 원에서 2030년 91.3조 원으로 증가할 것으로 추산하였다. 노인 1인당 의료비도 2015년 362만 원에서 2030년에는 760만 원으로 2배가 넘을 것으로 내다보았다. 이와 함께 건강보험 재정 안정성도 불안하다. 특히 건강보험 지출액 중 노인의료비 비중이 2018년 39.9%로 2019년 40%를 넘어서고 2025년이면 49.3%까지 급증할 것이라는 예상이다. 이러한 상황이라면 앞으로 국민건강, 특히 고령자는 물론 젊은 계층을 포함한 국민들의 건강을 누가 어떻게 지킬 것인가를 심각하게 고민해야 할 것이다.

가입자 수가 2,100만 명이 넘고 있는 우리나라의 국민연금은 2060년에 기금이 고갈될 것이라고 추정한다. 어떤 연구자는 기금고갈이 2055년으로 당겨질 것이라는 보고서를 내놓기도 하였다. 그만큼 기금고갈이 앞당겨지면 앞당겨졌지 뒤로 늦춰지지는 않을 것이라는 게 대체적인 견해이다. 그렇다면 현재의 50대 이상들은 제대로 국민연금을 받을 수 있겠지만 20~30대 미만 세대들이 막상 은퇴할 때가 되면 국민연금 수

령액이 크게 줄어들 수밖에 없을 것이다. 정부라도 부자여서 정부재정으로 메워줄 수 있다면 다행이지만 그럴 가능성 또한 극히 낮다고 할 수 있다.

여기다 공무원연금과 군인연금은 이미 적자 상태에 빠져 있다. 기획재정부의 「2017 회계연도 국가결산」 자료에 따르면 2017년 국가부채는 1,555.8조 원으로, 이 중 연금충당부채가 845.8조 원(54.4%)에 달했다. 연금충당부채는 공무원과 군인 퇴직자 및 예비퇴직자에게 미래에 지급할 연금액을 추정한 뒤 이를 현재 가치로 환산한 금액이다. 정부가 직접 빌린 돈은 아니지만 연금 조성액이 지급액보다 부족하면 세금으로 메워야 하므로 연금충당부채가 늘어날수록 미래의 국민 및 국가의 부담이 가중된다는 의미이다.

이 같은 점에서 공무원을 계속 늘리는 것이 당장의 일자리 증가에는 도움이 될지는 모르나 미래 세대에 큰 부담이 될 것이라는 점은 자명한 일이다. 결국 공적 연금 분야에서 미래 세대에게 부담을 적게 넘겨 주려면 무엇을 해야 할까? 국민연금과 함께 공무원연금과 군인연금 보험료는 더 내고 연금수령액은 덜 받는 것은 물론, 수령나이도 계속해서 높여 나가야 할 것이다. 아울러 국민연금과 공무원연금·군인연금을 일본처럼 통합하는 등의 과감한 개혁에 하루빨리 나서야 할 것이다.

표 7-9 국민건강보험 진료비* 현황(65세 이상)

구분	2016	2017	2018	2019	2020	2021	2022
전체 진료비	646,623	696,271	779,141	857,938	868,339	934,984	1,029,770
65세 이상 진료비(억 원)	245,643	271,357	311,179	347,251	365,320	396,491	432,348
구성비	38.0	39.0	39.9	40.5	42.1	42.4	42

* 진료비는 심사실적 기준의 건강보험 요양급여 비용임.

출처: 건강보험심사평가원 빅데이터 개방포털(https://opendata.hira.or.kr)

5) 가족 기능의 약화와 부양 부담의 증가

노인인구의 증가는 이들에 대한 사회적 부양 및 보호 부담을 증가시킨다. 우리나라 농경사회의 전통적인 노인부양은 가족과 자녀, 특히 장남에게 책임이 있는 것으로 간주되어 노인은 가족과 함께 살면서 부양과 보호를 받아왔다. 그러나 산업화에 따른 핵가족화, 출생률의 감소, 여성의 사회참여 증가 등에 따라 노인부양에 대한 가치관이 변화하면서 노인부양은 이제 가족과 사회의 공동책임이라는 인식으로 바뀌고 있다. 이러한 인식 변화는 개인의 생애주기에 걸친 다양한 복지욕구의 증가와 함께 새로운 형태로 사회적 부담을 증가시킨다.

의료기술의 발달과 생활 수준의 향상은 평균수명을 신장시켰지만, 한편으론 장기요양을 필요로 하는 노인인구의 급증을 초래하였다. 대다수 노인들은 심신기능의 저하로 만성적 질병과 장애로 인해 일상적인 활동에 지장을 받고 있다. 노인의 유병률은 전체 인구보다 2배 정도 높게 나타나고 있으며, 만성퇴행적 질병구조로 인하여 노인의 질환은 완치가 어려운 경우가 많다. 보건복지부(2009)의 실태조사에 따르면, 65세 이상 노인 중에서 81% 정도가 의사의 진단을 받은 한 가지 이상의 만성질환을 앓고 있으며, 평균 만성질환 수는 1.9%에 이르는 것으로 나타났다. 이로 인해 많은 노인들이 일상생활에 지장을 받고 있다.

신체적·정신적 의존성을 지닌 노인인구의 증가로 인해 노인의료비 및 간병비가 증가하고 사회적·국가적 부담이 가중되고 있다. 이러한 추세는 계속될 전망이다. 따라서 퇴행성 만성질환과 심신장애를 가진 허약한 노인에 대한 재가노인복지 서비스와 시설보호 등의 장기보호 욕구가 크게 증가하고 있다.

05 고령화사회를 대비한 정책대안

출산율 저하가 고령화 시대의 계속적인 경제성장과 활력 있는 사회건설에 큰 지장을 초래한다는 관점에서 정책적 대응방안을 제시해 보고자 한다. 인구가 늘지도 줄지도 않는 대체출산율(합계출산율 2.1명)까지 올리는 것은 어렵겠지만, 최소한 OECD 평균인 1.6명 수준으로 출산율을 끌어올려야 할 것이다. 이를 위하여 첫째는 무엇보다도 가임여성의 자녀출산을 촉진할 수 있는 다양한 시책(복지·노동·주택·교육 등)을 강구해야 한다. 둘째는 이와 병행하여 현재 경제활동 참여가 크게 낮은 여성과 고령인력에 대한 활용방안을 강구해야 한다.

먼저, 아이를 낳지 않는 주된 이유는 출산과 양육이 힘들고 경제적 부담도 너무 크다는 데 있다. 따라서 출산과 양육을 개인적인 문제로 돌리기보다 사회공동의 문제로 보아 관심과 지원을 아끼지 않아야 한다. 출산에 따른 의료 서비스와 유아 양육에 따른 부담의 상당 부분을 국가가 사회보험이나 예산을 투입하여 지원하여야 한다. 아울러 심각할 정도로 높은 이혼율을 낮추어 가정해체를 막는 방안이 필요하다. 가정과 가족의 중요성을 깊이 인식하게 하는 정신교육을 체계화하고 전문적인 상담서비스와 화합 프로그램 등 가족화합 및 이혼 예방대책을 실시하여 아이 출산 증가는 물론, 태어난 아이들이 제대로 성장할 수 있도록 해야 한다. 또한 누구나 걱정하는 사교육비 부담을 획기적으로 줄이는 방안도 강구해야 출산을 촉진하는 요소가 될 수 있다.

건전한 성교육을 통하여 생명의 존엄성을 깊이 인식하여 높은 수준의 낙태를 과감히 줄여 나가야 한다. 특히 성감별에 의한 여아 낙태 등은 엄격히 방지하도록 감독과 교육을 병행하여야 한다. 또한 미혼모 등에 의하여 입양기관에 맡겨지는 아이들의 입양을 촉진할 수 있는 사회적 인식의 변화와 아이를 직접 출산하는 경우와 차등 없는 제도적 지원이 있어야 한다. 이렇게 해야 우리나라가 세계에서 제1의 영아 수출국이라는 오명도 벗고 출산율 저하 폭도 줄이는 효과가 있을 것이다.

두 번째 대안으로 여성과 고령인력의 활용을 확대하는 방안이다. 2018년 말 기준 OECD 30개 회원국 중에 한국의 여성 경제활동 참가율은 54.7%로, 세 번째로 낮다. 이는 OECD 국가의 평균 61.3%에 6.6%p나 떨어지는 것이다. 한국보다 낮은 나라는 터키(26.7%), 멕시코(43.4%) 등 2개국에 불과하였다. 15~64세 여성인구 중 취업자 비중인 여성고용률 역시 53.2%로, OECD 평균 57.5%에 못미쳐 24위에 랭크되었다(OECD STAT). 또한 20대 후반에서 30대 전반에 이르는 가임적령기 여성의 경제활동참가율이 크게 떨어지는 후진국형 구조를 보이고 있다. 21세기의 지식정보화시대에서 섬세함과 다양성 등 여성인력의 강점과 활용의 필요성이 절실하나, 우리의 우수한 여성인력은 노동시장 유입도 적고 임신과 출산 등에 따른 고용단절도 커서 상당 부분 사장되고 있다. 여성의 경제활동 참여 증가는 노동 공급 증가를 통해 1인당 국내총생산(GDP)을 증가시키는 것은 물론, 대표적 소득 불평등 지수인 지니계수를 떨어뜨리는 것으로 조사된 바 있다.

고령화사회에서 고령인력의 활용은 사회복지적인 관점뿐만 아니라 경제적인 관점에서도 매우 중요하다. 그러나 연공서열체계에 의한 임금구조와 경제위기 이후의 구조조정 등에 따라 중장년층의 실업률 증가와 재고용 문제가 중요한 해결과제로 대두하고 있다. 이를 위하여 먼저 생산성에 따른 임금 등 임금구조를 합리적으로 조정하여 고령자의 고용에 따른 사업주 부담을 줄여 나가야 한다. 또한 지속적인 능력 계발을 적극 실시하고 체계적인 전직 프로그램을 마련하며, 고용장려금 등 각종 인센티브를 부여해 나가야 한다. 또한 일정 연령까지는 일률정년제를 적용하고 이후부터 일정 기간 동안 조건부 정년 기간을 설정하는 부분 정년제도(임금피크제나 임금조정옵션제 등)의 도입 및 확대가 필요하다.

저출산·고령화사회에서 노인은 부정적인 이미지와 사회부담을 주는 계층으로 초점이 맞추어져 있으나, 가족이나 타인의 도움 없이 자립하는 노인인구도 점차 증가하고 소비계층으로서 경제활성화에 도움을 주는 긍정적인 측면의 확산과 고령자의 자립을 위한 노동참여 등의 사회적 지원에 대한 정책적 고려가 필요하다(정헌주 외, 2020).

생각해 볼 문제

1. 노인 문제와 관련된 이론 가운데 우리나라의 실정과 가장 관련이 깊은 것은 무엇인지 논의해 보자.

2. 노인 문제 해결방안 가운데 도입이 가장 시급한 것은 무엇인지 논의해 보자.

3. 노인에게 적합한 일자리 유형에는 어떠한 것이 있는지 설명해 보자.

4. 우리 사회에서 적절한 노인의 연령을 생각해 보자.

5. 현재 실현 가능한 노테크 방안은 무엇인지 설명해 보자.

Chapter

08

가족 문제

가족 문제와 사회복지제도의 발달 사이에는 상관관계가 존재한다. 산업사회 이전에는 가족이나 친족공동체, 촌락공동체 등의 여러 사회제도에 의해 사회적 재생산(가족구성원의 보호와 보장 기능)이 이루어졌다. 그러나 사회적 재생산 기능은 산업화와 도시화를 거치면서 대부분 상실되었다. 상실된 가족이나 친족 및 촌락공동체의 기능을 국가가 대신하면서 사회복지제도가 발달하였다. 이러한 사회복지제도의 발달은 산업화를 경험하고도 한참 지난 1990년대 후반, IMF 경제위기 이후 이루어지기 시작하였다. 한국사회는 IMF 경제위기 이전까지 '권위주의적 개발국가'의 이념 아래 "최선의 복지는 경제성장과 가족이라는 사고가 지배적"이었던 것이다(이혜경, 2004). 전통적으로 가족에 대한 헌신과 유대가 강한 사회였기에 가족은 오랫동안 가족구성원의 일차적인 복지 책임을 떠맡아 왔던 것이다.

2000년대에 들어서면서 한국 사회의 가족은 일찍이 상상조차 할 수 없었던 여러 가지를 경험하면서 크게 흔들렸다. 그중에서도 저출산과 고령화의 급속한 진전은 사회 전반적으로 가족에 의한 부양과 돌봄에 대한 불안감을 증폭시켜 아동과 노인의 사회적 부양에 대한 기대감을 상승시켰으며, 또한 한 집안의 기둥으로서 가족을 부양해 온 남성 가장의 실업 등으로 이혼율이 상승하는 가운데 학부모 가족 문제 등이 심각하게 부각되기에 이르렀다. 이러한 것들은 당시 '가족위기'로 인식되어 각계각층에 높은 관심을 불러일으켰으며, 종내에는 '가족'에 대한 지원이 공공의 장에서 거론되기 시작하였다.

이러한 흐름 속에서, 최근 우리 사회에서는 가족이 담당해 왔던 복지 제공자로서의 기능을 국가의 사회복지제도가 대체함으로써 가족의 복지 부담이 조금씩 경감되고 있는 추세이다. 그렇지만 사회복지제도의 수준이 가족과 사회의 변화로 인한 다양한 가족 문제를 해결하기에는 역부족인 실정이다. 그 결과, 21세기를 살아가는 한국 사회 가족의 모습은 너무나도 비참하다.

다음의 글을 통해서 지금 우리 사회 가족의 모습을 엿보기로 한다.

무언가족

21세기 대한민국, 즐거운 우리 집이 사라지고 있다. 집에 들어서는 순간 입을 닫아버리는 사람들, 힘이 되는 말이 아닌 서로를 할퀴고 상처 주는 말만 주고받다 결국 대화를 포기해버린 가족들, 일명 무언 가족(無言家族)이 늘어나고 있는 것이다. 장기화된 경기침체로 인한 중산층의 몰락, 해가 갈수록 심각해지는 청년실업과 인구 노령화 등 시대가 앓고 있는 수많은 병폐들은 조금씩 가족의 울타리를 무너뜨렸다. 그렇게 붕괴되기 시작한 가족은 더 이상 아늑한 안식처도, 든든한 버팀목도 아닌 또 다른 상처이자 떨쳐낼 수 없는 짐이 되고 말았다.

출처: SBS 스페셜(2012.11.4.). 무언가족 2-1부: 기획의도; 김지미 외(2020). 사회문제론. 재인용.

가족과는 직접적으로 관련이 없는 '청년실업과 인구노령화' 등 현대 사회의 거시적인 사회구조와 관련된 문제들로 인해 '가족'이 무너지고 있다. 가족구성원들은 서로가 서로에게 '힘'이 되기보다는 '짐'이 되고 있는 것이 21세기 대한민국의 가족 단면이다. 그렇다면 가족이 서로에게 '짐'이 아니라 '힘'이 되고 안식처가 되기 위해서는 어떻게 해야 할까?

여기에서는 가족 및 가족 문제의 개념 정의를 통하여 가족 문제를 이해하고, 이러한 가족 문제를 보는 이론적인 관점을 살펴본 후에 한국 사회 가족의 변화 양상과 가족 문제의 현황을 알아보고, 가족 문제에 대한 사회복지적인 대책을 제시하고자 한다.

01 가족 및 가족 문제의 이해

1) 가족의 정의

가족은 시대와 문화를 초월하여 모든 사회에서 존재하는 보편적인 제도(institution)이나 그 존재방식은 시대나 문화에 따라서 다르다. 가족에 대한 정의는 지금까지 다양하게 시도되어 왔지만, 존재방식의 다양성과 연구자의 관점 차이로 인해 보편타당하고 합의된 개념 정의에는 이르지 못하고 있다. 일반적으로는 가족이란 혼인, 혈연, 입양 등으로 한 집안을 이룬 사람들의 집단으로서 사회의 가장 기본적인 단위를 말한다.

가족에 대한 개념 정의를 구체적으로 살펴보면, 전통적인 관점에서 접근한 머독(Murdock, 1949: 김지미 외, 2020 재인용)은 가족을 '부부와 출산자녀 및 입양자녀로 구성된 형태로 주거를 함께하고 자녀 재생산 및 공동가계를 이루고 경제적으로 협력을 하는 사회집단'이라고 정의하였다. 이와 비슷한 맥락이지만, 유영주(1993)는 가족을 '부부와 그들의 자녀로 구성되는 기본적 사회집단으로서 이들은 이익관계를 초월한 애정적 혈연집단이며, 같은 장소에서 기거하고 취사하는 동거동재 집단이고 그 가족만의 고유한 가풍을 갖는 문화집단이며 양육과 사회화를 통하여 인격 형성이 이루어지는 인간발달의 근원적 집단'이라고 정의하였다. 이러한 전통적인 관점에서의 가족에 대한 정의는 '그러한 조건을 충족하지 않지만 가족으로 분류되는 다양한 형태의 가족, 즉 자녀가 없는 부부가족, 부모가 없는 형제자매가족이나 조손가족 등은 어떻게 할 것인가?' 하는 문제에 봉착하게 된다.

이에, 가족 개념의 보편적인 정의를 지향하였던 일본의 가족사회학자인 모리오카·기요미는 '가족이란, 부부·부모자녀·형제 등 소수의 근친자를 주요 구성원으로 하여 구성원 서로의 깊은 감정적 유착으로 맺어진 제1차적인 복지 추구의 집단'으로 정의하였다. 이 정의는 가족구성원의 측면(정의의 전반부), 상호작용의 측면(정의의 중반부), 기능의 측면(정의의 후반부)에서 가족의 기본적인 성격을 요약한 것으로서, 전통적인 관점에서의 정의보다는 진일보한 가족 개념 정의로 보인다. 그러나 이 정의를 시대와 문화를 초월한 보편적인 가족 개념으로 보기에는 무리가 있다. 정의의 중반부에 제시되어 있는 '구성원 서로의 깊은 감정적 유착'이라는 것을 가족의 통시대적인 특징이라 할 수 있을지 의문을 제기하지 않을 수 없다. 고대나 중세의 가족은 주로 생명과 재산을 지키고 종족을 보존하는 등의 기능을 수행하였고, 가족구성원의 의식이나 감정까지는 깊게 파고들지 않았다. '구성원 서로의 깊은 감정적 유착'이라는 것은 근대 서구사회의 가족에서부터 시작되어 현대의 가족에게까지 이어지는 고유한 이념적 특징이라 할 수 있다. 따라서, 이 가족 개념 역시 시대와 문화를 초월한 보편적인 정의라고는 볼 수 없다.

이렇게 볼 경우, 시대와 문화를 초월하여 우리 인류사회에 나타나는 다양한 형태의 가족과 그러한 가족이 수행하고 있는 다양한 기능들을 망라하여 포괄적으로 적용할 수 있는 보편타당한 가족 개념의 정의는 어려운 작업이다. 이 때문에, 오늘날 대부분의 가족 관련 학자들은 보편적으로 적용 가능한 가족 개념을 정의하기보다는 실제로 가족이 존재하는 그대로의 생활양식을 중심으로 가족 현상에 접근할 필요성을 강조하고 있다(남일재 외, 2010; 최선화 외, 2008).

2) 사회문제로서의 가족 문제

가족 문제란 좁게는 '가족공동체에서 일어나는 문제로서, 통상적으로 가족집단 혹은 가족구성원이 직면하여 해결을 요청하게 되는데, 방치하면 가족 기능의 장애나 일탈 현상 또는 병리적 상황이 야기될지도 모르는 문제'(김근홍 외, 2005)로 이해할 수 있다. 넓게는 '가족의 평형이 유지되지 못하거나 가족구성원이 긴장과 혼란을 유발하는 경우'(표갑수, 2006), 혹은 '가족과 관련된 다양한 현상들이 사회구조의 변화에 대한 압력으로 적용할 때 발생하게 되는 것'(남일재 외, 2010)을 가리키는 것으로 이해할 수 있다.

가족 문제가 한국 사회에서는 구체적으로 어떻게 나타나고 있는지 살펴보면, 다음과 같이 크게 네 가지로 정리할 수 있다(조흥식 외, 2001). 첫째, 가족의 경제적 부양의 문제이다. 가정의 빈곤, 가족 구조상 취업여성의 증가, 가족 간의 빈부 차이에 의한 상대적 박탈감 등에 따른 문제가 포함된다. 둘째, 가족의 보호 기능 약화이다. 가족공동체로서의 사회화와 정서적 지지의 기능 수행이 약화되는 데서 유발되는 문제이다. 셋째, 가족의 통제기능이 약화되거나 상실되는 데서 초래되는 가족관계와 가치관의 문제이다. 부부불화, 고부관계, 배우자 부정, 아내학대와 아동학대 등의 가정폭력 문제가 포함된다. 넷째, 결손가정의 증가와 관련된 문제이다. 가족구성원의 심리적·경제적 소외 문제와 아동과 청소년의 정서적 장애, 가출, 비행 등의 문제가 포함된다.

현재 한국 사회에서 발생하는 모든 가족 문제를 상술한 네 가지 영역으로 포괄할 수는 없다. 그러나 한국사회의 가족 문제는 거시적인 사회구조의 변화와 그로 인한 사회 및 가족의 변화와 밀접하게 연관되어 발생하고 있는 것은 사실이다. 따라서 가족과 관련된 문제는 개인적 차원에서는 해결하기가 어려우며 사회 전체가 해결해야 할 사회문제인 것이다.

02 ● 가족 문제를 보는 이론적 관점

1) 기능주의적 관점

가족 문제의 원인과 관련하여 기능주의적 관점에서는 전통적으로 가족이 수행해 온 기능이 약화된 것에 초점을 맞추고 있다. 기능주의에서는 가족을 사회체제 유지를 위한 유형 유지의 기능을 담당하는 상호 관련된 제도의 체계로 보았다. 이는 사회화의 기능으로, 부모는 사회질서를 도모하고 체제의 안정을 유지하는 데 요구되는 기본적 가치관을 자녀에게 전수하는 역할을 수행하고, 아동은 부모의 행동과 갈등이 없고 가족의 조화가 파괴되지 않도록 전통적 방식으로 사회화된다(한국복지정책연구소, 2003). 이러한 가족의 기능이 통합되지 않을 때, 다시 말해 부부간, 부모-자녀 간의 규범과 역할의 기대에서 차이가 일어날 때 가족 문제가 발생하게 되는 것이다. 따라서 기능주의적 관점에서는 가족 내의 갈등이나 해체를 역기능적인 것으로 간주하고, 이러한 가족 문제를 해결하기 위해서는 약화된 가족의 전통적인 기능을 회복시키는 정책과 프로그램의 제공을 강조하고 있다(한형수, 2000).

2) 갈등주의적 관점

가족 문제의 원인과 관련하여 갈등주의적 관점에서는 사회 내에서와 마찬가지로 가정 내에서의 남성과 여성의 불평등한 권력관계에 초점을 맞추고 있다. 갈등주의에서는 사회적으로 남성이 지배하고 여성이 종속되어 있는 것처럼 결혼과 가족제도 또한 남성과 여성의 불평등한 관계를 반영하는 수단으로 보았다(최선화 외, 2008; 표갑수, 2006). 지배집단인 남성은 사회나 가정에서 자신이 차지한 기존의 유리한 지위를 유지하려고 한다. 그러나 성 역할에 대한 기대는 점점 변화하여 남성과 여성의 불평등한 권력관계는 도전을 받게 되고, 여성은 지금의 가족구조가 자신들의 이해를 만족시키지 못하므로 이를 변화시키고자 하는 것이다. 즉, 남녀 간의 권력 차이로 인한 충분한 보상과 만족을 획득하지 못한다고 느끼는 데서 가족 문제가 발생하는 것이다. 따라서 갈등주의적 관점에서는 이러한 가족 내의 갈등이 표출된 것을 가족 문제로 이해하고, 이러한 가족갈등(곧 가족 문제)을 비정상적으로 보거나 회피하기보다는 갈등을 해소하는 방법(예: 이혼 혹은 설득과 협상에 의한 상호수용)으로 해결할 것을 주장하고 있다(최일섭·최성재, 2000).

3) 상호작용주의적 관점

가족 문제의 원인과 관련하여 상호작용주의적 관점에서는 가족과 관련된 상징들(결혼, 이혼, 성 역할 등)이 지니고 있는 의미에 초점을 맞추고 있다. 상호작용주의에서는 가족의 역할이나 기능 등 가족에 대한 해석 또는 가치판단 자체가 가족 문제의 원인이라고 보았다(표갑수, 2006; 최일섭·최성재, 2000). 즉, 모든 사회에서는 적절한 가족 형태에 대한 사회적 합의의 결과로 소위 '정상가족'이 존재하는데, 이 정상가족의 틀에서 벗어나는 가족에게 비정상가족으로 낙인을 부여하는 것이다(김근홍 외, 2005). 가정 내에서 부모 혹은 자녀에 대한 가족구성원의 역할 수행이 전통적인 가치관이나 기대에서 벗어날 때, 이를 일탈행동으로 간주하는 것이다. 따라서 상호작용주의적 관점에서는 가족 문제를 가정의 형태나 기능, 구조, 역할 수행에 대한 개념 정의에서 비롯되는 문제로 이해하고, 이러한 가족 문제를 해결하기 위해서는 가족에 대한 정의들(비정상가족, 일탈행동 등)의 의미가 변화되어야 함을 강조하고 있다.

03 가족의 변화 양상과 가족 문제의 현황 및 실태

여기에서는 한국 사회의 가족 모습이 1960년대 이후 산업화라는 거시적인 사회구조의 변화를 경험하며 변화해 왔는지 살펴보고, 이러한 변화에 따른 가족 문제의 실태는 어떠한지 살펴보고자 한다.

1) 가족의 변화 양상

1960년대부터 본격적으로 전개되기 시작한 산업화·공업화는 농촌인구의 대규모 도시이동을 비롯하여 한국 사회에 커다란 사회변동을 초래하였다. 이는 사회구조적 변화와 함께, 가족 모습에도 다양한 변화를 초래하였다. 여기에서는 최근 한국의 가족을 둘러싸고 일어나고 있는 커다란 변화 양상을 가족구조의 변화, 가족 관련 가치관의 변화와 가족 기능의 변화, 가족 주기의 변화와 가족관계의 변화, 가족해체 현상의 증가 등으로 나누어 살펴보고자 한다.

(1) 가족구조의 변화

한국 사회가 빠르게 발전해 온 것처럼 인구도 빠르게 변화해 왔다. 제1차 인구변천 이전의 특징인 높은 출산율과 높은 사망률은 한국 사회의 근대화와 함께 빠르게 하락하였다. 1980년대 중반부터는 합계출산율이 대체 수준 이하로 떨어지면서 인구변천도 완료한 것으로 보였다. 그런데 출산율 하락세가 멈추지 않고, 인구 변천기에 발생한 거대 인구집단이 나이가 들면서 고령화와 인구감소를 걱정하는 상황에 처하였다. 1990년까지만 해도 연평균 1%가 넘던 총인구 증가율이 2015년까지는 연 0.5%로 줄어들었고, 2019년까지는 연 0.3~0.4%로 더욱 떨어졌다. 그러다가 2021년부터는 감소세로 전환한 것이다. 아직은 연평균 감소율이 크지 않지만 향후 감소 속도는 점차 빨라질 것으로 예상된다.

이처럼 한국 사회의 가족은 지난 수십 년 동안 결혼 및 출산율 감소, 이혼율 증가, 가족(특히 자녀)에 대한 사고방식 변화 등으로 가족구조상의 여러 가지 변화를 경험하였다. 이를 가족 규모와 가족 형태 면에서의 변화로 나누어 살펴보면 다음과 같다.

가족 규모 면에서 살펴보면, 1960년대 산업화 이후 현재까지 지속적으로 축소되었다. 한국 가족의 가구원 수는 해방 이후 꾸준하게 증가하여 1960년에는 5.56명이었지만(윤홍식 외, 2011), 1960년대 이후 산업화를 거치면서 급속하게 감소하여 1980년 4.6명, 1990년 3.8명, 2000년 3.1명, 2010년 2.7명으로 급감하여 대가족을 벗어나 소가족화되는 경향이 뚜렷하게 나타난다. 〈표 8-1〉과 같이 2022년 6인 가구는 0.7%로 가장 낮게 나타났다. 반면, 1980년에 각각 4.8%, 10.5%로 가장 낮은 비중을 차지하던 1인 가구와 2인 가구는 2022년에는 각각 34.5%, 28.8%로 가장 높은 비율을 차지하고 있다. 이처럼 한국 사회에서는 대가족 중심의 농경사회에서 핵가족 중심의 산업사회로 이동하면서 가구원 수가 꾸준하게 감소해 왔다.

최근 우리 사회는 비혼·만혼이 늘어나고 저출산이 심화되는 추세에 따라 핵가족을 대표했던 4인 가구 중심의 '전통적 가족'의 형태가 다양하게 변화되고 있다. 특히 1인 가구의 지속적인 증가는 젊은세대뿐만 아니라 노인세대까지 혼자 사는 가구가 급증하고 있음을 짐작하게 한다. 통계청(2023e) 보도자료에 따르면 22년 1인가구는 전체 가구의 34.5%인 7,502,000가구이고, 연령대별 비중은 29세 이하 19.2%, 70세 이상 18.6%, 30대 17.3%, 60대 16.7% 순으로, 다양하게 나타나고 있음을 알 수 있다.

표 8-1 가구원 수별 가구분포 및 평균 가구원 수

연도	가구원 수별 가구분포(%)							평균 가구원 수 (명)
	총 가구	1인 가구	2인 가구	3인 가구	4인 가구	5인 가구	6인 가구	
2015	100.0	27.2	26.1	21.5	18.8	4.9	1.5	2.5
2016	100.0	27.9	26.2	21.4	18.3	4.8	1.4	2.5
2017	100.0	28.6	26.7	21.2	17.7	4.5	1.3	2.5
2018	100.0	29.3	27.3	21.0	17.0	4.3	1.2	2.4
2019	100.0	30.2	27.8	20.7	16.2	3.9	1.0	2.4
2020	100.0	31.7	28.0	20.1	15.6	3.6	0.9	2.3
2021	100.0	33.4	28.3	19.4	14.7	3.3	0.8	2.3
2022	100.0	34.5	28.8	19.2	13.8	3.1	0.7	2.2

출처: 통계청(2023e). 2023 통계로 보는 1인 가구 보도자료.

(2) 가족 관련 가치관의 변화와 가족 기능의 변화

가족 구조의 변화는 가족 관련 가치관의 변화와 맞물려 지금까지 가족의 고유 기능으로 여겨져 왔던 출산·양육기능 및 보호·부양기능의 약화 등 가족 기능에도 적지 않은 변화를 초래하였다. 우리나라 2023년 합계출산율은 0.70명으로 매해 최저 수준을 갱신하고 있다. 저출산은 인구 고령화와 같은 인구 구조의 변화를 초래하여 사회경제적인 부담을 가중할 가능성이 크다.

대부분의 출산이 혼인한 부부 사이에서 이루어지는 우리나라에서 혼인에 대한 태도는 출산을 결정하는 매우 중요한 요인이다. 현대 사회에서 임신과 출산은 우발적으로 발생하는 사건이 아니라 사전에 세워진 계획에 따라서 이루어지는 행동이다. 따라서 출산에 대한 태도를 통하여 한 국가의 출산 수준을 미리 가늠해 볼 수 있다. 그런데 최근 눈에 띄게 변화하고 있는 가족을 둘러싼 가치관으로는 결혼 및 출산(자녀)에 대한 태도 변화와 전통적 성 역할(남자는 일, 여자는 가정)에 대한 인식의 변화를 살펴보

아야 한다.

우리나라 20대와 30대의 결혼에 대한 태도는 점차 감소하고 있다. [그림 8-1]을 살펴보면 결혼에 대해 긍정적으로 생각하는 20~30대 남성의 비중은 2008년 대략 70%대 수준으로 높았지만 점차 하락하여 2022년에는 30대 남성 48.7%, 20대 남성 41.9%가 결혼에 대해서 긍정적으로 생각하고 있다. 20~30대 여성 중에서 결혼을 긍정적으로 생각하는 사람들의 비중도 감소하였다. 2008년 결혼에 대해서 긍정적으로 생각하는 20~30대 여성의 비중은 약 50%에 가까운 수준으로 나타났으나, 2022년에는 30대 여성의 31.8%, 20대 여성의 27.5%만이 결혼에 대해서 긍정적으로 생각하고 있다. 하락폭은 20대 남성과 여성이 약 40%가 넘고 30대 남성과 여성은 약 30%가 넘어서 20대의 하락폭이 더 컸다. 성별로 비교해 보면 여성이 남성보다 결혼에 대해 긍정적으로 생각하는 비중이 낮고 하락의 폭도 더 컸다.

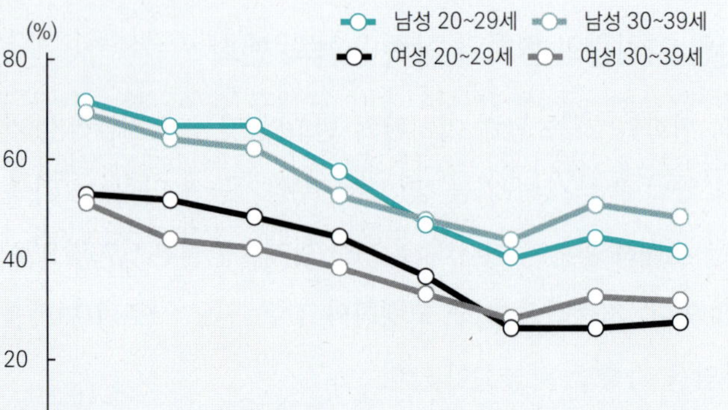

주: 1) 20~30대를 분석 대상으로 함.
2) 통계치는 "귀하는 결혼에 대해 어떻게 생각하십니까?"에 대해 '1=반드시 해야 한다.' 혹은 '2=하는 것이 좋다.'고 응답한 사람들의 비율임.

그림 8-1 성별에 따른 20~30대 청년들의 결혼에 대한 태도

출처: 통계청(2022). 사회조사.

또한, 연령별로 생각하는 결혼하지 않는 이유를 살펴보면 결혼하지 않는 주된 이유로 '결혼 자금 부족'을 꼽았다. 이러한 경향은 20대와 30대가 중장년층보다 강했으며 그다음 이유로는 50대와 60대는 '직업이 없거나 고용상태가 불안정해서'라고 응답한 반면, 20대, 30대, 40대는 '결혼의 필요성을 느끼지 못해서'라고 응답하였다. '행동과 삶의 자유를 포기할 수 없어서'는 20대, 30대, 40대에서 약 10%를 차지한 반면, 50대와 60대에서는 이보다 낮게 나타났다. '결혼 생활과 일을 동시에 잘하기 어려워서' 혹은 '출산과 양육이 부담되어서'와 같은 일·가정 양립과 자녀 부담을 지적한 비중은 모든 연령 집단에서 약 20% 내외로 유사하게 나타났다. '결혼하고 싶은 상대를 만나지 못해서'라고 응답한 비중도 30대 이상 연령 집단에서 약 12~14% 수준으로 비슷하였다.

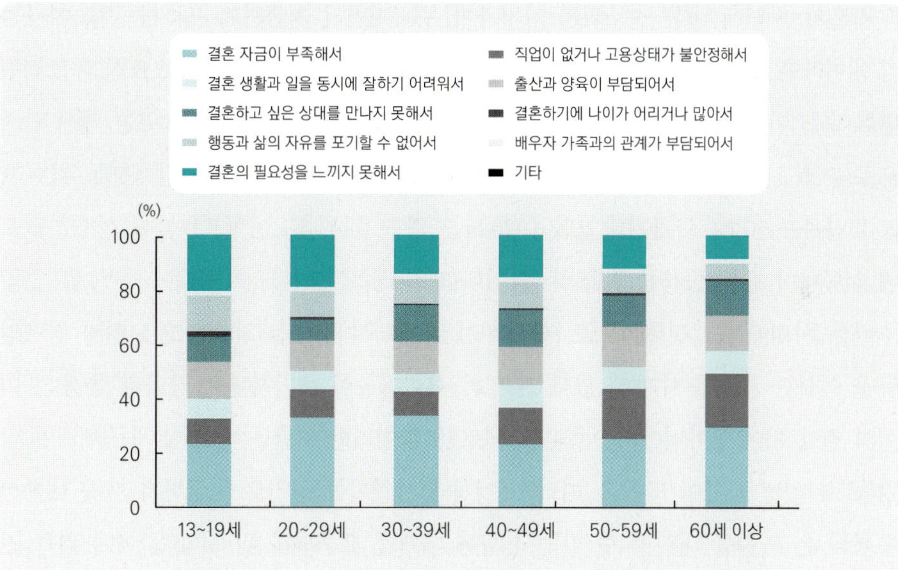

그림 8-2 연령별로 생각하는 사람들이 결혼하지 않는 주된 이유

출처: 통계청(2022). 사회조사.

다음으로, 출산의향과 평균출산 계획 자녀 수에 대한 조사결과를 살펴보면 출산의향의 확실성 정도에서는 자녀를 '낳을 생각이다'라는 응답은 37.8%로 이들의 출산계획 자녀 수의 평균은 약 1.56명으로 나타났다. 반면, 자녀 출산의향에서 '낳지 않을 생각이다'는 응답이 62.2%를 차지하는 것을 알 수 있다(한국보건사회연구원, 2023).

노후의 부양책임에 대한 태도를 보면, 과거에는 대부분의 사람들이 자녀에게 부양책임이 있다고 생각하였으나 2017년에는 '이상적인 노후 생활비 마련 방법'을 자녀라고 생각하는 노인은 7.6%(단, 본인과 자녀 10.2%를 합하면 17.8%임)에 불과하고 본인과 사회보장제도 등 국가적 차원에서 해결해야 한다는 사람들이 높은 비중을 차지하고 있다(정경희 외, 2017). 이를 통해 가족을 둘러싼 가치관의 저변에서 '결혼을 하여 자녀를 낳아 기르고, 노후에는 그 자녀로부터 부양을 받을 것'이라는 전통적인 가치관이 무너지고 있으며, 이에 동반하여 가족의 고유 기능 중 하나였던 출산·양육기능이 약화되고 있음을 엿볼 수 있다.

결혼과 자녀에 대한 전통적인 가치관이 무너지면서 지금까지 '남자는 일, 여자는 가정'이라는 전통적인 성역할 인식에 급격한 변화가 일어나고 있는 것 또한 두드러진 변화이다. 이러한 변화는 최근 여성의 경제활동이 급격하게 증가하고 있는 데서 단적으로 엿볼 수 있다. 1970년 당시 39.3%에 지나지 않았던 여성의 경제활동 참여는 2005년에는 50.1%로 증가하였으며, 2023년 기준 61.4%로 여성고용률이 상승하였으며 전년대비 1.4% 증가한 것을 알 수 있다(고용노동부, 2024).

한국 사회에서는 전통적으로 여성이 가정 내에서 아동을 양육하고 노인과 장애인 등을 돌보는 기능을 수행해 왔다. 여성의 사회활동이 증가하면서 양육과 돌봄은 여성의 전담 분야가 아님을 인식하기에 이르렀고, 이러한 역할을 더 이상 가족에게만 맡겨둘 수 없는 상황이 되었다. 따라서 여성의 사회활동 증가로 지금까지 가족 내에서 수행해 온 역할을 대신할 수 있는 사회적 대책을 요구하게 된 것이다. 이에 취학 전 아동을 보호하는 어린이집, 취학 아동을 돌보는 방과 후 돌봄교실, 노인을 보호하는 주간보호소와 노인요양시설 등이 생겨나게 되었다. 이러한 것들을 통해서 가정 내에서 여성이 담당하던 역할을 사회가 일정 부분 분담함으로써 가족의 부담이 사회로 이전되고 있으며(김지미, 2013), 이에 따라 아동, 노인 등 가족구성원에 대한 가족의 보호·부양기능이 약화되고 있음을 엿볼 수 있다.

(3) 가족 주기의 변화와 가족관계의 변화

일반적으로 가족 주기(family life cycle)란 결혼에 의해 가족이 형성되어 자녀양육기, 교육기, 자녀독립기, 노후기 등의 단계를 거쳐 부부의 사망에 의해 가족이 소멸하는 전 과정을 말한다. 그러나 최근 소자녀화 경향으로 자녀양육기와 교육기 및 자녀독립기가 현저하게 단축된 반면, 고령화에 따른 평균수명의 연장으로 노인부부 혹은 독거노인으로 살게 되는 노후기의 기간이 점점 길어지고 있다.

가족 주기상의 변화는 가족관계에도 지대한 영향을 미치고 있다. 현대 사회의 대표적 가족 형태인 핵가족에서 부부가족이 차지하는 비중이 점점 높아지고 있으며, 이에 따라 부부의 기능이 강화되고 있다. 가족관계 내에서도 부모-자녀 중심의 관계에서 부부 중심의 관계로 변화되어 부부 중심의 활동이 증대되고 있다. 여성의 사회적 지위가 향상됨에 따라 평등한 부부관계가 강조되어 남편 주도형에서 부부 의논형으로 바뀌고 있으며, 다른 한편으로는 애정적 동반자 관계가 중시되어 정서적·성적 유대감이 중요한 요소로 등장하였다(최선화 외, 2008). 따라서 혈통을 잇고 노후보장의 수단으로 여기던 자녀의 기능이 사회보장제도에 의해 대체됨에 따라 자녀의 부양·보호 기능이 약화되어 부모와 자녀의 관계가 성장과 성숙의 관계로 변화하고 있다(표갑수, 2006).

(4) 가족해체 현상의 증가

한국의 가족을 둘러싸고 일어나고 있는 여러 가지 변화들은 사회 전반적인 변화 및 가치관의 변화와 맞물리면서 최근 다양한 가족해체의 현상들이 증가하고 있다. 이혼은 가족해체를 입증하는 대표적인 지표로 인식되고 있다. 이혼은 가족의 중심을 이루는 부부가 어떤 이유로든 결혼과 가족의 관계를 이어 가지 못하는 가족생활 사건을 말한다.

1990년대 후반의 경제위기와 맞물려 이혼율이 급상승하면서 이혼에 대한 위기의식이 사회 내에 심화되기 시작하였다. 2022년 한 해 이혼 건수는 93,200건으로 1년 전(101,700건)보다 8.3% 감소하였다. 1997년(91,160건) 이후 25년 만에 처음으로 10만 건 아래로 떨어졌다. 이혼 건수는 1997년 이후 10~13만 건 안팎을 오가다가, 코로나가 시작된 2020년부터 3년 연속 감소 중이다(국가통계포털사이트, 2024).

이혼에 관한 연구가 이루어지기 시작한 1950년대에는 이혼을 일탈로 간주하였지만, 1970년대 이후부터는 이혼을 불행한 결혼관계, 스트레스와 갈등으로부터의 해방 및 자기발견의 기회라는 긍정적 측면으로 보기 시작하였다. 최근에는 이혼을 하나의 사회 현상으로 보며 결혼에서 발생하는 문제를 해결하기 위한 한 과정으로 인식하는 경향이 점차 증가하고 있다(최선화 외, 2008). 그 이유는 이혼이 성인의 발달과정에서 걸림돌이 되지만 새로운 인생을 향한 촉매제인 동시에 성장을 가져다주는 이중성을 지니고 있다고 보기 때문이다(주혜주, 2012).

이혼과 함께 가정 내에서 일어나는 폭력 또한 가족해체를 나타내는 대표적인 지표의 하나라고 할 수 있다. 가정폭력은 가정을 이루는 구성원들 간에 발생하는 폭력행위로서, 폭력의 주체와 대상에 따라 부부폭력, 부모의 자녀폭력, 자녀의 부모폭력, 형제폭력 등으로 구분할 수 있다. 가정폭력은 개인의 인권을 침해하는 명백한 범죄 행위이다. 그러나 우리 사회에서는 가정 내에서 일어나는 폭력은 오랫동안 국가나 사회가 개입할 수 없는 사적인 가족의 문제로 치부하여 왔다. 이러한 가정폭력에 대한 잘못된 사회 통념으로 인해 오랫동안 왜곡·은폐되어 왔다. 최근 들어 가정폭력을 사회적·문화적 요인들과 관련된 보다 일반적인 사회 현상으로 인식하는 경향이 증가하고 있다.

2) 가족 문제의 현황 및 실태

한국 사회 가족 문제의 현황 및 실태와 관련하여서는 가족해체를 나타내는 대표적 사회 현상인 이혼가족과 그에 따른 한부모가족의 문제, 가정폭력의 문제 등을 중심으로 살펴보고자 한다.

(1) 이혼가족

오늘날 이혼의 증가는 전 세계적인 현상이라 할 수 있으며, 한국의 경우도 예외는 아니다. 한국의 이혼 현황은 1970년대까지만 하더라도 서구에 비해 그다지 높지 않았다. 그러나 1980년대 들어서면서 조금씩 상승하기 시작하여 1990년대 이후 지속적인 증가를 보이다가 2003년 조이혼율 3.4%로 정점을 찍은 후 서서히 감소하여 2010년대에 들어선 이래 조이혼율 2%대 초반을 유지하고 있다(〈표 8-2〉 참조). 이혼율이 2000년대 초반 이후 감소하여 일정 수준을 지속적으로 유지하고 있는 것은 이혼숙려제도의 도입 등 관련 제도가 이혼율을 낮추기는 했지만, 여전히 하나의 사회 현상으로 자리 잡고 있음을 말해 주고 있다.

표 8-2 결혼 및 이혼 건수와 이혼율 추이 (단위: 천 건, %)

연도	결혼 건수	이혼 건수	조이혼율*
2014	305.5	115.5	2.3
2015	302.8	109.2	2.1
2016	281.6	107.3	2.1
2017	264.5	106.0	2.1
2018	257.6	108.7	2.1
2019	239.2	110.8	2.2
2020	213.5	106.5	2.1
2021	192.5	101.7	2.0
2022	191.7	106.5	3.7

* 조이혼율(Crude Divorce Rate: CDR)은 1년간 신고한 총 이혼 건수를 당해 연도의 주민등록 연앙인구로 나누어 1,000분율로 나타낸 것임.
※ 인구 1,000명당 건
출처: 통계청(2023c). 인구동향조사.

통계청(2023c)에 의하면 2022년 총 이혼 건수는 106,500건으로 감소한 것으로 나타났으며, 조이혼율(인구 1,000명당 이혼 건수)은 1.8건으로 전년보다 0.2건 감소하였다. 이혼 건수를 연령별로 보면 2018년 현재 남녀 모두 40대 이혼율이 가장 높게 나타났으며(통계청, 2019), 평균 이혼 연령은 남자는 48.3세이고 여자는 44.8세로 나타나 10년 전인 2008년에 비해 남자는 4.0세(44.3세→48.3세), 여자는 4.3세(40.5세→44.8세) 상승한 것으로 나타났다(통계청, 2019). 특히 주목할 것은 최근 10년 사이에 남녀 모두 50대 및 60대 이상의 연령층에서 이혼율이 증가 추세를 보이며(〈표 8-3〉 참조), 혼인 지속기간 20년 미만 이혼은 감소 추세이지만 20년 이상 이혼은 2008년 26,942(23.1%)에서 2018년 36,327건(33.4%)으로 증가 추세로 이른바 '황혼이혼'이 증가하고 있음을 알 수 있다(통계청, 2019). 이러한 가운데, 미성년 자녀가 있는 부부의 이혼 비중은 10년 전 대비 8.6%p 감소하여 2018년 45.4%로 여전히 절반 정도를 차지하고 있지만, 미성년 자녀가 없는 부부의 이혼 비중은 10년 전 대비 7.6%p 증가하여 2018년 현재 53.0%를 차지하고 있다(통계청, 2019). 이러한 결과는 황혼이혼의 증가가 반영되어 있다고 할 수 있다.

표 8-3 연령별 이혼 건수 및 구성비 추이

(단위: 천 건, %)

구분 / 연령	남자				여자			
	2008		2018		2008		2018	
	건수	구성비	건수	구성비	건수	구성비	건수	구성비
계	116.5	100.0	108.7	100.0	116.5	100.0	108.7	100.0
19세 이하	0.0	0.0	0.0	0.0	0.5	0.4	0.1	0.1
20~24세	1.0	0.9	1.0	0.9	4.1	3.6	2.8	2.6
25~29세	5.7	4.9	3.3	3.1	12.0	10.3	6.8	6.3
30~34세	14.1	12.1	8.1	7.4	19.4	16.6	11.9	10.9
35~39세	21.6	18.6	14.7	13.5	23.5	20.1	17.2	15.8
40~44세	22.2	19.1	16.1	14.8	20.9	17.9	17.2	15.8
45~49세	21.6	18.6	19.7	18.1	17.9	15.4	19.1	17.6
50~54세	14.1	12.1	16.6	15.2	9.8	8.4	13.7	12.6
55~59세	7.5	6.4	13.2	12.2	4.4	3.7	10.0	9.2
60세 이상	8.5	7.3	16.0	14.7	4.2	3.6	9.8	9.0

출처: 통계청(2019). 인구동향조사.

국제결혼이 증가함에 따라 외국인 배우자와의 이혼도 문제가 되고 있는데, 2018년 7,140건으로 나타나 전체 이혼 중에서 6.6%를 차지하고 있다. 외국인과의 이혼 중 한국 남자·외국 여자와의 이혼이 72.7%로 한국 여자·외국 남자와의 이혼(27.3%)보다 압도적으로 높으며, 한국 남자와 이혼한 외국 여자의 국적은 중국, 베트남, 필리핀 순으로 나타났고, 한국 여자와 이혼한 외국 남자의 국적은 중국, 일본, 미국 순으로 높게 나타났다(통계청, 2019).

대법원 자료에 의하면 2017년 이혼 사유로서는 성격 차이가 43.1%로 가장 많았고, 경제 문제 10.1%, 배우자 부정 7.1%, 가족 간 불화 7.1%, 정신적·육체적 학대 3.6% 등의 순으로 나타났으며, 이혼을 종류(협의·재판)별로 보면 2018년 현재 협의에 의한 이혼은 85,600건으로 전체 이혼 중 78.8%를 차지하고 있고, 재판에 의한 이혼은 23,000건으로 21.2%를 차지하고 있다(통계청, 2019).

이혼은 새로운 인생을 찾아서 행복한 삶으로 나아가기 위한 기회가 될 수 있다는 점에서 긍정적인 측면이 있지만, 한국 사회에서는 아직도 많은 경우 부부 당사자뿐만 아니라 그들의 자녀들에게 고통을 안겨 주는 어려운 과정이다.

이혼가족이 경험하는 심리사회적 문제와 빈곤을 네 가지로 나누어 살펴보면 다음과 같다(손병덕 외, 2008). 첫째, 정서적 문제이다. 개인적 차원에서 이혼 당사자는 정서적 우울감과 분노감, 가족의 역할 상실감, 자녀에 대한 죄책감, 전 배우자에 대한 애착을 경험하게 되는데, 이러한 심리정서적 어려움은 다른 가족구성원에게 부정적 영향을 미치기도 한다. 특히 자녀들은 유기의 두려움, 학업수행의 어려움, 경제적 빈곤 등 다양한 심리사회적 어려움을 경험하기도 한다. 둘째, 역할 변화이다. 이혼 후 이혼 당사자인 부모는 가사업무와 가족부양 등 새로운 역할을 효율적으로 수행하는 데 어려움을 겪게 되고, 자녀들은 부모와 가사를 분담하면서 새로운 역할에 어려움과 불만을 품기도 한다. 특히 남성은 부모의 경우 가사업무 및 자녀 양육에 익숙하지 않아 일상생활을 수행하는 데 어려움이 따르며, 여성은 무엇보다도 경제적 자립 문제가 가장 큰 어려움으로 다가오게 된다. 셋째, 경제적 빈곤이다. 이혼 시 위자료와 재산분할 및 자녀 양육비를 제대로 받지 못한 여성은 곧바로 가족의 생계를 책임져야 하는 부담을 안게 된다. 이혼한 가족에 대한 사회적 지원도 부족하고 준비되지 않은 여성의 노동시장 참여는 주로 저임금의 비정규직이 대부분이라서 경제적으로 빈곤한 상태에 빠지기 쉬운 구조이다. 넷째, 이혼에 대한 부정적인 인식이다. 이혼에 대한 인식과 태도가 과거에 비해 많이 수용적으로 바뀌었지만, 아직 우리 사회에서는 이혼이 감추어야 하는 부끄러운 일이다. 이혼 당사자의 경우 가족들로부터 외면 당하는 경우도 있으며, 주변으로부터 인격적으로 문제가 있는 것은 아닌지 의심을 받기도 하고, 직장 내에서 문제를 일으키지는 않을지 염려의 대상이 되기도 한다. 그러므로 대인관계에서 어려움을 겪게 되고 대인관계의 단절로 인해 사회적 관계가 위축·고립되기도 한다.

이와 같이 이혼은 가족들에게 신체적, 정신적, 경제적으로뿐만 아니라 심리·정서적으로도 여러 가지 어려움에 빠지게 한다. 특히 한국의 경우 노동시장에서의 성차별과 자녀 양육의 문제, 이와 관련된 사회서비스의 부족 등과 같은 사회구조적 문제들이 이혼 여성들의 경제적 독립을 방해하고 있어 빈곤의 여성화 문제를 초래함으로써 심각한 사회적 문제가 되고 있다(석재은, 2004). 또한 최근 이혼 시 자녀 양육권을 서로 포기하는 부모들이 증가하고 있어 이혼가정 자녀의 성장이 사회적 문제가 되고 있다. 따라서, 이혼가족의 경제적 자립 및 자녀 양육을 위한 사회적 지원이 정비·확충될 필요가 있다.

(2) 한부모가족

한국한부모가정지원센터에 의하면 한부모가족(가정)은 '이혼, 사별, 유기, 미혼모에 의하여 발생하는 가정으로 현재 18세 미만의 자녀와 살면서 자녀를 부양하고 부모 역할을 담당하고 있는 한부모와 자녀의 집단'을 말한다(한국한부모가정지원센터 홈페이지). 이 경우 자녀의 부양·보호를 누가 맡느냐에 따라 모가 주양육자이면 여성한부모가족, 부가 주양육자이면 남성한부모가족으로 부르고 있다(장혜경 외, 2001). 한부모가족이란 용어는 1997년부터 한국여성민우회 가족과 성상담소에서 '편부모' 대신 '한부모'라는 용어를 사용하면서 보편화되었다. 한부모의 '한'이란 '하나'라는 의미와 함께 순우리말인 '한강', '한가위' 등의 '가득 차다', '온전하다'의 뜻으로서, 즉 하나로도 모자라지 않고 가득 차고 온전한 가족임을 나타내는 말이다.

한부모가족 현황을 보면 최근 20~30년 동안 그 수는 지속적으로 증가해 왔으며, 전체 가구 대비 한부모 가구의 비율 또한 증가 추세에 있음을 알 수 있다(〈표 8-4〉 참조). 특히, 한부모가족 중에서도 여성한부모가족의 비율이 약 80% 정도로 월등히 높으며, 한부모가족을 발생 원인별로 보면 2000년대 이후 이혼이 급격하게 증가하였다. 여성가족부가 실시한 '2021년 한부모가족 실태조사' 결과를 보면, 이혼자가 82%인 것으로 나타났으며, 한부모의 평균 연령은 43.6세였고, 40대가 61%로 가장 많았다.

표 8-4 가구주의 혼인 상태별 한부모 가구 수 추이

(단위: 천 가구, %)

<table>
<tr><th rowspan="3">연도</th><th colspan="6">가구주의 혼인 상태별 한부모 가구 수</th><th rowspan="3">한부모 가구</th></tr>
<tr><th rowspan="2">계</th><th>남성한부모</th><th rowspan="2">유배우</th><th rowspan="2">사별</th><th rowspan="2">이혼</th><th rowspan="2">미혼</th></tr>
<tr><th>여성한부모</th></tr>
<tr><td>1990</td><td>889</td><td>-</td><td>227</td><td>498</td><td>79</td><td>85</td><td>7.8</td></tr>
<tr><td rowspan="2">2000</td><td rowspan="2">1,124</td><td>220(19.6)</td><td rowspan="2">253</td><td rowspan="2">502</td><td rowspan="2">246</td><td rowspan="2">123</td><td rowspan="2">7.9</td></tr>
<tr><td>904(80.4)</td></tr>
<tr><td rowspan="2">2010</td><td rowspan="2">1,595</td><td>348(21.8)</td><td rowspan="2">413</td><td rowspan="2">474</td><td rowspan="2">523</td><td rowspan="2">185</td><td rowspan="2">9.3</td></tr>
<tr><td>1,247(78.2)</td></tr>
<tr><td rowspan="2">2020</td><td rowspan="2">2,042</td><td>410(20.0)</td><td rowspan="2">323</td><td rowspan="2">569</td><td rowspan="2">452</td><td rowspan="2">696</td><td rowspan="2">9.8</td></tr>
<tr><td>1,632(80.0)</td></tr>
</table>

주: 유배우(배우자 있음)는 배우자는 있지만 별거, 가출, 유기 등의 상태에 있는 경우를 말함.
출처: 통계청(각년도). 인구주택총조사보고서.

여성가족부(2018)가 전국의 한부모가족 가구주 2,500명을 대상으로 조사한 결과를 통하여 한부모가족의 현황과 실태를 살펴보면 다음과 같다. 첫째, 소득 수준 및 경제활동 상황을 보면, 우선 한부모가족의 월평균 소득은 219.6만 원 수준으로 전체 가구 평균 소득 389.0만 원의 56.5% 수준이었으며, 금융자산·부동산·부채를 고려한 순 자

산액은 8,559만 원으로 전체 가구 순자산 대비 25.1% 수준이었다. 한부모가족의 부채 원인은 주거비 마련(47.6%), 생활비(39.4%) 등 기본적인 생활욕구를 충족시키기 위해 빚을 지고 있는 것으로 나타났다. 한부모의 취업률은 84.2%로 높게 나타났지만, 취업자의 종사상 지위는 상용근로자 52.4%, 임시·일용근로자 30.8%, 자영업·무급가족종사자 16.7% 수준으로 고용지위가 불안정하였다. 이러한 저소득 한부모가족은 현행 정책·제도상 「한부모가족지원법」과 「국민기초생활 보장법」에 의해 기초생활보장 또는 저소득한부모 지원을 받을 수 있다. 둘째, 정부 정책에 의한 지원을 받고 있는 한부모가족의 규모를 보면 전체 한부모가족의 46.0%가 기초생활보장 또는 저소득한부모로 정부지원을 받고 있는 것으로 나타났다. 셋째, 한부모가족의 자녀돌봄 현황을 보면 시설보육기관 이용률이 미취학 자녀의 경우 86.1%, 초등 자녀의 경우 59.6%로 높게 나타났지만, '돌봐주는 어른 없이 보내는 시간'이 미취학 자녀 11.7%, 초등 자녀 45.1%, 중·고등 자녀 54.3%로 나타나 한부모가족 자녀들의 돌봄 공백이 심각한 수준임을 알 수 있다. 넷째, 사별을 제외한 한부모를 대상으로 전 배우자와의 관계 및 양육비 이행 여부를 조사한 결과를 보면 절반 이상이 전혀 교류하지 않고 있으며, 거의 대부분(한 번도 받지 못함 73.1%)이 전 배우자로부터 양육비를 받지 못해 한부모가 혼자 양육 부담을 짊어지고 있는 것으로 나타났다. 다섯째, 한부모의 건강 및 주거 실태를 살펴보면 한부모 중에서 '병의원에 가고 싶었지만 가지 못했다'는 응답은 23.2%로 나타나 전체 국민의 미치료율(2016년 8.8%)보다 높게 나타났지만, 과반수(48.6%)의 사람들이 '경제적인 이유'로 병의원을 이용하지 못하고 있었다. 그리고 한부모가족의 주거 형태는 공공임대 24.5%, 자가 24.1%, 보증부월세 22.7%, 전세 16.4%, 무상으로 가족·친지집 10.0% 순으로 주거 안전성이 상당히 낮은 것으로 나타났다. 여섯째, 한부모가 된 후 달라진 점으로서는 부와 모의 역할을 혼자서 감당(4.1점), 집안일 부담 증가(3.9점), 미래에 대한 부담 증가(3.8점), 경제적 어려움(3.7점) 등 돌봄과 가사로 인한 역할 과중과 경제적 부담 등 생활에서의 어려움을 들었는데, 이들이 현재 가장 필요로 하는 지원으로서는 생계비·양육비 등 현금지원(66.1%), 시설·임대주택 등 주거지원(10.3%), 아이와 부모 건강을 위한 의료지원(6.6%), 아이 돌봄 관련 지원(5.7%), 사회적 인식·차별 개선(4.5%), 직업훈련·학업지원(3.4%) 순으로 나타났다.

이와 같이 한국 사회에서 한부모가족들은 경제적 문제를 비롯하여, 자녀 양육 문제와 자녀교육 문제, 고용 문제, 주거 문제, 정서적 문제 등 다양한 어려움을 겪고 있다. 이러한 복합적인 어려움 속에서 한부모가족은 빈곤층으로 전락하는 비율이 일반 가구에 비해 4배 정도 높게 나타나고 있으며,[6] 한부모가족 자녀들은 심각한 돌봄 공백 상황에 놓여 있는 것이다.

(3) 가정폭력

한국 사회에서 가정폭력에 대한 문제 제기가 시작된 것은 1983년 '여성의 전화'(단 1997년 '한국여성의 전화연합'으로 명칭 변경)가 창립되면서부터이다. 여성의 전화가 상담과 쉼터 운영을 통해 시작한 '가정폭력 피해여성 지원사업'은 1997년 12월 「가정폭력범죄의 처벌 등에 관한 특례법」 및 「가정폭력방지 및 피해자보호 등에 관한 법률」의 제정으로 이어졌다(김은경 외, 2009). 그 후 한국 사회에서는 가정폭력범죄의 처벌 및 피해자 보호를 위한 다양한 인프라가 구축되었으며, 오늘날 '가정폭력'은 개인적인 가정 내의 문제가 아니라 '사회적 범죄'라는 인식이 확산되었다.

1997년 제정된 「가정폭력범죄의 처벌 등에 관한 특례법」(제2조)에 의하면 '가정폭력'이란 "가정구성원 사이의 신체적, 정신적 또는 재산상의 피해를 수반하는 행위"를 말하며, '가정구성원'이란 "배우자(사실상 혼인 관계에 있는 사람 포함) 또는 배우자였던 사람, 자기 또는 배우자와 직계존비속관계에 있거나 있었던 사람, 계부모와 자녀의 관계 또는 적모(嫡母)와 서자(庶子)의 관계에 있거나 있었던 사람, 동거하는 친족" 중 어느 하나에 해당하는 사람을 말한다(법제처 국가법령정보센터). 따라서 가정폭력의 범위는 부부간 폭력, 부모-자녀 간 폭력, 형제간 폭력, 노부모에 대한 폭력으로 구분할 수 있다.

가정폭력 중 부부간 폭력은 아내폭력과 남편폭력으로 나눌 수 있다. 한국 사회에서

---

6) 한국여성정책연구원 등에 따르면 2021년 기준 한부모가정 빈곤율은 47.7%로 조사됐다. 양부모가정 빈곤율 10.7% 대비 약 4배에 달한다. 경제협력개발기구(OECD) 평균인 31.9%보다 15.8% 포인트 높고 한부모가정 아동 빈곤율이 가장 낮은 덴마크(9.7%)보다 38% 포인트 높은 수치다(김현우, 2023.05.15.).

도 최근 들어 아내로부터 '매 맞는 남편'의 문제인 남편폭력이 이슈가 되기도 하지만 부부폭력은 주로 폭력의 주체가 남편이고 아내가 폭력의 대상이 되는 아내폭력 및 아내학대의 형태로 나타나고 있다(김은경 외, 2009). 아내폭력의 대부분은 혼인관계가 있을 때 발생하지만, 혼인관계가 아니더라도 이혼한 전남편에 의한 폭력 및 사실혼 관계 등에서의 폭력도 일어나고 있다. 이러한 아내폭력은 폭력의 대상이 되는 아내(여성)에게 심각한 신체적·정신적 피해를 가할 뿐만 아니라 그 자녀(아동)에게도 심리적으로나 정신적으로 부정적 영향을 미칠 수 있다.

한편, 아동은 부부폭력의 간접적인 피해자가 될 수도 있지만 직접적으로 가정폭력 중 부모-자녀 간 폭력의 한 형태인 부모에 의한 자녀폭력(아동학대)의 주된 대상이 된다(단, 부모-자녀 간 폭력이 아동학대의 형태로만 나타나는 것은 아니고, 자녀에 의한 부모폭행(부모학대)도 나타나기 시작하였다). 「아동복지법」(제3조제7항)에 의하면 '아동학대'란 "보호자를 포함한 성인이 아동의 건강 또는 복지를 해치거나 정상적 발달을 저해할 수 있는 신체적·정신적·성적 폭력이나 가혹행위를 하는 것과 아동의 보호자가 아동을 유기하거나 방임하는 것"이다(법제처 국가법령정보센터). 즉, 아동학대는 아동을 보호하는 성인이 아동에게 가하는 적극적인 가해행위뿐만 아니라 소극적인 방임행위까지 포함하는 광의의 개념으로서, 신체적 학대, 정서적 학대, 성적 학대, 유기·방임 등으로 구분할 수 있다. 아동학대는 성장기의 아동에게 신체적·정신적 손상을 줄 뿐만 아니라 아동기의 학대 경험이 성인기에 이르기까지 지속적으로 부정적인 영향을 미칠 수 있기에 주의를 기울일 필요가 있다.

한국 사회에서 형제간 폭력은 그다지 문제시되고 있지 않지만, 노부모에 대한 폭력(노인학대)은 사회구조 및 가족구조 등의 변화가 노인의 역할 상실과 맞물리면서 지속적으로 증가하고 있다. 노년 세대는 산업화의 주역으로서 고도성장을 이끌었지만, 1990년대에 들어와서는 새로운 기술혁신에 적응하지 못하고 시대감각이 부족한 '사회적 주변인'으로 밀려나기 시작하였다. 자신들의 노후준비보다는 자식들의 교육에 힘을 쏟았지만, 자신의 노후를 지켜 줄 것이라고 믿었던 자식들의 가치관 변화로 인해 가족 내에서는 무관심과 냉대 속에서 '가족 속의 이방인'으로 소외되고 있다(김혜경 외, 2014).

이와 같은 가정폭력의 실태를 여성가족부(2016)가 2016년에 만 19세 이상 일반 국민 6,000명(여성 4,000명, 남성 2,000명)을 대상으로 조사한 결과에 근거하여 살펴보면 다음과 같다. 첫째, '부부폭력률'(지난 1년간 신체적·정서적·경제적·성적 폭력 중 하나라도 경험한 비율)은 14.1%이고, 정서적 폭력(12.5%), 신체적 폭력(3.7%), 경제적 폭력(2.5%), 성적 폭력(2.2%) 순으로 나타났다. 관련하여, 부부폭력 피해를 경험한 응답자를 대상으로 배우자의 폭력행동에 대한 대응을 보면 폭력 발생 당시에 그냥 있었다가 66.6% 자리를 피하거나 집 밖으로 도망 24.1%, 함께 폭력행사 8.1% 순으로 나타났고, 주위에 도움을 요청했다는 응답은 1.0% 수준에 불과하였다. 둘째, 자녀학대 실태를 보면 만 18세 미만 자녀를 둔 응답자(1,813명)의 27.6%가 지난 1년간 자녀에게 학대(신체적·정서적 학대, 방임)를 행사한 것으로 나타났는데, 자녀학대 형태로는 정서적 학대(25.7%), 신체적 학대(7.3%), 방임(2.1%) 순으로 나타났다. 셋째, 만 65세 미만 응답자(5,339명)를 대상으로 가족원폭력(배우자를 제외한 부모, 형제자매, 배우자의 부모, 친척 등 가족원 간에 발생한 신체적·정서적·경제적 폭력)을 보면 가족원으로부터 폭력피해를 경험한 비율은 3.7%이고, 가해한 비율은 3.6%, 상호폭력은 1.8%로 나타났다. 이 경우 대부분의 피해와 가해가 모두 정서적 폭력의 형태로 발생한 것으로 나타났다. 넷째, 가족원에 의한 노인학대를 보면 만 65세 이상 응답자 중 가족원으로부터 폭력 피해를 경험한 비율은 7.3%로 나타났는데, 학대 유형별로는 정서적 학대(6.5%), 경제적 학대(1.5%), 방임(1.4%), 신체적 학대(0.4%) 순으로 나타났고, 폭력 가해자는 아들·딸(69.5%)이 가장 높게 나타났다. 다섯째, 가정폭력에 대한 인식을 보면 본인의 가정에서 부부폭력 및 아동학대 발생 시 각각 64.1%, 72.9%가 경찰에 신고할 의사를 보였지만, 신고하지 않는 이유는 '가족이므로', '대화로 해결을 원함'이라는 응답이 가장 높게 나타났다. 또한 이웃 가정에서 부부폭력 및 아동학대 발생 시 각각 65.0%, 77.1%가 경찰에 신고할 의사를 보였지만, 신고하지 않는 이유는 '남의 일이므로', '화를 입을까 봐/보복이 두려워서'라는 응답이 상대적으로 높게 나타났다.

최근 들어 가정폭력이 심각한 수준에 달해 있지만, 가정 내에서 발생하는 폭력에 대한 대응은 아직 미온적이다. 정부는 2013년 6월 「가정폭력 방지 종합대책」을 수립하여 가정폭력 문제에 대응해 왔지만(관계부처 합동, 2013), 가정폭력 피해 당사자들의 인권에 기초한 보다 강력한 지원정책이 강구되어 가정폭력 문제에 체계적으로 접근할 필요성이 있다.

04 가족 문제에 대한 사회복지대책

한국 사회 가족의 전반적인 변화 양상을 짚어 보고, 가족 문제의 현황 및 실태를 이혼가족, 한부모가족, 폭력가족으로 제한하여 개략적으로 살펴보았다. 이를 바탕으로 여기에서는 가족 문제에 대한 사회복지대책으로서 가족(복지)정책의 몇 가지 커다란 방향을 제시하고자 한다.

첫째, 가족 친화적인 복지정책이 수립·시행될 필요가 있다. 지금까지 우리나라의 가족정책은 특정 가족 중심적이며 친족 책임주의적인 성격에 기반하여 시행되어 왔으며 의도적이고 포괄적인 가족정책이 존재하지 않았다. 그러나 최근 가족에 대한 개념 자체가 변화하면서 가족의 형태도 비혈연가족, 조손가족, 여성가구주가족, 다문화가족, 별거가족, 공동체가족, 대한가족 등으로 다양화되고 있다. 가족정책을 가족의 삶의 질을 높이고 가족구성원을 지원하는 정책으로 이해한다면, 앞으로의 가족정책은 가족의 변화하는 욕구에 대응하는 정책, 즉 다양한 가족 형태에서 발생되는 가족구성원의 복합적인 욕구를 포괄적으로 지원하는 가족 친화적인 복지정책이 시행될 필요가 있다.

둘째, 이혼 등으로 인한 한부모가족의 실태에 입각한 종합적인 지원정책을 강구하여 실시할 필요가 있다. 한국 사회에서 대부분의 한부모가족들은 경제적 문제, 자녀 양육·교육 문제, 고용 문제, 주거 문제, 정서적 문제 등 다양한 어려움을 겪고 있으며, 언제 빈곤층으로 전락할지도 모르는 불안한 삶을 살아가고 있다. 정부에서는 한부모

가족의 생활안정과 자립기반 조성 및 복지 증진을 위해 저소득 한부모가족, 미혼모·부자가족(미혼 한부모가족), 조손가족 등 취약가족이 가족 기능을 유지하고 건강한 생활을 영위할 수 있도록 다양한 지원사업을 수행하고 있지만, 한부모가족의 실태에 입각한 종합적이고 근본적인 지원책과는 거리가 멀다. 예를 들면, 저소득 한부모가족 자녀 양육비 등 복지급여 지원사업으로서 만 18세 미만 자녀를 대상으로 월 20만 원의 아동 양육비를 지원하고 있는데, 이는 한부모가족의 소득 수준(월평균 소득)이 전체 가구 평균 가구소득의 절반인 점을 고려하면 턱없이 부족하다. 따라서, 한부모 당사자뿐만 아니라 그들의 자녀들이 '온전하게' 성장할 수 있도록 한부모가족의 경제적 지원에서부터 인식개선에 이르는 종합적인 대책을 마련하여 시행할 필요가 있다.

셋째, 가족에 의한 돌봄(가족돌봄)의 사회화가 이루어질 필요가 있다. 한국 사회에서는 2000년대(특히 중반) 이후 아동돌봄 및 노인돌봄의 사회화를 위한 정부의 적극적인 개입이 연이어 이루어져 왔다. 즉, 정부는 저출산·고령화 및 가족변화에의 대응을 들어 2000년에 들어선 이후 「보육사업 중·장기종합발전계획」(2001년)을 비롯하여, 「제1차 중장기보육계획: 새싹플랜」(2006~2010)과 그 수정판인 「아이사랑플랜」(2009~2012), 「제1차 저출산·고령사회기본계획」(2006~2010)과 「제2차 저출산·고령사회기본계획」(2011~2015) 및 「제3차 저출산·고령사회기본계획」(2015~2020), 「제4차 저출산·고령사회기본계획(2021~2025)」 등을 연이어 발표해 왔다. 바우처 방식을 도입하여 보육시설 이용아동의 보육료지원을 확대하고, 보육시설을 이용하지 않는 아동에 대한 지원사업으로 '아동수당'과 '아이돌봄서비스' 등의 가정 내 보육지원서비스를 도입·실시하였으며, 2013년부터는 '0~5세 무상교육'을 전면적으로 실시해 왔다. 또한, 노인돌봄과 관련하여서는 「제1차 저출산·고령사회기본계획」에 근거하여 2007년 「노인장기요양보험법」이 제정되어, 국민건강보험공단에 의한 노인장기요양보험사업과 지방자치단체에 의한 노인돌봄서비스사업 등에 의해 노인돌봄을 제공하고 있다. 그러나 이러한 아동 및 노인 관련 돌봄서비스 확대는 사회적 일자리 창출이라는 경제적 효과에 치중하여 추진되었다는 측면이 강해 노동조건이 열악한 돌봄노동자를 대량으로 양성하였으며, 가족부담의 감소 효과는 그다지 높지 않은 실정이다(김지미, 2013, 2018). 이는 돌봄서비스의 사회화 과정에서 공공성이 부족했던 탓에 초래된 결과이기도 하다. 따라서 아동돌봄 및 노인돌봄의 공공성을 강화하여 가족원에 의한 돌봄부담을 체계적으로 해소할 수 있도록 돌봄의 사회화가 이루어질 필요가 있다.

가족 문제에 대한 실천적인 정책 방향으로서 다양한 형태의 가족을 수용하는 사회적 분위기 조성 및 민주적이고 평등한 가족관계의 형성이 필요하다. 한국 사회는 다른 선진국에 비해 상대적으로 이혼가족이나 한부모가족, 폭력가족 등에 대해 폐쇄적인 사회구조를 가지고 있어 이들은 이중 삼중으로 고통을 당하고 있다. 따라서 전통적인 가족의 틀에서 벗어나는 다양한 형태의 가족에 대해서도 수용하는 사회적 분위기를 조성함으로써 이혼가족이나 한부모가족을 편견 없이 받아들이고, 가족 내에서도 부계 혈통 중심의 수직적 가족관계를 해소하고 가족구성원 모두가 상호 존중하는 평등한 관계를 지향함으로써 폭력이 없는 사회를 구축하기 위한 토대를 마련해야 할 필요가 있다(김지미 외, 2020).

생각해 볼 문제

1. 가족 문제를 보는 여러 관점을 비교하여 설명해 보자.

2. 우리나라 가족의 변화 양상을 다양한 측면에서 설명해 보자.

3. 다양한 가족 중 1인 가족의 증가에 대하여 논의해 보자.

4. 최근 가족복지와 관련된 정책을 선정하여 설명해 보자.

5. 최근 우리나라가 당면하고 있는 가족 문제를 설명해 보자.

Chapter

09

주거 문제

01 주거 문제의 이해

통계청(2024)의 「인구주택총조사 규칙」에 의하면, '주택'이란 하나 이상의 가구가 독립하여 살 수 있도록 구획된 건축물을 말한다. 독립된 공간의 건축물로는 단독주택, 아파트, 연립주택 등이 해당하지만 일반적으로 주택 문제라 할 경우에는 단순히 이와 같은 좁은 의미에서 사용되는 것이 아니다. 일반적으로 주택(house)은 하드웨어적인 요소가 강하지만 주거(housing)는 소프트웨어적인 요소와 주택을 둘러싼 환경을 포함하는 넓은 의미로 사용된다. 사회문제로서 주택을 논의할 경우에는 주택설비와 주거밀도 등 내부 공간만이 아니라 편의시설, 주거 만족감, 이사 횟수, 주거지역에 대한 사회적인 인식, 지역사회의 분위기 등이 모두 포함되기 때문이다. 저명한 사회정책학자 마샬(Marshall)이 간파했던 것처럼 주택은 복지정책의 세 가지 목표인 건강(health), 생활보장(security), 복지(welfare)의 필요조건이다. 그는 주택 문제야말로 사회정책이 다루는 문제 중에서 가장 파악하기 힘들면서도 가장 대처하기 어렵다고 하였는데, 그만큼 주택 문제가 많은 영역의 문제들과 서로 밀접히 관련되어 있기 때문일 것이다(최선화 외, 2010).

2000년대에 들어서면서 주택 가격이 급등하였으나 2008년 미국발 금융위기가 도래하면서 집값이 하락하고 고용의 불안정이 심화되면서 무리하게 주택을 구입한 가구는 높은 이자 부담과 물가상승으로 인해 주거를 상실할 위험에 처하게 되었다. 이후 국가의 부동산 안정화 대책 등이 쏟아지면서 주택가격이 회복세를 보였고, 가계의 이자 부담을 줄여 주기 위한 저금리 주택융자제도 등이 시행되면서 주택거래가 어느 정도 활성화되면서 안정을 찾아가는 듯하였다. 2008년 전국 주택보급률이 처음으로 100%를 넘어섰으며, 2021년 주택보급률은 102.2%였다. 또한, 2021년 수도권의 주택보급률은 96.8%였다. 전국 주택보급률이나 수도권의 주택보급률이 양호함에도 불구하고 주거의 어려움을 겪고 있다. 그간 정부는 시장원리에 기반을 둔 주택정책을 통해서 주택의 공급을 늘리는 데 크게 기여하여 왔지만 주택보급률이 100%를 넘어섰음에도 불구하고 자가소유율은 2019년 기준 58.0%에 불과하였으며, 특히 서울을 포함한 수도권의 자가소유율은 50.0%에 불과하였다. 저소득층 중 70% 정도가 주거 수준이 열악한 단독주택이나 다세대주택에 거주하고 있으며, 상대적으로 불안정한 보증부월세, 월세, 사글세에 거주하는 가구가 36.7%를 차지하고 있다.

1997년 경제위기 이후 빈곤의 양극화가 심화되었다. 노동시장의 취약성 등 다양한 요인에서 양극화 원인을 찾아야겠지만 주요 요인 중 하나는 부동산이다. 부동산의 주 대상인 주택은 소득 대비 그 가격이 높은 데다가 주기적으로 주택 가격이 폭등하고 있다. 특히 가계자산의 80%가 부동산에 묶여 있는 실정이기에 주택 가격이 조금만 오르거나 내려도 가계와 경제가 큰 타격을 받게 되는 상황이므로 주거 문제는 매우 심각하다. 주택 가격이 높다 보니 생계비에서 주거비의 비중이 높고, 우리나라만이 갖는 특이한 제도인 전세는 목돈 마련을 필요로 하기 때문에 저소득층의 주거 상황은 점점 악화되고 있다(이태진 외, 2010). 결국 빈곤과 주거 문제는 연관되어 있기에 주거빈곤 계층에 대한 사회복지적 접근이 필요하다.

02 ● 주거 문제의 관련 영역

주거 문제를 논함에 있어서 '누구를 대상으로 어떤 내용을 다룰 것인가?', '사회적으로 취약한 대상을 어떻게 볼 것인가?' 하는 문제는 중요하다. 주거 문제에 취약한 대상을 저소득층, 사회적 소외계층, 주거빈곤계층으로 구분하여 보자. 저소득층을 정의할 때는 국가의 경제 수준이나 소득 수준 등 경제적 측면을 고려하지만, 사회적 소외계층의 개념은 저소득층의 정의와는 다른 의미가 있다. 사회적 소외계층은 경제적인 능력뿐만 아니라 사회적인 지위 혹은 활동의 제약으로 인해 배제되는 경우까지를 모두 포괄하는 개념이다. 주거빈곤계층은 사회적으로나 경제적으로 취약한 계층으로, 주거 문제를 스스로 해결할 수 없는 가구 혹은 최저 주거 수준에 미달하는 열악한 주거환경에 거주하는 계층을 의미한다(이태진 외, 2010). 주거 문제에 취약한 주 대상자들이 공통적으로 겪을 수 있는 문제에 대하여 최선화 등(2010)의 논의 내용 주제를 중심으로 살펴보고자 한다.

1) 주거 형태와 가계지출

주거 형태에 따라 가계지출에 큰 영향을 미친다. 즉, 자가인가 혹은 임대주택인가에 따라서 가계지출이 다르다. 자가라 하여도 주택융자금이 담보되지 않은 완전한 자가인가 혹은 주택융자금이 담보된 자가인가에 따라서 다르며, 설령 임대주택이라 하여도 임대의 전세, 보증부월세, 월세, 사글세 등 임대 형태에 따라서 가계 지출에서 차지하는 주거비 지출이 달라지기 때문에 실질소득의 불평등을 야기하는 중요한 요인이 된다.

2) 주거의 입지조건과 고용

주거의 입지조건은 노동시장과 밀접한 관계가 있다. 가능한 주거의 입지에 따라서 직장의 범위를 결정하기 때문에 고용의 기회를 좌우하는 중요한 요인이 된다. 특히 단기고용 노동에는 더 큰 영향을 미친다. 아무리 좋은 일자리라 하여도 지리적 이동이 곤란하다면 단기고용을 위해서 주거지를 쉽게 옮길 수 있는 문제가 아니기 때문에 결국 근로활동을 포기하게 된다. 고용 이후에는 출퇴근 소요 시간에 따라 직장 내의 업무뿐만 아니라 자신의 자유시간에도 영향을 준다.

3) 주거환경과 건강

주거환경은 질병의 발병과 요양을 좌우하는 중요한 요소이기에 건강에 영향을 미친다. 환경오염과 파괴가 진전되어 대기오염, 하천오염, 소음공해, 도로공해 등에 의해 일상생활이 위협을 받거나 주택의 과밀화로 인해서 아이들의 놀이 공간이 없어지거나 일조시간이 줄어 건강한 문화생활을 영위할 권리가 침해되고 있다. 특히 유해산업시설이 입주해 있는 지역의 주민들은 유해환경에 장기간 노출됨으로써 집단 발병으로 나타나기도 한다.

4) 주거지역과 교육

주택시장의 가격이 교육환경에 따라서 결정될 정도로, 주거지역의 교육 환경은 중요하다. 주거지역에 따라서 교육자원의 이용 가능성이 영향을 받는다는 측면에서 보면 주거지역이 교육의 질에 적지 않은 영향을 미치고 있는 것이 사실이다.

5) 주거와 빈곤

주거비 지출이 가계의 중요한 부분을 차지한다. 주거비 지출능력에 따라서 주거의 형태, 주거의 입지, 교육환경 등이 결정된다는 점에서 보면 이는 경제력과 연관되어 있다. 과다한 주거비 지출은 주거의 불안정을 초래한다. 이는 가계의 실소비지출 능력을 악화시켜 건강, 교육, 고용의 기회를 떨어뜨려 지속적인 빈곤의 요인이 될 뿐만 아니라 이를 대물림하는 악순환을 초래하기도 한다.

03 주거 문제의 실태

1) 주거권의 미확보 문제

주거 문제와 관련하여 가장 심각한 문제는 주택의 소유 여부가 아니라 주거권의 확보이다. 전국적으로 주택보급률이 100%가 넘는 현실 속에서도 그 실상은 우울하다. 치솟는 전셋값으로 인해 기존의 주거지역을 떠나는 전세난민들이 있는가 하면 오를 대로 올라 언제 하락할지도 모른다는 불안감을 안고 내 집을 구입하는 경향이 두드러지고 있다. 이는 주거권의 확보가 매우 불안정함을 보여 주는 단적인 사례이다.

기본적인 삶의 요소 중 하나인 주거의 문제는 그 중요성이 높아 「세계인권선언」 제25조제1항에서는 "모든 사람은 식량, 의복, 주택, 의료, 필수적인 사회역무를 포함하여 자신과 가족의 건강과 안녕에 적합한 생활 수준을 누릴 권리를 가지며, 실업, 질병, 불구, 배우자와의 사별, 노령, 그 밖의 자신이 통제할 수 없는 상황에서의 다른 생계결핍의 경우 사회보장을 누릴 권리를 가진다."라고 규정하고 있다. 그뿐만 아니라 「대한민국헌법」에서 제35조제1항 "모든 국민은 건강하고 쾌적한 환경에서 생활할 권리를 가지며, 국가와 국민은 환경보전을 위하여 노력하여야 한다."와 제3항 "국가는 주택개발정책 등을 통하여 모든 국민이 쾌적한 주거생활을 할 수 있도록 노력하여야 한다."라고 국가의 의무를 규정하고 있음에도 불구하고 주거의 문제에 많은 위험이 있다.

안정적인 주거권을 확보하기 위해서는 무엇보다도 자가를 소유하는 것이다. 전국적으로 자가보유는 2022년 기준으로 57.5%이다. 도지역은 65.6%로 다른 지역에 비해 높지만 수도권의 자가보유는 51.9%이다. 인구가 집중된 수도권의 낮은 자가보유율은 결국 주거권의 불안정 요인이기도 하다. 불안정한 주거권을 해결하기 위해서는 주택보급률을 높이는 것이다. 그러나 높은 주택보급률이 주거권을 반드시 담보해 주지는 못한다. 고용 또는 교육과 관련하여 혹은 재개발이나 기타 문제 등으로 인해 자신이 선호하는 지역에서 주거권을 확보하기가 용이하지 않다는 것이다. 이로 인해서 출퇴근에 많은 시간과 비용을 소비한다거나 또는 불가피하게 직업을 바꾸는 경우 등 많은 문제들이 발생하고 있다.

표 9-1 지역별 소득계층별 점유 형태(2022년 기준)

구분 \ 시·도	소득 구분	자가	임차	무상	계
전국	합계	57.5	38.8	3.7	100.0
	저소득층	45.8	48.5	5.7	100.0
	중소득층	60.9	36.2	2.9	100.0
	고소득층	74.2	24.4	1.4	100.0
수도권	합계	51.9	45.2	2.9	100.0
	저소득층	35.9	59.5	4.7	100.0
	중소득층	54.2	43.2	2.6	100.0
	고소득층	70.3	28.9	0.8	100.0
광역시	합계	58.7	38.0	3.3	100.0
	저소득층	43.7	51.6	4.7	100.0
	중소득층	66.8	30.9	2.4	100.0
	고소득층	78.8	19.4	1.8	100.0
도지역	합계	65.6	29.1	5.4	100.0
	저소득층	58.4	34.3	7.4	100.0
	중소득층	68.9	27.4	3.8	100.0
	고소득층	80.3	17.1	2.6	100.0

출처: 국토교통통계누리(http://stat.molit.go.kr)

2) 주택 부족 문제

2022년 전국적 주택보급률은 102.1%이다. 전국적 주택보급률이 1980년 71.2%에서 1995년 84.2%, 2005년 98.3%로 점진적으로 증가한 이후 2008년 100.7%에서 지속적으로 100%를 상회하고 있다. 이는 1990년 이후 매년 60만 호 내외의 주택이 건설될 정도로 주택보급률을 높이기 위한 정부의 다양한 시책과 시장논리에 의한 민간 건설업체의 적극적인 참여의 결과이다.

표 9-2 연도별 (신)주택보급률

연도	2016	2017	2018	2019	2020	2021	2022
전국	102.6	103.3	104.2	104.8	103.6	102.2	102.1
수도권	98.2	98.3	99	99.2	98	96.8	96.6
서울	98.2	96.3	99	96	94.9	94.2	93.7
지방	106.8	107.9	109.1	110.1	108.9	107.4	107.5

출처: 국토교통통계누리(http://stat.molit.go.kr)

높은 주택보급률에도 불구하고 여전히 주택은 부족한 상태이다. 이는 인구의 대도시 집중화 특히 수도권의 인구과밀화에 따른 주택보급의 불균형 때문이다. 2022년 지방의 주택보급률은 107.5%임에도 불구하고 수도권은 96.6%에 머물고 있으며, 이 중에서도 서울은 93.7%이다. 주택보급률이 낮기도 하지만 주택부족이 심각해진 것은 가족 형태의 다양화와 관련해 수요가 급증하고 있기 때문이다. 일례로 다양한 요인에 의해 결혼을 미루는 싱글족의 급증이 하나의 요인이다.

3) 주거환경의 문제

주거환경이란 '사람이 살아가는 데에 영향을 미치는 외부 요인'을 말한다. 주거환경은 일단 쾌적하여야 한다. 쾌적성은 주거욕구와 관련된 질적인 문제로서, 주거공간의 규모, 주거의 외부환경, 주거의 내부시설 등과 관련되어 있다. 이는 일상생활을 영위하는 데 직간접적으로 많은 영향을 미치는 외부 요인으로 '넓은 의미로는 인간의 주생활을 영위하게 할 수 있는 경제·사회·물리적 조건들을 포함하는 유형·무형의 외부 조건이며, 좁은 의미로는 주택 그 자체, 또는 주택의 내·외부와 관련된 여러 조건'이라 할 수 있다(김현식 외, 1997).

주거환경을 둘러싼 외부요인은 다양하여 이를 파악하기가 어렵지만 무엇보다도 주거환경은 주거만족도에 영향을 미치기 때문에 이 만족도를 통해서 영향을 미치는 요인들을 밝힐 수 있다. 만족도를 파악하는 주요 요소들로는 공원시설, 조경시설, 휴게

시설, 보행시설, 운동시설, 놀이터, 경로당, 도서관, 주민공동시설, 보육시설 등의 편의시설이 조성되어 있는가와 교육시설, 공공시설, 금융시설, 의료시설, 사회복지시설 등에 대한 접근성과 더불어 교통의 편익성 등이 해당된다.

소득계층별 주택 유형(〈표 9-3〉)을 살펴보면 고소득층은 주거환경이 잘 갖추어진 아파트에 76.85%가 살고 있는 반면, 저소득층은 33.22%만이 아파트에 살고 있다. 이는 상대적으로 저소득층이 주거환경이 열악한 단독주택 등에 살고 있다는 것이다. 이는 저소득층의 주거환경이 상대적으로 더 열악하다는 것을 나타낸다.

표 9-3 지역별 소득계층별 주택 유형(2022년 기준)

시·도 구분	소득구분	단독 주택	아파트	연립 주택	다세대 주택	비거주용 건물 내 주택	주택 이외의 거처	계
전국	합계	29.61	51.93	2.11	9.30	1.49	5.57	100.0
	저소득층	46.02	33.22	2.15	9.06	1.70	7.84	100.0
	중소득층	21.49	58.85	2.21	10.87	1.37	5.21	100.0
	고소득층	11.89	76.85	1.89	6.71	0.97	1.68	100.0
수도권	합계	21.73	52.30	2.34	14.91	1.42	7.31	100.0
	저소득층	34.51	34.10	1.99	15.88	1.67	11.85	100.0
	중소득층	17.97	54.18	2.66	17.04	1.48	6.67	100.0
	고소득층	9.44	75.16	2.38	10.11	0.83	2.09	100.0
광역시	합계	27.68	59.49	1.44	5.88	1.35	4.15	100.0
	저소득층	41.96	40.69	1.99	7.29	1.98	6.09	100.0
	중소득층	18.47	69.96	1.27	5.82	1.00	3.48	100.0
	고소득층	11.88	83.87	0.44	2.54	0.57	0.70	100.0
도지역	합계	43.34	46.46	2.18	2.61	1.68	3.72	100.0
	저소득층	61.43	27.79	2.42	2.43	1.58	4.36	100.0
	중소득층	29.94	59.52	2.05	3.26	1.41	3.81	100.0
	고소득층	17.77	75.79	1.78	1.64	1.61	1.41	100.0

출처: 국토교통통계누리(http://stat.molit.go.k2.18r)

4) 주택불평등 문제

경제위기 이후 양극화의 주된 요인 중 하나는 부동산이다. 소득 대비 급격한 주택 가격의 상승은 사회의 양극화를 더욱 촉진하였다. 그렇기에 어떤 유형의 주택을 어디에 얼마만큼 소유하고 있는가에 따라서 그 가계의 경제력을 가늠해 볼 수 있을 정도로 주택은 부의 척도가 되었다. 그만큼 가계경제력에 있어서 주택이 중요한 요소를 차지하고 있는 것이다. 주택의 불평등 문제는 특정 지역이나 특정 유형의 주택에 거주하는 것만으로도 부러움의 대상이 되거나 혹은 낙인의 대상이 되기도 한다.

04 주거 문제에 대한 사회복지대책

오늘날 주거 문제는 주택공급 자체가 부족하거나 혹은 특정 지역의 과밀현상에 따라 발생하는 문제로만 여길 수는 없다. 2008년 이후 전국적으로 주택보급률이 100%를 넘었음에도 불구하고, 자가소유율은 2019년 기준 58.0%에 불과하였다. 이는 수요계층의 경제적 취약성을 보여 주는 것이다. 2000년 이후 주택가격이 급등하여 경제력이 낮은 실수요자는 구매하기에 어려움이 있다. 급등하는 임대가격에 짓눌려 불가피하게 혹은 정부의 저금리 주택융자 활성화 정책 등으로 주택 구매가 증가하는 요인들이 발생하기도 하지만 주택 구매를 통해 주거의 안정을 꾀하는 것은 분명 한계가 있다. 따라서 그간의 경제정책으로서의 주택 문제가 아니라 주거권을 국민의 기본권리로 인정하고 이를 사회복지적 관점에서 바라보고 그 해결책을 찾아야 한다.

첫째, 「국민기초생활보장법」에 의한 주거급여 대상을 정률급여가 아니라 세분화하여 유형별로 지급하여야 한다. 둘째, 국민임대주택의 유형(평형)을 다양화하고, 입주대상자 선정기준을 확대하여 국민의 보편적인 주거공간으로 자리하도록 하여야 한다. 셋째, 영구 및 공공임대주택의 단지를 개별화하지 않고, 국민임대주택 단지 내에 혼재하도록 하여 낙인 현상을 방지하여야 한다. 넷째, 현 거주 생활권에서 경제적 활동이 가능하도록 기존 주택을 매입하여 임대하는 매입임대 혹은 전세임대주택을 활성화하여야 한다. 다섯째, 저소득 가구 및 서민을 위한 저금리 전세자금 융자제도의 정착과 중산층 근로자를 위한 전세 혹은 구매 자금의 융자지원정책이 정착되어야 한다(김지미 외, 2020).

생각해 볼 문제

1. 증가하고 있는 귀농·귀촌 가구에 대한 본인의 생각을 말해 보고, 귀농·귀촌 시 특별히 주의해야 할 사항은 어떤 것들이 있는지 논의해 보자.

2. 서울에 집중되어 있는 공공기관의 '지방 이전'에 대해서 찬·반 의견을 제시해 보고, 이것이 집값 안정화에 영향을 줄 수 있을지 논의해 보자.

Chapter

10

환경 문제

산업혁명 이후 인류문명은 농경사회에서 산업사회로 급속히 전환되었다. 인간 생활의 생산력의 기반은 삼림과 토지 중심에서 산업사회가 되면서 이들을 포함한 지하자원, 수자원 등 자연자원 전반뿐만 아니라 기술혁신으로까지 확대되었다. 특히 산업사회의 기술 문명은 자연환경의 많은 부분을 훼손하는 방향으로 생산기술과 방식을 변화시켰다. 이 때문에 환경파괴의 규모가 점차 확대·심화되어 환경 문제가 지역적·국지적 문제에서 전 지구적인 문제로 발전하였다. 특정 국가에서 발생한 환경 문제는 더 이상 그 국가만의 문제가 아니라 국경을 초월하여 영향을 주고 있다. 삼림의 대규모 파괴, 급속한 생물종의 멸종, 대기와 수질의 심각한 오염, 지구온난화에 의한 기상이변 등의 문제들이 전 지구적으로 발생하고 있다. 따라서 여기에서는 환경 문제의 개념과 동향, 환경 문제를 바라보는 이론, 환경 문제의 실태, 환경 문제의 해결방안 등에 대하여 살펴보고자 한다.

01 환경 문제의 개념과 동향

환경은 매우 다양한 개념으로 취급된다. 미국 국제무역위원회(United States International Trade Committee: USITC)는 환경을 각종 어류 및 고래, 야생동물, 일반 해양생태계, 대기, 육상, 내수, 고고학적·문화적·역사적·자연적 유물, 핵 오염, 극지방 등 구체적으로 열거하여 규정하였다. 1993년 유럽이사회에서 채택된 「환경에 위험이 되는 활동이 야기하는 손해에 대한 민사책임에 관한 유럽협약」에서는 환경을 '무생물과 생물 및 자연자원으로서 공기, 물, 토양, 동·식물군과 그들 간의 상호작용, 문화유산을 구성하는 재산, 풍경의 특징적 측면을 구성하는 것'으로 정의하였다. 즉, 환경을 생명이 있는 것, 생명이 없더라도 다른 생명이 살도록 하는 데 관련하는 모든 것으로 보았다. 이에 더하여 고고학과 문화, 역사 등 사람이 일군 인공적 업적이지만 보편적인 사람의 생활에 보탬이 되는 모든 것도 '환경'이라는 말로 아울렀다. 그래서 '어느 환경 안에서 사는 생물군과 그 생물을 제어하는 제반 요인을 포함한 복합체계'로 설명하고 이를 '생태계'란 말로 바꿔 쓰는 경우도 많다(김종일 외 2004; 옥양련·박금식, 2003).

한편, 우리나라에서 환경에 대한 정의는 「환경정책기본법」에 규정되어 있다. 이 법은 "환경보전에 관한 국민의 권리·의무와 국가의 책무를 규정하고 환경정책의 기본 사항을 정하여 환경오염과 환경훼손을 예방하고, 환경을 적정하고 지속가능하게 관리·보전함으로써 모든 국민이 건강하고 쾌적한 삶을 누릴 수 있도록 하기 위한 목적"으로 제정되었다. 제3조(정의)에서는 '환경'을 "자연환경과 생활환경"으로 구분하여 규정하였다. '자연환경'은 "지하·지표(해양을 포함) 및 지상의 모든 생물과 이들을 둘러싸고 있는 비생물적인 것을 포함한 자연의 생태(생태계를 포함)"로, '생활환경'은 "대기, 물, 폐기물, 소음·진동·악취, 일조(日照) 등 사람의 일상생활과 관계되는 환경"으로 규정하였다. 그리고 '환경오염'을 "사업활동 및 그 밖의 사람의 활동에 의하여 발생하는 대기오염, 수질오염, 토양오염, 해양오염, 방사능오염, 소음·진동, 악취, 일조 방해, 인공조명에 의한 빛공해 등으로서 사람의 건강이나 환경에 피해를 주는 상태"로, '환경훼손'은 "야생동식물의 남획(濫獲) 및 그 서식지의 파괴, 생태계질서의 교란, 자연경관의 훼손, 표토(表土)의 유실 등으로 자연환경의 본래적 기능에 중대한 손상을 주는 상태"로 규정하였다. 또한 '환경보전'은 "환경오염 및 환경훼손으로부터 환경을 보호하고 오염되거나 훼손된 환경을 개선함과 동시에 쾌적한 환경 상태를 유지·조성하기 위한 행위"로 정의하였다. 요약하면, 「환경정책기본법」에서는 환경을 생태계(ecosystem)로 보고, 환경 문제를 환경오염에 따른 문제와 거의 동일시한다. 그러나 환경오염이나 환경훼손은 구체적인 환경 문제의 하나일 뿐, 서로 동일한 것으로 볼 수는 없다. 따라서 환경 문제는 환경오염과 환경훼손 등을 모두 포함한 포괄적인 개념으로 생태계와 환경이 오염되면서 나타나는 여러 가지 문제로 정의할 수 있다.

환경 문제가 20세기 후반부터 인류의 생존을 위협하는 사회적 이슈로 부각된 이유는 다음과 같은 특성들로 인하여 범지구적인 피해를 가져오면서도 해결방안 마련이 쉽지 않기 때문이다.

첫째, 다른 사회문제에 비하여 사람에게 직간접적으로 영향을 미친다(강대기, 1982).

예를 들어, 지구온난화에 따른 해수면의 1m 상승을 가정할 때, 침수되는 면적은 전 세계 육지의 3%에 불과하지만 이는 경작지 면적의 1/3을 차지하는 10억 인구의 생활 터전이다. 또한 생활 터전을 잃은 사람은 인근 지역 국가로 이동하여 그 국가의 불법체류자나 빈민층을 형성하게 되므로 국경을 초월하여 인류에게 영향을 미치는 문제이다.

둘째, 다수의 지역주민 건강과 동식물의 생존을 직접적으로 위협하므로 다른 어떤 사회문제보다도 절박한 문제이다. 아직 환경 문제의 영향력이 상세하고 세세하게 다 밝혀지지는 않았지만 이들 문제의 심각성은 훨씬 더 크다. 예를 들어, 중국의 사막화는 그 원인의 85%가 과도한 방목, 개간 및 약초 채취 때문이다. 그러나 사막화는 식량부족으로 인한 식량 문제를 발생시키고, 인근 국가들에게 황사와 같은 피해를 입힌다. 우리나라만 하더라도 황사의 영향을 받고 있다.[7] 황사로 인하여 호흡기질환과 안질환이 유발될 수 있으며 미세먼지에 유해물질이 있을 경우 황사로 인한 건강위해도가 증가한다. 이 외에도 농작물 성장 저해, 항공기 결항 등 다양한 손실을 유발하여 이로 인한 피해액이 3~5조 원으로 추정된다.

셋째, 대부분의 피해가 잠정적이고 점진적으로 발생하기 때문에 과소평가되어 환경 문제의 심각성을 모르고 있다가 발생하고 나면 이미 돌이킬 수 없는 경우가 많다(강대기, 1982). 지난 55년 동안 핵무기 위협만을 기준으로 지구의 종말 시계를 측정하여 그 피해를 공표해 왔던 미국의 과학전문잡지 『BAS(*Bulletin of the Atomic Scientists*)』[8]는 2007년부터 지구온난화의 위협까지를 감안하여 지구 종말 시계를 발표하고 있다. 『BAS』는 성명서에서 "기후 변화에서 오는 위험은 핵무기가 초래하는 위험 못지않게 절망적이다. 비록 단기적으로는 그 파괴력이 핵폭탄에 미치지 못하지만 앞으로 30~40

7) 황사 발생 일수(연간)

(단위: 일)

구분	2010년	2014년	2015년	2017년	2021년	2023년
발생 일수	15	10	15	10	14	19

출처: 기상청 기상자료개방포털(https://data.kma.go.kr/cmmn/main.do)

8) BAS는 제2차 세계대전 중 미국의 핵폭탄 개발 프로젝트 '맨해튼 계획'에 참가한 과학자들이 창간한 것으로, 미·소 냉전이 시작된 1947년 이래 인류 멸망까지 남은 시간을 발표하여 왔다. 종말 시계가 7분 전을 가리킨 때는 지난 55년 동안 다섯 차례에 불과했는데, 이번 발표는 여기서 2분이 더 빨라진 것으로 현재 지구가 환경적으로 아주 위험한 시기에 도달하였음을 경고한 것이다.

년 사이에 인류사회의 생존환경에 돌이키지 못할 피해를 줄 가능성이 있다."라고 하여 환경이 인류에 대하여 가지는 잠정적이지만 폭발적인 파급력을 지적하였다.

넷째, 오염물 배출자와 피해자가 다른 경우가 많다. 환경파괴는 모든 사람에게 동시에, 똑같이 영향을 미치지는 않는다. 그 영향은 사회의 구조적 성격 및 인간의 생물적 특성을 반영하여 사회적 약자와 생물적 약자에게 가중된다. 최근 자연환경을 그대로 유지하며 살던 남태평양 섬나라 투발루, 키리바시, 바누아투, 몰디브 등의 주민이 뉴질랜드나 오스트레일리아로 이주하는 가장 큰 이유는 일부 선진공업국이 발생시킨 지구온난화 때문에 해수면이 상승하여 국토가 바다에 잠기고 있기 때문이다. 역설적이게도 가장 큰 피해자는 산업화의 과실을 전혀 맛보지 못한 투발루 같은 나라들이다.

다섯째, 환경오염에 따른 생태계 파괴는 다른 어느 사회보다 회복이 어렵고 회복하는 데 오랜 기간이 걸리며 높은 비용이 든다. 대기오염의 경우 일단 오염물질이 자연으로 배출되면 생태계의 자체 정화 외에는 뚜렷한 정화방안이 없을 뿐만 아니라 그 피해가 직접적으로 피부에 와 닿지도 않는다.

이러한 특성 때문에 환경 문제는 한 국가의 노력만으로 환경 문제는 해결할 수 없고 전 세계가 힘을 합쳐 대응해야 한다는 공감대가 형성되었다. 1992년 「리우협약」을 시작으로 「몬트리올 의정서(Montreal Protocol on Substances that Deplete the Ozone Layer)」, 「교토의정서(Kyoto Protocol)」, 「파리협정(Paris Agreement)」 등 국제 환경협약을 통하여 전 지구적인 대응체제가 마련되었다.

1987년 채택되어 1989년에 발효된 「몬트리올 의정서」는 프레온가스가 오존층을 파괴해 피부암과 백내장을 유발하는 등 인체에 나쁜 영향을 미치는 것이 입증되어 관련 물질의 소비를 감축하자는 내용을 담고 있는 협약서이다. 우리나라는 1992년에 가입하였으며 2023년 200여 개 국가가 참여하고 있다.

「교토의정서」는 지구온난화 및 해수면 상승을 유발하는 이산화탄소, 메탄 등 '온실가스' 배출을 감축하자는 구체적인 목표를 가지고 1997년에 채택되었다. 공통의무로 온실가스 국가 통계 작성 및 보고 의무는 부담하지만 선진국에 해당하는 미국, 일본,

유럽 등 38개국은 온실가스 감축 의무를 부여받았고, 그 외의 개발도상국들은 감축 의무를 부여받지 않았다. 우리나라는 2002년에 「교토의정서」에 가입하였는데 당시 개발도상국으로 분류돼 온실가스 감축 의무는 지지 않았다.[9] 그렇지만 OECD 회원국으로서 멕시코와 더불어 온실가스 감축 압력을 받고 있다.

2005년부터 효력이 발효되어 2020년까지 연장된 「교토의정서」는 기후변화에 대한 대표적인 국제 환경협약이지만 여러 가지 측면에서 한계를 드러내고 있다. 온실가스 배출량 세계 1위인 중국과 인도가 2차 공약 기간에도 개발도상국으로서 이산화탄소 감소 의무를 지지 않는 위치를 유지하겠다고 발표하였고, 배출량 세계 2위인 미국이 2001년 「교토의정서」를 비준하지 않았다. 또한 온실가스 배출량 4, 5위인 러시아와 일본이 2차 공약 기간에 의무감축을 하지 않겠다고 함으로써 2차 공약 기간에는 「교토의정서」 체제의 힘이 매우 떨어졌다.

온실가스 배출량 감축에만 집중하였던 「교토의정서」와는 달리 2015년 유엔기후변화 회의에서 채택된 「파리협정」은 온실가스 감축뿐만 아니라, 적응, 재원, 기술이전, 투명성 등 다양한 분야를 포괄하여 지구 평균 온도 상승을 2℃보다 훨씬 아래(well below)로 유지하고, 1.5℃까지 제한하도록 노력하는 것을 목표로 체결된 국제조약이다. 「교토의정서」 체제하에서는 감축 의무 부담국가가 40여 개국으로, 전 세계 온실가스 배출량의 22%에 불과하였던 것에 비해 「파리협정」 체제는 197개국이 참여하여 전 세계 배출량의 95.7%(INDC 제출 161개국 기준)를 포함하는 포괄적 체제이다.

그러나 「파리협정」도 각국이 자발적으로 달성목표를 세우기 때문에 사실상 법적 구속력이 없다는 한계가 있다. 이 때문에 참가국들은 다른 국가들의 기후변화 대응 노력에 묻어가는 무임승차 유인이 강하다. 현재 각국의 자발적 감축 목표(INDCS)를 종합하면 2100년까지 지구 온도가 2.7℃나 상승할 것이라는 분석이 나오면서 자발적 참

9) 한국은 「교토의정서」 체결 당시 경제적으로는 선진국에 막 진입한 상태였으나, 온실가스 배출은 그만하지 않았으므로 1차 대상국은 아니었지만 2차 공약 기간이고 개발도상국도 포함하는 2020년부터는 이산화탄소 배출량이 세계 9위, 규모 세계 10위국이므로 온실가스 감축 의무를 이행해야 할 것으로 보인다. 수출 비중이 큰 산업에 집중적인 타격이 예상되었으나 이에 대비하여 그간 각종 환경 규제를 강화하여 왔으므로 이 조약 때문에 한국 수출품이 관세 장벽의 대상이 된다든지 하는 일은 벌어지지 않았다.

여의 한계가 드러난 바 있다. 또한 이번에도 미국이 참여하지 않아 문제가 되고 있다.

우리나라 정부는 기후변화 문제에 대응하여 2009년부터 '2020년 온실가스 배출전망치 대비 30% 감축'이라는 자발적인 목표를 설정하고, 온실가스 에너지 목표관리제, 배출권거래제 등을 시행하고 있다. 2015년 채택된 「파리협정」에도 참가해 2030년까지 배출 전망치(BAU) 대비 37% 감축한다는 목표를 달성하기 위한 여러 환경정책들을 추진 중이다.

이 외에도 우리나라가 제안하여 동북아시아 지역의 한국, 중국, 일본, 러시아, 몽골, 북한 등 6개국이 참여하는 동북아환경협력계획(North-East Asia Subregional Programme for Environment Cooperation: NEASPEC)이 1993년에 설립되었다. 이는 매년 열리는 동북아시아 지역의 환경 분야 지역협의체로서, 지난 20여 년간 20차례 이상의 고위급회담을 열어 왔다. 동북아환경협력계획을 통하여 대기오염 저감기술 관련 협력을 진행해 왔으며, 아시아개발은행(ADB)과의 협력사업으로 중국의 오염물질 저감, 몽골의 발전소 배출기준 개정 등의 사업을 추진하여 성과를 거두었다. 또한 동북아 대기오염 현황, 정책, 다자협력 과제에 대한 논의를 바탕으로 새로운 협력체 발족에 대한 원칙에 합의도 이루어 내었다. 최근에는 대기오염물질 장거리 이동 모니터링·모델링·영향평가 등을 통합한 종합 프로그램, 과학과 정책의 연계, 지식과 자료의 공개 및 효과적인 교환, 대기오염과 기후의 연계를 추진하고 있다.

02 ● 환경 문제의 이론적 관점

1) 기능주의 이론

기능주의자들은 환경 문제의 발생이 시스템 자체의 발전에서 발생한다고 보았다. 생산을 위한 농업 및 산업의 방식들이 생태계를 불안정하게 만드는 힘이라고 주장하였다. 농업은 고도의 생산적 작물 유지를 위하여 단순인공작물로 복잡한 자연 시스템을 대체해 왔다. 이러한 작물들은 재배, 비료 및 살충제, 자연환경에 모든 이질적인 요소들의 영향력하에서 생산성을 대량적으로 확대해 왔고, 지속적으로 이러한 요소들을 요구하였다(박용순 외, 2022). 산업화가 처음 시작되었을 때에는 사람도 적었고, 물질적 복지도 적었으며, 매우 많은 자연자원을 보유하였다. 그러나 산업화는 "더 많은 자원을 사용하여 더 높은 생산성을 만들자."를 모토로 하였고, 그 결과 더 많은 사람이 더 적은 천연자원을 지니게 되었다(박용순 외, 2022). 산업화는 많은 일자리와 부를 창출하여 물질적으로 풍부한 삶을 누리도록 만들었으나 무분별한 개발과 지나친 공장건설로 공기, 물, 토지를 오염시켜 인류가 살아가는 환경을 해쳤다. 즉, 균형이 깨지면서 생태계에 이상이 생긴 것이다. 환경 변화로 토지, 공기, 물, 사람, 자원과 같은 생태계 구성요소의 기능에 문제가 발생하여 전체 구조의 균형적인 기능에 영향을 미쳐 결국 사회 전체의 기능 마비를 가져왔다. 한쪽에 치중한 나머지 그 구조의 다른 한쪽에서 생길 수 있는 문제를 예상하지 못하고 제대로 대처하지 못한 것이다. 환경오염의 원인을 공장, 가정, 자동차 등의 매연, 폐수, 쓰레기 등이라고 하지만 근본적인 원인은 급격한 인구증가와 도시화 및 경제성장이다. 급속한 인구 성장 혹은 소비가 새롭게 증가하는 요구를 충족시키기 위해 새로운 기술을 '성급하게 적용'하게 만들었다. 인구의 절대 크기와 소비 수준이 클수록 기술의 규모가 커야 하며 따라서 실수가 더 심각하게 발생하였다(박용순 외, 2022).

기능주의자들은 환경 문제의 단계적 확대를 멈출 수 있는 단순한 방법은 없다고 주장한다. 인구 성장 정지가 좋은 시작의 하나가 될 수는 있지만, 그것 자체로는 문제가 해결될 수 없다고 지적한다. 환경에 대한 기술의 영향을 줄이는 것이 유용할 수 있지만, 환경이 우리 인구와 풍요가 성장하도록 허용된 것이 아니라고 한다면, 환경 문제를 해결할 수 있는 유일한 방법은 모든 구성요소를 동시에 공격하는 것이라고 에를리히 등(Ehrlich et al.)은 주장한다.

2) 갈등주의 이론

갈등주의 관점은 사회를 이해관계가 대립하거나 희소자원을 획득하기 위하여 다양한 권력 집단이 경쟁하는 투기장으로 보았다. 따라서 이 이론에서는 많은 국가 및 이익집단이 한정된 자원을 차지하기 위하여 갈등을 일으키고, 그러한 과정 속에서 환경 문제가 발생하는 것으로 보았다. 최근 중동에서 일어나고 있는 사태가 가장 적절한 예이다. 중동은 현 지구의 핵심 에너지원인 석유자원의 중요한 보유고다. 그러나 석유자원이 한정되어 있어 전 세계는 저마다 더 많은 석유자원을 값싸게 확보하기 위해 혈안이 되어 있다. 그래서 종종 전쟁이 발발하기도 한다. 2003년에 발발한 미국의 대 이라크 전쟁도 실제 이유는 석유자원의 확보라는 설이 강한 설득력을 얻고 있다. 이러한 전쟁에 따른 환경파괴는 매우 크다. 하지만 이는 이차적 파괴이고, 석유자원 확보를 위해 국가마다 경쟁적으로 원유를 찾으려고 무절제하게 개발을 하면서 생태계와 환경을 더욱더 심각하게 파괴하고 있다. 이 외에도 사람들이 경제적 여유를 갖게 되면서 합성재료보다는 천연재료, 천연목재 등 친환경 물품을 선호하게 되었고, 이에 따라 자연파괴가 가속화되고 있다.

갈등주의 이론에서의 환경 문제는 자연자원 혹은 환경자원의 불공평한 배분 때문에 발생한다. 또한 환경 문제는 세계의 한정된 자원뿐만 아니라 가용자원의 분배 결과에 따라서도 발생하는 것으로 보았다. 환경의 유용성 그 자체보다는 유용한 자원을 누가 더 많이 갖느냐의 여부가 갈등을 불러일으키는 것이다. 이러한 갈등은 국가 간에만 발생하는 것이 아니라 한 사회 내 집단 간에도 발생한다. 예를 들어, 아파트 조망권을 둘러싼 아파트 거주민 간의 소송 등은 환경을 두고 벌어진 갈등이다.

갈등주의 이론가는 불평등 구조가 환경 문제에서도 약자에게 더 해를 입힌다고 주장하였다. 예를 들면, 공해를 일으키는 공장은 대지 가격이 싼 곳을 선택할 것이고, 그 지역에 부자는 살지 않을 것이다. 결과적으로 저소득 지역이 환경오염에 노출될 가능성이 커지는 것이다.

갈등주의 이론은 사회 내 갈등요인을 해소하면서 환경 문제를 해결해야 한다고 주장한다. 갈등요인의 해결 없이 법이나 정책만으로 환경 문제를 해결할 수 없으며, 오히려 이러한 방법은 환경 문제를 더욱 심화할 수 있다고 보았다. 따라서 갈등주의는 환경 문제의 대책으로 모든 사람이 존중받고 평등에 기초를 둔 새로운 사회의 체계를 창조할 것, 인간 중심의 사고로 전환할 것을 주장한다(옥양련·박금식, 2003).

3) 상징적 상호작용주의 이론

상징적 상호작용주의 관점의 이론가들은 환경 문제가 어떻게 발생되고 규정되는가에 관심을 두었다. 던랍과 캐튼(Dunlap & Catton)은 "환경 사회학자들은 사회적 인식의 발전과 환경적 조건의 정의로 문제를 강조하는 데 오랜 전통을 가지고 있다."고 주장하였다. 환경 문제들은 실현되는 것이 아니다. 존 해니건(Johns Hannigan)은 환경 문제로 규정되기 위해서는 다음의 여섯 가지 요소들이 필요하다고 하였다. ① 주장에 대한 과학적 권한과 유효성 확인, ② 언론인, 정치적 지도자, 다른 오피니언 제작자에게 '문제'를 구체화하고 포장하는 등으로 대중화할 수 있는 사람(활동가들, 과학자들)의 존재, ③ 미디어가 열대우림 파괴와 오존층 붕괴와 같은 문제를 새롭고 중요한 것으로 간주하게 만드는 것, ④ 상징이나 시각적 용어로 문제를 각색하기, ⑤ 긍정적 행동을 취하게 하기 위한 가시적인 경제적 인센티브, ⑥ 문제의 정당성과 연속성을 보장할 수 있는 제도적 후원자의 출현 등이다. 이러한 요소들은 상징적 상호작용주의 관점에서 환경 문제를 어떻게 규정하는지 보여 준다.

사회건설가들은 환경 문제가 실재한다는 것을 부정하지 않는다. 도리어 그들은 환경 클레임을 주장하는 사람들(environmental claim-makers)이 환경 문제의 정의를 인식·구현하고 해결책을 책임지는 권력을 가진 사람들에게 영향을 미치는 과정에 관심을 두고 있다. 상징적 상호작용주의 관점은 환경 문제가 시간에 따라 어떻게 변화하는지와 어떤 문제가 다른 문제보다 우선순위가 높은지에 대하여 우리가 이해하는 데 도움을 준다.

03 ● 환경 문제의 실태

최근에 가장 주목받는 환경에 관한 문제들은 대기오염과 해양오염이다. 2017년 12월 개최된 유엔환경총회(UN Environment Assembly)의 주제도 '오염 없는 지구를 향하여(Toward a pollution-free planet)'로 환경오염 문제가 핵심이었다.

1) 대기오염

매년 도시로 이주하는 인구가 증가함에 따라 세계 주요 도시의 대기오염 수치도 급등하고 있다. 가시거리가 급격히 줄어들면서 대기오염은 환경 문제가 될 뿐만 아니라 경제적인 골칫거리가 되었다. 전 세계 도시 거주자의 80% 이상이 세계보건기구(WHO)에서 정한 대기 수준에 못 미치는 환경에서 생활하고 있다. 가장 최근 자료인 2016년 전 세계 대기오염 관련 사망자 수는 610만 명이었으며, 이는 전체 사망자 수의 12%에 가깝다고 미국 워싱턴대학교 건강계측평가연구소가 밝혔다(질병관리청, 2024). 또한 610만 명 중 410만 명의 사인이 외부 대기오염 때문이었고, 오염원은 교통수단, 석탄을 사용하는 발전소, 제강소 등인 것으로 밝히고 있다.

대기오염은 세계적 문제이지만 이의 영향을 받는 정도는 나라마다 다르게 나타난다. 미국 워싱턴 의과대학 보건계량분석평가연구소(IHME)에 의하면 2016년에 인도에서 대기오염 관련 사망자는 160만 명으로 추정하였다. 10만 명 중 약 123명꼴로, 세계 최고 수준이었다. "세계화가 이루어지며 광업과 생산업이 환경 규제와 시행이 느슨한 가난한 나라로 옮겨 갔다. 인도 뉴델리의 건설 노동자와 같은 가난한 나라의 사람들은 대기오염에 더 많이 노출되고, 자신을 보호할 수단은 부족하다. 그들은 오염되어 있을 수 있는 일터로 출근하며 걷거나 자전거, 버스를 이용한다." 소득 수준이 낮을 때에는 땔감으로 인한 실내 공기오염, 주택의 공기오염이 가장 큰 문제가 된다. 따라서 가정 등의 실내 공기오염 문제도 저소득 국가에서 더욱 심각하다. 실내에서 요리와 난방 등을 위해 불을 피우기 때문이다. 매년 260만 명이 이로 인해 사망하는 것으로 추정된다.

소득 수준이 높아지면 집안 공기오염은 어느 정도 해결되지만 이번에는 도시 대기오염이 문제가 된다. 자동차와 공장에서 배출되는 대기오염에 관심을 갖게 된다. 소득이 더 늘어나면 도시 대기오염은 해결되지만, 온실가스 배출에 따른 지구온난화 같은 지구적 차원의 대기오염 혹은 국경을 넘는 월경성 대기오염에 대한 관심이 증가하게 된다.

우리나라도 이와 유사한 과정을 거쳐 오고 있다. 1960~1970년대에는 주로 실내 공기오염이 문제였다. 이 당시 연탄가스 중독사고가 빈발하였다. 그때는 대기오염이라는 개념도 별로 없었다. 연탄에서 나오는 일산화탄소(CO)중독으로 인해 연간 1,000명 이상이 목숨을 잃었고, 정부 차원의 대책위원회도 구성되었다. 요즘 개발도상국에서 흔히 볼 수 있는 가정 내 고체 연료 연소에 따른 실내 공기오염이다.

1980년대에는 국가산업단지 등 공단 지역의 시민들이 대기오염, 공해병을 호소하는 일이 빈번하게 발생하였다. 대표적인 사례가 '온산병'이었다. 울산 울주군 온산공단 주변 주민들 사이에서 허리와 팔다리 등 온몸이 쑤시고 아픈 증세가 나타나기 시작하여 주민들은 11개 업체를 대상으로 손해배상 청구 소송을 제기해 건강 피해 위자료와 농작물 피해 보상금 지급 판결을 받아 냈다. 이후 주민 이주사업도 진행됐지만, 온산병의 구체적인 원인은 제대로 규명되지 않았다. 대도시 대기오염도 심각해졌다. 1988년 서울 올림픽 전까지 겨울철에는 아황산가스 등 런던형 스모그가, 여름철에는 오존으로 인한 LA형 스모그가 번갈아 발생한 것으로 보고되었다. 이에 정부는 저유황 연료를 의무화하는 한편, 경유버스와 트럭에 매연 여과장치를 부착하도록 하였고, 압축천연가스(CNG) 시내버스 보급에도 힘썼다. 덕분에 대기오염이 개선되었다.

최근에는 중국발 스모그와 국내에서 발생하는 미세먼지가 문제시되고 있다. 전문가들은 국내 미세먼지 오염 중 중국 스모그가 차지하는 비중을 30~50% 정도로 보고 있으나, 오염이 극심한 일부 상황에서는 80~90%가 중국 스모그의 영향으로 분석하였다. 그러나 2016년 미항공우주국 NASA의 연구진들이 서울의 공기질 조사를 해 보고 깜짝 놀랐다. '매우 심각'하다는 결론이 나왔을 뿐만 아니라 미세먼지 상당 부분이 국내에서 자체 생성됐다는 결론이 나왔다. 이에 놀란 정부가 2017년 9월 26일 「미세먼지 관리 종합대책」 발표를 시작으로 환경부(2024)는 생활 주변 초미세먼지 배출관리와 감축지원을 확대한다. 그 예로서 택배차와 어린이통학차에 대한 경유차 신규 등록을 제한하고, 노후경유차 조기폐차, 전기·수소차 보급 등을 지원하여 내연차에서 무공해차로의 질서 있는 차종 전환을 유도하고 있다.

대기오염이 인류의 삶과 생명에 미치는 영향력에 대해 과학적으로 검증한 연구들이 증가하면서 대기오염 문제를 완화하기 위해 강력한 규제를 시행하는 나라들이 나오고 있다.

2) 해양오염

최근 해양오염에서 화두가 되는 문제는 미세 플라스틱이다. 미세 플라스틱이 본격적으로 주목받기 시작한 것은 그리 오래되지 않았다. 매년 엄청난 양의 플라스틱이 바다로 유입되고 있는데, 1분마다 트럭 1대 분량의 플라스틱이 바다로 흘러간다고 한다. 세계 바다에 떠도는 플라스틱 조각은 약 5조 개에 이르고, 해류가 순환하는 곳에는 아예 플라스틱 쓰레기 섬이 생긴다. 태평양에는 플라스틱 1조 8,000억 개로 형성된 쓰레기 섬이 있고, 그 크기는 남한 면적의 15배 이른다고 보고되었다.

작은 알갱이로 분해된 미세 플라스틱은 바다로 유입되어 어류와 해양생태계에 피해를 입힌다. 미세 플라스틱은 바디스크럽과 치약에서도 발견된다. 해양생물들은 작은 플라스틱 알갱이를 섭취하고, 이러한 해양생물들이 우리의 식탁에 오른다. 2015년 6월 유엔환경계획(UNEP)은 '세계 해양의 날'을 맞아 화장품 제조에 사용되는 미세 플라스틱의 퇴출을 촉구하는 보고서를 발간하였다. 이 보고서는 바다로 흘러든 미세 플라스틱이 해양 생태계를 파괴하고 있을 뿐만 아니라 잠재적으로 인간의 건강에 치명적일 수 있음을 경고하였다.

유럽에서 해산물을 먹는 소비자들은 연간 1만 1,000개 정도의 미세 플라스틱을 섭취한다는 분석 결과도 있다. 미국 뉴욕주립대학교 셰리 메이슨 교수는 미국 소비자가

하루 2.2g의 소금을 섭취하는 것을 기준으로 1인당 연간 660개 정도의 미세 플라스틱을 섭취하는 것으로 추산하였다. 또 미네소타 대학교 연구팀은 수돗물과 맥주를 기준으로 하면 미국인은 연간 5,800개의 미세 플라스틱을 섭취하는 것으로 분석하였다.

우리나라의 플라스틱 사용도 결코 적지 않다. 1년 동안 사용하는 일회용 비닐봉지는 평균 470여 장, 일주일에 마시는 커피는 평균 12잔, 일회용 플라스틱 빨대는 해변에서 가장 많이 발견되는 플라스틱 쓰레기 중 하나이고, 낱개로 포장된 바나나, 플라스틱과 비닐에 겹겹이 싸인 과자, 과대포장과 함께 고급선물로 둔갑한 제품들 등 생활 전반에서 플라스틱을 매우 많이 사용하고 있다. 한국의 1인당 연간 포장용 플라스틱 사용량은 세계에서 두 번째로 많은 것으로 나타났다. 1인당 연간 비닐 사용 개수는 하루 평균 1.15개로 핀란드의 100배에 이른다. 2018년 중국이 폐플라스틱 수입을 금지하면서 '재활용 쓰레기 대란'의 발생으로 나라가 시끄러웠다.

한국해양과학기술원에 따르면 굴, 바지락, 가리비, 담치 등 4종의 섭취량을 기준으로 하면 한국인의 연간 미세 플라스틱 섭취량은 212개라고 추산하였다. 이는 다른 해산물이나 소금, 수돗물을 통한 섭취는 제외한 수치다.

미세 플라스틱이 인체에 미치는 유해함에 대해서는 아직 상반되는 주장들이 존재한다. 나노 크기의 미세 플라스틱이 혈관 속을 떠돌다 혈관을 막을 가능성이 존재하고, 미세 플라스틱이 인체 내로 들어왔을 때 병원균이 문제를 일으킬 수도 있다고 한다. 또한 미세 플라스틱에는 비스페놀A이나 DDT, 폴리염화비페닐(PCBs) 같은 환경호르몬이나 유해물질이 들어 있을 수 있다고도 주장한다. 미세 플라스틱은 독성 화학물질을 흡착했다가 다시 내뱉기도 한다.

그러나 다른 한편에서는 미세 플라스틱을 섭취하더라도 크기가 150um 이상이면 체내에 흡수되지 않고 곧바로 배설되는 것으로, 150um 미만이면 혈관과 조직을 연결하는 림프계를 통해 체내에 흡수될 가능성은 있지만, 실제 흡수될 확률은 0.3% 이하로 낮은 것으로 보고되고 있다. 또 림프계로 넘어가더라도 0.2um보다 큰 입자는 비장에서 여과작용으로 제거된다는 주장도 있다. 이와 같이 아직 미세 플라스틱이 인체에 미치는 영향이 어느 정도인지 알 수 없다. 따라서 현재 미세 플라스틱의 위협으로부터 피할 수 있는 유일한 대책은 플라스틱 쓰레기를 줄이는 수밖에 없다.

1950년대 이후 전 세계에서 83억 톤의 플라스틱이 생산되었고, 현재도 매년 3억 3,000만 톤의 플라스틱이 생산·소비되지만 재활용되거나 소각되는 것은 20%에 불과하다. 2050년까지 생산량은 3배로 늘어날 것으로 예상된다. 매년 800만 톤가량의 플라스틱이 바다로 흘러들어가 거대한 플라스틱 섬이 형성된다. 플라스틱은 다시 부서지면서 미세 플라스틱으로 변하고 있다. 2050년이 되면 전 세계 해양에서 물고기보다 더 많은 플라스틱이 존재할 것이란 보고도 있다.

3) 생물 다양성 위기

생물 다양성(biological diversity)은 생태계 다양성, 종 다양성, 유전자 다양성을 포함하는 개념이다. 생태계 다양성은 사막, 산림 지대, 습지대, 산, 호수, 강 및 농경지 등의 다양성을 말하고, 한 생태계에 속하는 모든 생물과 무생물의 상호작용에 관한 다양성을 의미한다. 종 다양성은 식물, 동물 및 미생물의 다양한 생물종으로 이해되는데, 일반적으로 한 지역 내 종의 다양성 정도와 분류학적 다양성을 지칭하는 의미를 가진다. 유전자 다양성은 종 내의 유전자 변이를 말하는 것으로, 같은 종 내의 여러 집단을 의미하거나 한 집단 내 개체들 사이의 유전적 변이를 의미한다.

생물 다양성은 1992년 개최된 브라질 리우데자네이루에서 열린 환경과 개발에 관한 지구정상회의에서 기후변화, 사막화 방지와 함께 국제사회의 중요한 이슈로 부각되었다. 이 회의에서 생물 다양성 협약이 제안되었으며, 2010년에는 제10차 당사국 회의가 일본 나고야에서 개최되었다. 또한 유엔은 2010년을 '생물 다양성의 해(International Year of Biodiversity)'로 선정하였고, 생물 다양성 협약(Convention on Biological Diversity: CBD)을 체결하여 생물 다양성의 감소 경향을 줄이고, 생물 다양성의 지속가능한 이용을 증진하며, 외래종이나 기후변화 등의 위협 요인에 대응할 것 등 7개 분야의 세부목표를 수립하고 이를 위해 노력할 것을 전 세계에 요청하였다.

지구상 전체 생물 종은 약 1,400만 종으로 인간에게 발견된 것은 175만 종(13%) 정도이다. 이 중 1만 5,000종에 이르는 동식물이 멸종 위기에 처해 있다. 현재와 같은 멸종 속도가 지속될 경우 2050년에는 지구상 생물종의 1/4이 사라질 것으로 추정되고 있다. 과학자들은 현재의 생물 다양성 위기가 지구의 여섯 번째 대량 멸종의 시작이라고 경고하였다. 인권 전문가이자 웨이크 포레스트 대학교 국제법 교수인 존 녹스 유엔특별조사위원은 "생물 다양성은 식량, 물, 건강을 최대한 누리는 데 꼭 필요하다. 충만하고 행복한 삶을 살 권리에 필수적이다. 건강한 생태계가 전반적으로 제공해 주는 것이 없다면 우리는 인권을 전적으로 즐길 수 없다. 건강한 생태계는 생물 다양성에 크게 의존한다."라고 『허밍턴 포스트지』와의 인터뷰에서 말하면서 생명 다양성 유지의 중요성을 주장하였다.

우리나라도 멸종 위기 야생동물 지정 종수가 급격하게 늘어나고 있다. 1989년에 92건에서 1998년 194건, 2017년에 267건으로 증가하였다(국립생물지정관). 이제 도시에서 나비를 찾아보기 힘들며, 한국산 야생늑대와 여우 등도 멸종 위기에 처해 있다. 이에 대한 대책의 일환으로 2012년 「생물다양성 보전 및 미용에 관한 법률」을 제정하여 국가가 생물 다양성의 종합적·체계적 보전과 생물자원의 지속가능한 이용을 도모하고 있다.

다른 나라들도 멸종위기종을 보호하기 위해 나서고 있다. 중국은 2016년 상아 거래와 코끼리 밀렵을 금지시켰다. 일본도 멸종이 우려되는 야생동식물을 지정하고 개체 등 취급을 규제하고 있으며, 전국 9곳, 합계 약 885ha의 서식지 등을 보호구역으로 지정하였다. 또한 국제적으로 멸종위기종에 대해서는 포획, 이용 등을 원칙으로 금지하고 멸종의 위협을 받고 있는 종(threatened species)에 대해서는 남획을 방지하기 위해 상당 부분 이용을 제한하고 있다. 「국제포경금지협약(International Convention on the Regulation of Whaling: ICRW)」이나 「멸종 위기에 처한 야생 동식물종의 국제거래에 관한 협약(Convention on International Trade in Endangered Species of Wild Fauna and Flora: CITES)」 등이 대표적이다.

4) 기후변화

기후변화의 문제는 세계 경제가 당면한 가장 중요한 환경 변화의 하나로 인지되고 있다. 국제적 공조에 입각한 유의한 수준의 온실가스 감축이 없을 경우, 지구온난화로 대변되는 기후변화는 해수면 상승, 경작면적 감소, 기상이변 등을 통해 인류의 경제활동에 근본적인 제약요인으로 작용할 것으로 예상되고 있다. 이상기후의 원인이 되는 지구온난화에 대하여 과학적 근거를 두고 아직 논란이 있기는 하지만 북극과 남극지대 기온상승, 빙하 감소, 홍수, 가뭄 및 해수면 상승 등 이상기후 현상에 의한 자연재해가 현실이 되고 있다.

20세기 동안 북극 지대 대기 온도는 약 5℃ 상승하였고, 이로 인하여 빙하 감소, 극지방 호수의 파빙 기간 감소 등이 일어나고 있다. 북극 지역에 있는 거의 모든 산지빙하는 지난 20세기 동안 줄어들었고 스위스의 산지 빙하는 1/3까지 줄었다. 또 다른 영향으로 1966년 및 1997년 라인강 홍수, 1995년 중국 홍수, 1998년·2000년 동유럽 홍수, 2000년 모잠비크 및 유럽 홍수, 2004년 방글라데시 우기 홍수(전 국토의 60% 침수) 등 전 지구적으로 집중호우와 폭풍우에 의한 홍수가 빈발하고 있다(UNFCCC, 2005). 가뭄 현상도 지구온난화의 중대한 영향 중의 하나다. 특히 아프리카에서 아주 심각하다. 니제르, 차드호 및 세네갈 지역에서는 전체 이용 가능한 물의 양이 40~60%나 줄어들었고, 남북 서부 아프리카에서는 연평균 강수량이 줄어 사막화 현상이 가속화되고 있다(UNFCCC, 2005). 20세기 동안 동안에 해수면은 평균 10~20cm 높아졌다. 해수면이 이렇게 높아지면 방글라데시처럼 인구가 해변에 밀집된 나라에서는 바닷물 범람에 의한 심각한 피해가 우려되고, 몰디브와 같은 작은 섬나라는 완전히 사라질 것이다. 이와 같은 해수면 상승은 수십억 인구가 사용하는 물을 오염시킬 뿐만 아니라 대규모 인구의 이주를 유발할 것이다(UNFCCC, 2005).

기상이변과 홍수, 태풍, 폭염, 한파 등의 자연재해 발생의 추이를 비교해 보면 기상이변과 자연재해 발생이 어느 정도 상관관계가 있음을 알 수 있다. 1981~2008년까지 전 세계 대형 기상이변의 발생빈도는 꾸준히 상승하고 있다. 대형 기상이변 연평균 발생 건수는 12.7건(1981~1990년)에서 19.2건(1991~2000년)으로 증가하였고, 그 후 24.5건(2001~2008년)으로 증가한 것으로 나타났다. 이와 더불어 2001년 이후 500명 이상 사망자 또는 5억 달러 이상의 재산피해가 발생한 대형 기상이변의 발생 건수는 1980년에 비해서 2배 수준으로 증가한 것으로 보고되고 있다. 자연재해와 기후는 밀접한 관련이 있으며 지구온난화라는 말이 의미하듯이 지구의 모든 지역은 기후변화와 관련된 재해를 입을 수 있다.

기후환경은 국경이 없는 전 세계의 공동의 문제이기 때문에 여러 국제협약이 체결되었다. 먼저 온난화로 인한 지구환경 변화의 위협을 최소화하기 위한 선언적 환경협약인 「기후변화협약(UNFCCC)」, 법적 구속력을 갖는 국제협약이자 시장경제원리에 입각한 새로운 온실가스 감축 수단인 「교토의정서」, 「발리 행동계획」 등을 통해 공동의 대처를 모색해 왔다. 이 과정에서 선진국을 중심으로 세계 각국은 온실가스의 감축 사용을 위한 제반 규제를 도입하고, 이를 위한 기술개발에도 박차를 가하고 있으며, 기업들은 경쟁력의 유지·제고를 위해 새로운 규제환경에 적응함과 동시에, 확장되어 가는 관련 시장에서 새로운 사회를 창출해 나가고 있다.

우리나라는 주요 온실가스인 이산화탕소의 배출량이 2016년도 세계 7위(IEA)이며 OECD 국가 중 이산화탄소 배출량 증가율 1위 국가로서, 온실가스 감축을 위한 국제적 노력에 자발적으로 동참하고 있다. 1999년부터 현재까지 5차례에 걸쳐 기후변화 종합대책을 수립하여 시행하였으며, 2009년부터 녹색성장 관련 계획을 포함하여 추진하고 있다. 2016년 12월 제1차 기후변화대응 기본계획을 시작으로 제2차 기후변화대응 기본계획(2020~2040)에서 주요 내용은 기후변화에 대비한 저탄소사회로의 전환과 적응체계 구축 및 대응기반 강화에 있다. 따라서 지구온난화에 따른 기후변화 문제의 심각성을 인식하고, 국가적.·민적 역량을 모아 총체적 대응 및 범지구적 노력에 적극 참여하고자 노력해야 할 것이다.

04 환경 문제의 해결방안

1) 경제학적 해결방안

경제학적 해결방안을 주장하는 사람은 환경오염을 관리적 차원에서 시장의 실패로 발생한 것이라고 인식하고 피할 수 없는 현상이라고 믿는다. 이 같은 환경관리주의의 입장은 경제성장의 지속과 환경기술의 개발을 통해 환경 문제를 해결할 수 있다고 보았다. 이들은 환경오염을 줄이기 위하여 다음과 같은 몇 가지 기술적인 방법을 제시하였다.

경제학적 해결방안

- 생산을 줄여 자원 사용량을 낮추는 것이다. 생산과정의 기술적 효율성을 높여 일정 자원에서 더 많은 생산물을 만들어 내는 방법, 폐품을 재활용하는 방법, 물건의 내구성을 높이는 방법 등이 여기에 포함된다.
- 배출되는 오염물질을 처리하여 덜 해로운 형태의 물질로 바꾸는 것이다. 공장의 분진이나 자동차 매연의 처리 등이 여기에 포함된다.
- 오염물질이 집중화되지 않도록 오염물질 배출 장소와 시간을 바꾸어 분산하는 것이다. 환경의 자정 능력은 공간과 시간에 따라 규정되므로 오염물질의 배출을 공간적, 시간적으로 분산시킴으로써 환경오염의 정도를 감소할 수 있다고 보는 것이다.
- 투자를 통해 환경의 자정 능력을 확대하고 다양한 종류의 인공적인 시설을 만들어 자정 능력을 향상하는 것이다. 하수종말처리장의 건설, 오염된 강이나 호수에 인공적으로 산소를 주입하는 시설의 설치 등이 여기에 포함한다.

출처: 유네스코한국위원회(1995).

이와 같은 방법이 실현되기 위해서는 경제성이 있어야 한다. 경제학적 해결방안을 주장하는 사람들은 아무리 기술적으로 뛰어난 자원 절약방법이 개발된다 하더라도 기존 방식에 비해 경제적으로 부담된다면 그 방법은 그다지 소용이 없다고 강조한다.

그러나 환경관리주의 입장에서 제안하는 방법은 해로운 오염물질이 덜 해로운 다른 형태의 물질로 바뀔 뿐이지 결코 오염물질의 생성 자체가 사라지는 것은 아니라고 본다. 그러므로 경제학적 대책은 현 경제제도 내에서 인간의 합리적이고 효율적인 관리를 통해 환경 문제를 해결할 수 있다는 입장으로서, 환경 문제의 사회구조적인 측면에는 무관심하다는 비판을 받고 있다(김영화 외, 2005).

2) 개인적인 차원에서 환경 문제 해결을 위하여 요구되는 노력들

다른 어떤 사회문제보다 환경 문제는 전 지구적으로 연결되어 있어, 어느 한 국가의 노력이나 정부, 기업의 관심만으로는 해결되기 어렵다. 거시적 차원에서의 정책들과 지구에 살고 있는 구성원의 개별적 노력들이 함께 이루어져야 한다. 개인에게 요구되는 환경을 위한 작은 실천들을 정리하면 다음과 같다.

개인적 차원의 실천적인 방법

- 쓰레기 분리수거하기: 쓰레기를 분리수거하면 매립되는 쓰레기양을 줄이고 매립시설 비용을 절감하며 자원을 재활용할 수 있다. 또한 쓰레기를 개인들이 분리함으로써 처리 과정이 줄어들고 효율성을 높이고, 쓰레기를 태우는 과정에서 발생하는 유독가스의 위험성도 줄일 수 있다.
- 텀블러 사용하기 및 플라스틱 식기류와 빨대 거절하기: 커피 전문점을 들를 때 텀블러를 이용하거나 씻어서 여러 번 쓸 수 있는 빨대를 들고 다니거나 테이크아웃 음식점이나 배달 음식을 시켜먹을 때 일회용 수저나 젓가락 사용 거절, 일회용 비닐 포장의 거부 등의 작은 실천을 행동으로 옮긴다면 그것만으로도 플라스틱 사용량을 눈에 띄게 줄일 수 있다.
- 대중교통 이용하기: 차량에서 나오는 메탄가스는 대기오염의 원인이다. 그로 인해 산성비가 발생하며 오존 오염도가 증가하므로 대중교통 이용은 대기오염을 예방하는 효과가 있다.
- 나무 심기: 나무는 오염을 정화해 주고, 온실가스를 줄여 준다. 또한 지구온난화 현상을 막아 주고 산소를 만들어 공기를 정화해 준다. 이 외에도 홍수와 산사태를 막아 주는 등 환경오염을 해결하는 데 큰 역할을 한다.
- 일상생활에서 환경마크 인증제품 사용하기: 환경마크는 동일 용도의 제품 중 생산·소비 과정에서 환경오염을 상대적으로 적게 일으키거나 자원을 절약할 수 있는 상품으로 인정된 것이다. 이러한 상품의 사용은 생산과 소비과정에서 발생할 수 있는 환경오염을 상대적으로 줄이는 데 기여할 수 있다.

출처: 박용순 외(2022). 사회문제론.

생각해 볼 문제

1. 우리나라의 환경운동 성공 사례들을 찾아서 논의해 보자.

2. 환경 문제를 가장 잘 설명하고 있는 이론적 관점은 무엇인지 논의해 보자.

3. 환경 문제가 사회복지와 어떤 관계가 있는지 논의해 보자.

4. 환경난민의 발생 원인과 해결방안에 대하여 논의해 보자.

Chapter

11

여성 문제

01 ● 여성복지의 이해

1) 여성복지의 개념

여성주의 관점과 여성복지는 깊은 관련이 있다. 여성주의 관점은 여성복지를 위한 이론적 기반과 방향을 제공하기 때문이다. 여성 문제에 대한 시각이나 이데올로기 등이 시대와 지역에 따라 다르고, 또한 여성을 대상으로 한 사회복지에 대한 견해도 다양해서 여성복지 프레임을 어떤 관점으로 조망하는지에 따라 방향이 달라질 수 있기 때문이다.

일반적으로 여성복지란 국가나 사회에서 여성이 남성에 비해 성에 따른 차별없이 동등한 권리를 보장받을 수 있도록 가부장적 가치관과 자본주의적인 생산 역할에 근거한 법과 제도를 개선하고, 여성의 인간다운 삶을 실현하기 위한 사회복지에서의 정책적·실천적 모든 노력으로 정의할 수 있다(박옥임 외, 2015).

과거에는 여성복지를 사회복지의 하위체계로서 요보호여성을 우선으로 하되, 모든 여성의 복지를 보장하기 위한 사회적 대책이라고 정의하기도 했지만, 최근에는 요보호여성들로부터 일반여성의 인권 문제와 더불어 복지 문제, 사회참여와 자아실현을 돕는 여건을 조성하는 문제, 성차별 철폐운동 등으로 확대되면서 여성복지의 개념도 확대되었다. 따라서 여성복지는 여성주의 관점과 패러다임에 기초해서 해석하고 실천하는 일련의 것이라고 할 수 있다(송다영·박은정, 2019).

이 밖에도 모든 여성이 한 사회의 구성원으로서 합당한 삶의 질을 영위할 수 있도록 여성의 욕구나 문제를 해결하기 위해 행하는 사회 구성원의 공적·사적 차원의 공동체적 노력으로 여성복지를 정의하여, '삶의 질'이라는 적극적인 태도를 강조하였으며 여성의 욕구와 문제 해결이라는 점에 초점을 맞추기도 하였다.

여성복지의 개념의 변천사에서 여성주의자들을 빼놓을 수 없는 것은 여성주의자들은 남녀평등의 '실현'이라는 궁극적인 목표를 제시하였고 불평등의 원인으로 가부장제와 자본주의의 구조적 모순을 지적하였다. 그러므로 여성주의자들에게 여성복지의 목적은 가부장제와 자본주의에 근거한 법과 사회제도의 개선이며, 접근방법은 정책적 차원과 실천적 차원 모두를 포함하는 노력인 것이다. 따라서 여성복지는 '남녀평등을 실현하고 여성의 삶의 질을 높이기 위해서 여성을 억압하는 가부장제와 자본주의에 근거한 법과 사회제도를 개선하기 위한 노력'과 '여성 개인의 능력 개발과 여성의 욕구와 문제의 해결을 위한 정책적·실천적 개입을 통한 노력'이라고 정의할 수 있다.

이와 같이 여성복지에 대한 정의는 여성복지가 나아가야 할 방향에 대한 큰 틀을 제공하고 있다. 그러므로 여성복지란 현존하는 여성 억압 및 성차별 문제를 해결하여 여성의 복리를 증진하고 나아가 양성평등적 사회를 구현하려는 사회적 노력으로, 사회보장과 사회복지서비스 면에서 여성들이 필요로 하는 서비스를 제공하여 그들의 사회기능을 증진하려는 사회복지의 한 전문 분야라고 할 수 있다. 여성을 생물학적 특성만으로 평가하고 삶의 조건을 제한하는 것은 여성의 기본권에 위배되므로, 여성복지는 「대한민국헌법」의 남녀평등이념을 구현하기 위한 목표를 가지고 정치, 경제, 사회, 문화의 모든 영역에서 양성평등을 촉진하고 여성발전을 도모하는 것을 목적으로, 건강한 가정의 구현과 국가 및 사회의 발전에 남녀가 공동으로 참여하고 책임을 분담할 수 있도록 하는 사회적 노력이다.

2) 여성복지의 필요성

여성복지의 대상은 크게 여성의 문제, 여성의 역할, 여성의 생애주기를 기준으로 구분된다. 즉, 여성복지의 대상 선정기준은 여성의 주요 문제를 중심으로 한 구분, 여성의 역할을 중심으로 한 구분과 여성의 생애주기를 기준으로 한 구분으로 나뉜다.

여성의 주요 문제를 중심으로 한 구분에 따르면, 여성복지의 대상은 일반여성과 요보호여성으로 구분할 수 있는데, 이러한 구분은 종래에 여성복지정책을 계획할 때 적용해 온 전통적 구분이다. 요보호여성이란 사회적으로 특수한 문제를 가지고 있는 여성으로서 자신의 개인적 결함이나 가정적·사회적 환경요인에 의해 발생하는 문제에 봉착해 있는 사람들을 가리킨다(박옥임 외, 2015). 요보호여성이란 누군가의 보호가 필요한 여성을 의미하는데, 그러한 여성으로는 한부모 여성, 저소득 모자가정, 미혼모, 가출 여성, 성매매 피해여성, 학대받는 여성, 저임금 근로 여성을 들 수 있다. 일반여성은 요보호여성을 제외한 모든 여성을 지칭한다. 하지만 요보호여성에 대립되는 개념으로서 정상적이고 문제가 없는 여성을 지칭하는 '일반여성'이라는 구분은 지나치게 애매하고 포괄적이다. 일반여성도 그들 나름의 다양한 사회적 욕구를 가지고 있다. 일반여성의 문제는, 첫째, 아내에 대한 유·무형의 폭력과 학대와 같은 가정에서의 종속으로 인해 나타나는 문제이다. 둘째, 가정에서의 여성 역할에 관한 것으로서 여성의 가정적 종속, 가사 및 육아의 일차적 책임 전담으로 인한 사회참여의 제한, 사회적 노동에의 비참여 여성의 가사노동의 가치 저하 문제이다. 셋째, 사회적 자원의 결핍 문제와 가부장제하에서 생기는 불평등과 성차별의 문제이다.

여성의 역할에 의한 구분에서는 여성을 여전히 아동의 보호자라는 측면에서 보고 있는 것이다. 예를 들어, 여성 혼자서 가족을 부양해야 하는 한부모가정에 대한 다양한 지원이나 아동에 대한 각종 보호적 지원이 여성복지의 주된 대상이 된다. 이러한 면에서의 여성복지는 가족복지나 아동복지와 중복된다고 볼 수 있다. 전통적으로 요보호대상자는 어린이, 노약자, 장애자, 부녀자라고 해서 여성 자체를 대상으로 하기보다는 모성이라는 관점에서 여성을 대상으로 하였다. 그래서 사회복지에는 「모자보건법」과 「한부모가족지원법」이 있는데, 이 법을 통해서는 18세 이하의 아동을 양육하는 여성이라는 점과 '아동을 돌보는 자'라는 역할 면에서 여성에게 보호가 제공되고 있다. 이 구분은 상황에 따라서 중요한 의미가 있음에도 지금과 같이 개인주의적 성향이 강화되고 가족이 붕괴되어 가는 시기에는 논란이 따를 수 있으며, 여성 삶의 본질에 대한 물음까지 수반하게 된다(김향선, 2020).

따라서 여성복지의 필요성은 사회의 인구학적 변화와 가족 형태와 기능 및 가치관의 변화, 경제 활동을 하는 여성의 증가와 성차별적 현실에 기인한다. 총 인구의 과반수를 차지하는 여성의 의식 성장은 복지욕구를 표출시켰고, 산업재해 교통사고, 가족공해, 알코올 및 약물중독, 비행 및 범죄 등의 사회적 위험성 증대, 여성의 노동시장 참여 증가로 인한 취업여성의 증대, 잔존하는 여성에 대한 차별, 전통적인 가부장적 제도하에서의 이중적 성윤리와 산업사회의 서비스산업 발달로 인한 성 개방 풍조, 생활의 질 향상의 욕구 증대, 인구의 고령화 현상으로 인한 빈곤, 노화로 인한 건강 악화 등의 여성·노인 문제 등은 여성복지의 필요성을 초래하고 있다. 또한, 우리 사회의 산업화·도시화·서구화로 인한 가족구조의 변화와 여성의 자아실현을 중시하는 시대상에 따른 여성의식의 변화로 더욱 여성의 능력개발과 사회참여를 위한 국가적·사회적 차원에서의 여성복지의 필요성도 증대되었다. 이러한 사회적 흐름에서 여성의 경제활동 참여율은 계속 증가하고 있으나, 여성들은 여전히 저임금, 단순 반복직, 하위직에 머물러 있으며, 일용근로자, 임시직 근로자, 시간제 근무직 등 열악한 근로조건의 개선이 시급하다. 맞벌이를 하는 여성의 경우 육아와 양육 문제의 해결을 위한 사회적 제도 마련과 지원서비스가 필요하다.

우리 사회는 유교문화권에 젖어 당연시되었던 남성우월주의와 가부장적 사회구조하에서 빚어지는 가정에서의 성차별 의식이나 직장, 정치 및 사회의 여러 분야에서 변화가 필요하다. 남녀평등 원칙의 의지를 확고히 해야 하며 양성평등한 사회가 될 수 있도록 모든 영역에서의 노력이 필요할 것이다.

3) 여성복지의 접근방법

여성복지는 다양한 접근방식을 통하여 이루어질 수 있는데, 여기서는 정책적 접근방법과 실천적 접근방법, 운동적 접근방법으로 나누어 설명하고자 한다.

(1) 정책적 접근방법

여성의 복지를 향상하기 위한 접근은 일반적으로 여성복지정책을 통해 이루어지기 때문에 이러한 접근을 여성복지정책으로 부른다. 여성복지정책은 여성의 복지 증진을 위한 사회의 법과 제도, 정책과 관련된 조직적 활동으로, 여성 문제에 대한 사전예방적 관점의 접근이다(조흥식 외, 2006).

정책적 접근으로는 여성가족부의 여성정책 전반에 걸친 활동과 함께 사회복지 분야의 여성복지정책을 통해 실시되고 있다. 여성정책은 사후개입적 처우라기보다는 예방적 처우라는 관점을 가지고 사회의 성차별적인 구조에 대하여 제도적, 법률적, 거시적으로 접근하기 때문에 국가가 여성을 위해 시행하는 여성과 관련된 복지, 교육, 노동, 보건, 의료, 환경, 가족, 문화 등의 모든 활동을 의미한다. 이러한 여성정책은 여성복지정책보다 광범위한 영역을 아우르며, 일찍부터 인구정책, 교육정책, 가족정책, 노동시장에서의 여성의 지위 향상을 위한 활동 등과 긴밀한 관계를 형성하며 발전되어 왔다(공미혜 외, 2010).

여성복지에 대한 정책적 접근은 법과 제도적인 개입이 있다. 우리나라의 여성복지정책은 일반여성과 요보호여성으로 대상을 구체화하고 있는데, 이 경우 여성 개인의 욕구 충족을 일차적 표적 대상으로 하는 정책, 여성을 가족의 보호자로 간주하여 보호자 역할을 지원하는 정책, 의존자로서의 여성차별적 정책으로 구분된다. 여성정책의 대상은 여성이 가진 권리를 중심으로도 구분할 수 있는데, 여성 개인의 욕구 충족을 일차적 목표로 하는 정책의 대상은 성매매 여성, 가출 여성, 가정폭력 및 성폭력 피해여성 등 요보호여성과 일반여성들이고, 보호자로서의 역할을 지원하는 정책의 대상은 미혼모, 저소득 한부모여성 등이며, 의존자로서의 여성차별적 정책의 대상은 일반여성과 저소득 여성 등이다(김인숙·정재훈, 2008).

(2) 실천적 접근방법

여성복지의 실천적 접근은 다양한 차원에서 이루어진다. 일반적으로는 특수한 욕구를 가진 여성의 문제를 취급하는 사회복지서비스 활동으로, 여성복지의 제도적 개념을 보완하는 잔여적 특성이 있다. 이러한 점에서 볼 때 우리나라는 기존에 여성복지를 부녀복지로 칭하면서 오랫동안 여성복지를 사회복지의 잔여적 개념으로 이해해 왔다고 할 수 있다(조흥식 외, 2006).

여성복지실천의 또 다른 차원은 여성이 필요로 하는 서비스나 프로그램을 제공하는 것이다. 여성복지실천으로서의 여성복지서비스는 사회제도적 측면, 집단상호적 측면, 개인·심리적 측면 세 가지가 있는데, 이들의 각 측면들은 상호 연관되어 있으며,

이것들은 복잡한 구도를 만들면서 여성 문제를 형성하고 있다.

마지막으로 임상적이고 직접적인 접근이 있다. 구체적으로는 여성의 개인적인 변화를 통한 사회의식의 발달을 위한 실천을 들 수 있다. 이러한 임상적 실천에서는 여성의 자율성을 증가시키고, 여성과 남성에 대한 의존이 형성된 과정을 분석하며, 여성들이 의존으로부터 벗어나도록 돕는다. 이는 여성주의 관점을 적용하여 여성 문제를 해결하고자 하는 여성주의 상담, 여성주의 정신분석, 여성주의 가족치료, 여성주의 사회복지실천 등으로 확산되고 있다.

(3) 운동적 접근방법

여성복지의 향상을 위해 가장 중요한 접근방법 가운데 하나가 바로 여성운동이다. 여성운동은 사회의 변화를 촉진하거나 변화에 대항하기 위해 조직된 정치적 행동의 한 유형이다. 사회복지 분야에서는 일찍부터 운동적 접근의 필요성을 인식하였다.

우리나라에서 사회복지 향상을 위한 운동의 역사를 살펴보면, 1990년대 이후부터 시민운동과 연계해 사회복지 이슈를 공론화하고 이를 운동으로 이끌어 내려는 움직임이 시작되었다. 사회복지운동은 관련 이해당사자들, 즉 사회복지 전문가, 사회복지 대상자, 노동자 등의 적극적 참여와 행동을 통해 사회복지의 목표를 달성하는 과정으로 정의될 수 있다. 사회복지 대상자들이 스스로 자신의 복지에 대한 권리를 사회 내에서 실현하고 이를 국가에 요구하는 운동의 성격을 가진다.

한편 여성복지 분야는 다른 어떤 사회복지 분야보다 그 대상의 폭이 넓고, 문제의 근원이 성차별적 이념, 가치, 정책, 제도 등으로 인해 생기는 경우가 대부분이다. 따라서 오래전부터 이러한 구조적 틀을 변화시키기 위해 여성운동적 접근이 이루어졌다.

여성운동은 여성학 분야에서는 매우 강조되고 있지만, 사회복지 분야에서는 아직까지 여성복지의 한 실천방법으로 체계화되지 못하여 활성화되고 있지 못하다(최선화, 2006). 따라서 여성복지의 발전을 위해서는 운동적 접근방식의 도입이 필요하고 이를 위한 구체적 실천모델을 개발할 필요가 있다. 현재 우리나라의 여성권익 향상을 추구하는 대표적인 운동조직으로는 여성의 전화, 한국여성민우회 등의 여성단체가 있다.

02 ● 여성과 복지국가

1) 복지국가의 개념

복지국가란 공통적 특성으로 사회 구성원에 대한 최저 수준의 삶의 안전을 보장하고 기본적 욕구를 충족시키는 것이다. 복지국가와 여성은 여러 면에서 밀접한 연관성이 있다. 복지국가의 사회정책은 직접적으로 여성의 삶의 여건을 형성하기도 하고, 간접적으로는 사회제도를 통해서 남녀관계 패러다임에 영향을 미치기도 한다(최선화 외, 2009).

여성복지를 국가와 연결하는 것은 남녀관계를 구성하는 많은 제도와 과정이 직접적으로 국가의 사회정책에 의하여 영향을 받기 때문이다. 즉, 국가의 사회정책이 여성의 삶의 여건을 조성하기도 하고, 사회제도를 통해서 남녀관계를 규정할 뿐만 아니라 영향을 미치기 때문이다.

복지국가의 유형에 대한 다양한 논의로는 에스핑 엔데르센(Esping Andersen)의 복지국가 유형을 중심으로 살펴보고자 한다. 복지국가의 발전 정도에 따라 자유주의적 복지국가체제(the welfare state regime), 조합주의적 복지국가(the corporatist welfare state), 사회민주적 복지국가(the social democratic welfare state) 유형으로 분류한다. 이는 복지국가정책에 의한 사회계층의 형태를 기준으로, 탈상품화 정도에 따라 국가, 시장, 가족이 상호작용하는 방법을 설명하였다. 복지제도는 복지에 대한 권리를 얻을 수 있는 기준이 시장에서 유급노동에 기여하는 정도에 따라 형성되었다. 탈상품화란 복지국가의 복지정책으로 인해 노동자의 삶이 시장에 의존하는 것으로부터 얼마나 자유로운가 하는 정도를 개념화된다. 특히 탈상품화 개념이 강조되는 것은 시장과 국가의 관계, 즉 임금노동을 기반으로 한 경제적 자율성이고 이것은 남성 중심적 개념에서 남성 임금노동자의 경제적 독립과도 동일시되고 있기 때문이다(Orloff, 1993).

표 11-1 에스핑 엔데르센의 복지국가 유형 분류

구분	자유주의적	조합주의적	사회민주적
주요 프로그램	공공부조와 사회보험	사회보험	기초연금을 기본으로 하는 보편적 사회보장제도
급여 단위	(혼인)가족	(혼인)가족	개인
급여 수혜 조건	자산조사	취업활동 및 사회보험 가입	시민권
급여와 서비스의 질	시장에서 행한 역할에 따라 차이가 남	수평적 재분배: 사회적 지위의 차이 유지(보상 차원)	수직적 재분배
여성의 삶	무보수 보호노동, 높은 취업률 (대부분 불완전 고용)	보호 및 가사노동 담당자로서의 여성 (복지국가의 자원), 노동시장에서의 성차별, 낮은 취업률	높은 취업률, 공공서비스망을 통한 보호 및 가사노동 부담 경감
탈상품화 수준	최소화: 사회적 위험 발생 시 최소한의 수준을 보장하는 사회적 연결망	중간 수준	높은 수준
주요 국가	미국, 캐나다, 영국, 오스트레일리아	오스트리아, 프랑스, 독일, 이탈리아	스웨덴, 덴마크

출처: 박영란 외(2001). 외국의 여성복지서비스에 관한 연구.

2) 복지국가에 대한 여성주의자들의 비판

탈상품화 개념은 남성 중심적 개념이다. 탈상품화의 개념은 시장과 국가와의 관계, 즉 임금노동을 기반으로 한 경제적 자율성만을 강조하며, 이것은 남성 임금노동자의 경제적 독립과 동일시하고 있기 때문이다. 이와 같이 탈상품화의 개념은 임금노동과 관련된 사회권의 발달을 이해하는 데는 매우 유용하지만 아내와 어머니라는 가족 내의 역할을 수행하고 있는 여성의 권리에 대한 분석에는 미흡한 것으로 지적된다(최선

화, 2005). 다시 말하면, 복지국가는 성(性)에 의해 구조화되어 있다는 점을 지적할 수 있다. 복지국가는 남성 중심의 가족 형태를 가족이념으로 지원하고 있으며, 복지정책 역시 이러한 구조 속에서 형성·유지되고 있다는 것이다. 따라서 여성주의자들은 복지국가 내에서 가부장적 성격과 성차별적 여성억압구조가 나타난다고 보고 있다(김영화 외, 2004).

(1) 성별분업

복지국가는 남성가장 및 그에 의존하는 가정주부라는 기존의 성별분업 형태를 그대로 수용하여 성별분업이 전제되고 지지되는 가족 형태 이래 노동시장 내 여성의 지위를 취약하게 만들었다. 복지국가가 가정하는 여성에 대한 개념은 여성은 한 남자의 아내이며 가사노동을 하며 아동과 노인을 돌보는 자로 남편의 수입에 의존해서 살아가고 결혼이 평생 지속될 것으로 가정하고 있다. 이와 같은 성별분업을 가정함으로써 여성의 가족보호노동과 관련해서 복지국가는 어린이, 환자, 장애인, 노약자를 돌보는 일을 여성에게 무임금으로 떠넘겨 국가는 사회복지에 대한 국고지원을 축소하고 있다. 이러한 일은 가족을 위한 사랑과 봉사 또는 도리라는 미명하에 여성의 희생을 강요하며 책임을 떠넘기는 수단으로 사용되어 왔다(김영화 외, 2004; 최선화, 2005).

복지국가가 가정하고 있는 여성의 역할상은 지금까지도 영향을 끼치고 있다. 최근 들어 여성의 사회참여가 늘어나면서 복지국가가 가정하고 있는 여성들의 역할을 담당할 수 없는 여성이 늘어나고 있으며, 여성들은 어머니, 임금노동자로서의 이중고를 겪거나 자신의 일을 포기할 수밖에 없는 경우가 바로 그것이다.

(2) 여성빈곤과 전이

복지국가에서의 빈곤 문제는 노동자와 사용자 간의 갈등이라는 계급의 문제만 부각될 뿐 여성과 남성 간의 갈등으로 부각시키지 못하여, 여성빈곤의 차이와 원인에 대한 분석은 주목받지 못하고 있다. 즉, 여성의 빈곤을 여성이 빈곤할 수밖에 없는 원인과 여성이 처한 남성과는 다른 노동조건에 대한 문제보다는 빈곤을 전체적으로 다룸으로써 여성이라는 문제는 묻혀 버리고 계급 간의 문제로만 파악하고 있다. 따라서 전업주부 등의 여성을 제외하면서 보편적인 사회적 시민권을 바탕으로 한 탈상품화 개념이 마치 평등한 상품화가 존재하는 것처럼 가정하는 결과를 낳은 것이다. 즉, 성에 근거한 임금차별, 고용차별 등 불평등한 조건에서 발생하는 상품화 현실을 무시하였다. 또한 남성을 비롯한 사회 구성원의 노동시장 참여는 여성의 무임금 재생산 노동 때문에 가능하다는 사실이 인식되지 않았다(최선화, 2005).

(3) 의존 형태의 변화

복지국가에서 발견되었던 개별 남성에 대한 여성의 경제적 의존, 즉 사적 가부장제에 대한 의존 형태가 점차 국가나 공공 영역으로의 고용 및 직접적인 접촉을 통해 국가나 공공 영역으로의 공적 가부장제 형태로 바뀌고 있다. 여성의 의존 형태가 개별 남성에서 국가나 공공 영역으로 바뀌었는데, 그 변화는 두 가지 측면에서 이해될 수 있다. 하나는 극단적으로 말해 복지란 사회적 통제나 성적 규제의 수단으로서 여성의 가치를 저하하고, 통제하고자 하는 남성들의 집단적인 필요에 의해 만들어진 가부장적 필요성으로 보기도 한다는 것이다. 다른 하나는 그럼에도 불구하고 이러한 변화과정을 통해 공공정책은 적극적으로 의도하지는 않았지만 여성들에게 경제활동과 고용기회를 제공해 주었으며, 결과적으로 여성으로 하여금 이러한 과정을 통해 일련의 경제적 자립 가능성을 가질 수 있도록 기반을 제공해 준다는 측면도 있다. 그러나 여전히 의존되어 있다는 것으로 복지국가가 성별분업을 유지하며, 그럼으로써 여성들은 자립할 수 없어 사적 의존에서 공적 의존으로 변화되었을 뿐이다(김영화 외, 2004; 최선화, 2005).

3) 여성주의적 복지국가 유형론 논의

복지국가의 가부장적 성격에 대한 비판으로 여성의 개별 권리와 자율성에 대한 논의가 이루어졌는데, 여기에서는 세인즈베리(Sainsbury)를 중심으로 살펴보도록 한다(조흥식 외, 2006). 세인즈베리는 가족 이데올로기의 사회정책에 대한 영향, 복지혜택과 기여의 단위와 권리의 본질, 가족 내 성별 노동 분화를 강화하는 다른 정책의 영향, 공공 영역과 사적 영역 사이의 경계, 여성노동의 유급 또는 무급의 정도에 따라 사회정책 모델을 부양자 모델(bread-winner model)과 개인적 모델(individual model)로 유형화하였다.

표 11-2 세인즈베리의 사회정책모델

차원	부양자 모델	개인적 모델
가족 이데올로기	엄격한 성별 노동 분화 남편=소득, 아내=보호	역할 공유 남편=소득, 아내=소득/보호
수급권	부부간 차이 있음	부부간 동일함
수급권의 근거	부양자	기타
복지혜택 수여자	가장	개인
복지기여 단위	가구 또는 가족	개인
조세	부부 공동 조세: 피부양자 공제	부부 분리 조세: 동일한 조세 감면
취업 및 임금정책	남성에게 우위	양성에게 동일함
보호 영역	사적	공적(강력한 국가개입)
보호업무	무급	복지 수급에 기여
해당 국가	영국, 아일랜드, 독일	스웨덴

출처: Sainsbury(1994): 조흥식(2000). 여성복지학. 재인용.

부양자 모델에서의 가족 이데올로기는 결혼을 중시하여 남편과 아내 사이의 엄격한 노동 분화를 강조한다. 남편은 가장이며 전일제 고용에 종사하고 가족구성원, 즉 아내와 아이들을 경제적으로 부양할 의무가 있다. 아내의 의무는 좋은 가정을 꾸미고 가족을 돌보는 것이다. 이러한 성별분업은 가족법, 사회적 및 노동규칙과 세금체계에 명문화되어 있고, 일상의 생활양식을 형성한다. 복지혜택의 단위는 가족이며 최저임금과 보수는 가족 임금의 개념을 반영한다. 남편은 부양자의 지위를, 아내는 피부양자의 지위를 가진다. 가족 또는 가구는 사회보험의 기여와 조세의 단위이며, 남성의 취업과 소득에 우선권이 주어진다.

개인적 모델에서의 가족 이데올로기는 남편과 아내가 그 자신의 소득 유지에 책임이 있으며, 남편과 아내는 재정적 유지와 자녀의 보호를 공유한다. 복지의 혜택, 기여 및 조세의 단위는 개인이고 피부양자에 대한 공제나 수당이 없다. 노동시장 정책은 여성과 남성 모두를 대상으로 삼고 있으며 재생산 활동의 많은 부분과 가족보호가 공적 영역에서 이루어지고 있으며, 이러한 활동은 사회보장체제에서의 수급권을 받을 수 있는 근거가 된다.

이렇듯 개인적 모델에서는 시민권에 근거한 복지의 기여와 수급권 개념을 사용하고 있다. 그래서 성, 혼인 여부, 노동시장 지위와 상관없이 개인 자격으로 수급권을 갖는다. 가족보호노동의 사회화는 여성의 이중고를 경감시키며, 노동참여를 가능하게 하고 조세제도를 통해서 결혼 후에도 노동시장에 참여하도록 인센티브를 제공한다. 개인적 모델의 특징은 성에 의한 계층화나 가족 형태에 의한 계층화가 줄어들 수 있다는 것이다. 이렇게 개인적 모델은 여성이 자신의 노동과 개인 중심의 조세를 통해 복지국가에 기여하고 자신의 수급권을 가짐으로써 다양한 형태의 가족제도를 수용할 수 있다는 장점이 있어 여성 친화적이며 가족 친화적이라고 할 수 있다(신혜섭, 2001; 최선화, 2005).

4) 성통합적 복지국가

최근 북미, 유럽, 오스트리아 등 많은 선진국에서는 성(gender)을 중심으로 복지국가를 재구조화하고 있다. 그 사회적 배경이 여성의 노동시장 참여율의 증가, 결혼과 가족구조의 다양화, 여성의 평등과 독립에 대한 욕구 확대 등의 사회적 변화로 인한 것이다. 복지와 성의 결합은 자본주의의 전형적 가족 모델인 가족부양의 책임은 남성에게 있고 여성은 가사와 육아를 책임져야 한다는 모델로는 더 이상 사회적 변화를 수용할 수 없다는 자각에서 비롯된 것이다. 다시 말해, 진정한 국민의 복지 욕구를 수용하면서 복지를 발전시키기 위해서는 전통적인 남성가장 모델에서 벗어나 여성을 고려한 양성모델을 취해야 한다는 것을 의미한다. 중요한 것은 여성의 돌봄에 대한 노동의 성격을 사회적으로 어떻게 규정하는가에 따라 여성의 복지에 중대한 영향을 미칠 수 있기 때문에 사회보장제도 내에서 성 역할에 대한 고려가 중요하며, 제도가 남녀에게 어떤 영향을 미치며 남녀의 관계를 어떻게 규정하는가가 중요하다(최선화, 2005).

03 여성복지 실천 분야: 가정폭력 사례

1) 가정폭력의 이해

가정폭력이란 "가정구성원 사이의 신체적, 정신적 또는 재산상의 피해를 수반하는 행위"를 말한다(「가정폭력범죄의 처벌 등에 관한 특례법」, 제2조제1항). 즉, 가정폭력이란 가정구성원 사이에서 폭력이란 수단을 가지고 상대방을 억압하고 통제하는 상황으로, 신체적·정서적·성적·경제적 학대를 하는 모든 행위를 말한다. 가정구성원은 배우자, 전 배우자, 사실혼 관계에 있거나 있었던 자, 자기 또는 배우자와 직계 존·비속관계(사실상의 양친자관계를 포함)에 있거나 있었던 자, 계부모와 자녀의 관계 또는 적모와 서자의 관계에 있거나 있었던 자, 동거하는 친족관계에 있는 자를 말한다(제2조제2항).

가정폭력은 힘의 균형이 깨진 상태에서 상대방을 통제하고 지배하려는 상황에서 발생한다. 그러므로 부부싸움과 가정폭력은 구별되어야 한다. 부부싸움은 결혼생활 동안 발생하는 말다툼이나 의견충돌 등의 갈등 상황으로 구성원 간 힘의 균형이 깨진 상태인 가정폭력과는 근본적으로 다르다.

(1) 가정폭력 발생 요인

스트라우스와 겔스(Straus & Gelles)에 의하면 가정폭력은 새로운 현상이 아니며 역사적으로 존재해 왔고 여러 문화에 걸쳐 팽배하다고 하였다. 또한 사회적 폭력이 증가하면 가정폭력이 늘어나고 가정폭력이 증가할수록 사회적 폭력이 늘어나는 경향이 있다고 하였다. 그뿐만 아니라 가정폭력 간에는 서로 연관성이 있어 남편과 아내 사이의 폭력이 있는 경우에는 자녀에게도 폭력이 일어날 가능성이 크다고 하였다.

① 생물학적 요인

유전적인 폭력성, 간질 발작, 뇌졸중, 교통사고로 인한 두부 손상, 알코올중독, 약물중독이나 금단 상태 등 생물학적 요인이 원인이 되어 공격적 성향을 증가시키고, 충동을 조절하는 능력에 문제가 초래되는 경우 폭력행동이 증가할 수 있다.

② 심리적 요인

심리적 접근은 폭력 행위를 개인적 차원에서 찾고자 하며 남편과 아내의 개인 인성특성에 의하여 폭력이 발생한다고 보는 것이다. 이 관점에 의하면 행위자인 남편의 비정상적인 내적 결함에 의해 폭력이 야기된다고 보아 알코올, 약물, 의처증 등이 직접적인 요인으로 지적된다. 그리고 아내학대 행위는 피해자인 아내의 피학성을 만족시켜주고 남편의 가학성을 표출할 수 있게 해 줌으로써 부부간의 정서적 평형을 유지해주는 행위라는 것이다. 그러나 이러한 접근은 구타하는 남성들이 사회에서 정상적인 행동을 하면서 왜 가정에서만 폭력행위를 하는지에 대해서 설명하지 못하며 여성의 원초적 피학성 개념은 남성우위문화에 의해 발생한 덫이라는 비판에 직면한다.

③ 사회적 요인

사회적 요인은 가부장제 자체가 가정폭력의 직접적 원인이기보다는 왜곡된 가부장적 가족구조가 가족갈등과 가정폭력을 심화시키는 요인으로 작용한다는 것이다. 아내와 자녀를 자신의 개인 소유물로 보고 이를 용인하는 가부장적 사회구조와 여성에 대한 부정적인 고정관념과 편견이 주된 원인이라 할 수 있다. 또한, 사회적으로도 학교에서의 체벌과 가정에서의 아내 구타와 아동학대 등 교육이라는 이름으로, 사랑이라는 미명 아래 폭력을 용인하고 도리어 권장하는 문화 때문에 행해진다.

대화와 설득보다는 힘과 권위에 의한 강압적 방식을 동원하여 문제를 해결하려는 사회적 분위기는 불평등한 분배와 저질퇴폐문화, 구조적인 갈등 상황으로 더욱 심각해진다. 배우자 구타나 자녀 구타와 같은 폭력을 잘못된 행동을 교정하거나 가정 내

갈등을 해결하고 질서를 유지하는 하나의 수단으로 여긴다.

(2) 가정폭력 가해자의 특성

① 분노 조절의 어려움

가정폭력 가해자의 가장 두드러진 특징은 분노 조절이 어렵다는 것이다. 분노 조절은 충동을 조절하지 못하는 특성으로 나타난다. 조그마한 자극에도 발끈하거나 크게 화를 내는 것이다. 따라서 가해자를 전화상담이나 면접상담에서 대할 때 이러한 특성을 잘 감안할 필요가 있다. 또한 분노를 표현할 때도 맞대응하기보다는 분노 조절이 잘 되지 않는다는 것을 감안하여 여유를 가지고 대응하는 것이 필요하다.

② 높은 통제욕구

가정폭력 가해자의 주요한 특징은 통제욕구가 높다는 것이다. 통제욕구란 상황과 사람을 자기 뜻대로 통제하고자 하는 마음을 말한다. 쉽게 말하면 자기 뜻대로 상대를 움직이려고 하는 마음이 강하다는 것이다. 상대를 자기 뜻대로 움직이려다가 뜻대로 잘 되지 않으니까 물리적 폭력을 쓰는 경우가 많다. 이로 인해 힘에 대해서는 강렬하게 저항하며, 자기의 힘으로 상대의 힘을 굴복시키려는 마음이 크다. 이러한 통제욕구가 사법적 절차를 거치면서 제한당하고 억눌리는 경우가 많아서 가정폭력 가해자를 대할 경우에는 힘으로 맞서는 것을 피해야 한다. 대신 힘의 욕구, 통제의 욕구를 표출하지 않아도 된다는 것을 이해할 수 있도록 부드럽게 응대하는 것이 효과적이다.

③ 불행한 성장 과정

가정폭력 가해자의 성장사는 대개 부모의 부부관계가 원만하지 않았다는 특징이 있다. 부부관계가 원만하지 못하고 부모-자녀 관계도 불안하다 보니 자신의 삶이 불행하다고 느끼는 경우가 많다. 또한 자신과 타인의 관계, 특히 친밀한 관계를 어떻게 맺어야 할지 알지 못하는 데서 어려움이 발생하게 된다. 그 결과 성장하고 결혼을 한 후에도 친밀한 관계인 아내와 어떻게 대화하고 갈등이 발생하면 어떻게 풀어 나가야 할지를 모르는 경우가 많다. 그래서 부부관계를 더욱 악화하고 폭력적인 상황으로 몰고 가는 중요한 원인이 된다. 이러한 불행한 성장 과정은 가정폭력 가해자의 잘못이 아니다. 그럼에도 불구하고 이를 해결하지 못하고 성인이 된 결과, 마치 가해자의 잘못처럼 가까운 자기 가족에게 폭력을 행사하는 모습으로 드러나게 되는 것이다.

④ 관계 기술의 미숙

가정폭력 가해자는 대인관계기술이 부족한 경우가 대부분이다. 특히 가까운 사람과의 관계를 어떻게 해야 좋은지, 나쁘게 되었을 경우 어떻게 회복시켜야 하는지 아무런 청사진을 가지고 있지 않다. 이로 인해 가까운 관계를 더 가깝게 만들지도 못하고, 한 번 멀어진 관계를 가깝게 만들지도 못하고 갈등을 종종 공격적이고 폭력적인 방법으로 해결하려고 한다. 그럴수록 갈등의 골은 깊어지고 가해자는 더 폭력적으로 변하는 악순환의 고리에 빠지게 된다. 이러한 기술의 미숙은 기술 습득을 통해 교정되는 성질이 아니라는 데에 문제의 심각성이 있다. 근본적인 원인은 부적절한 대인관계가 축적되어 왔기 때문에 단기간의 기술습득이 있어도 다시 원점으로 돌아간다. 따라서 꾸준한 상담 및 교육이 있어야 가해자가 관계 기술을 자연스럽게 습득할 수 있다.

(3) 가정폭력 피해자의 특성

① 자존감 저하 및 희생자화

가정폭력의 피해자는 자존감이 낮은 경향이 있으며, 가해자에 대한 적개심을 표현하지 못하면서도 타인이나 다른 상황에서는 과도하게 흥분하고 화를 내며 감정을 절제하지 못한다. 또한 폭력 사실을 숨기고 가해자를 두둔하는 경향을 보인다. 즉, 가정폭력사건에 대한 망각, 생각의 차단, 무기력감, 감정의 둔화, 가해자의 판단에 대한 수용 등 '희생자화' 된다.

② 공포의 재경험

가정폭력 피해자는 '외상 후 스트레스 장애'에서 나타나는 폭력 공포의 재경험 증상을 보인다. 또한 가해자가 귀가할 시간이나 가해자를 연상할 수 있는 대상을 접할 때마다 공포감을 느끼며 매사에 경계하고 조심하는 행동을 보인다.

③ 독립심 결여

가정폭력 피해자는 자신이 가해자에게 의존하고 있는 경제적·사회적 자원들을 포기하고 사회적으로 독립하는 데에 두려움을 느끼며, 자기 자신을 비하하고 정신적으로 큰 무력감을 느끼게 되어 새로운 변화에 대해 큰 위험을 느낀다. 피해자의 독립심 결여는 자신의 자원 결핍을 자각하게 하고, 폭력적인 가정을 떠날 수 없게 하는 직접적인 요인이 된다.

④ 우울증

가정폭력 피해자는 우울증을 갖는 경우가 많고 우울증으로 인해 자살이나 자해를 시도할 가능성이 있다. 또한 가정폭력의 원인을 자신에게 책임이 있는 것으로 생각하는 경향으로 인하여 자존감이 낮고, 표출하지 못한 분노감이나 적개심으로 심리 상태가 건강하지 못하여 일반여성들보다 우울 증상이 높은 것으로 나타나고 있다.

(4) 한국의 가정폭력의 특성

① 가부장제와 성별분업

한국 사회에서는 성을 이유로 차별대우를 받는데(성차별, 성불평등), 남성과 여성이라는 단순한 생물학적·성적 차이가 사회적 차별로 작용하는 것이다. 이러한 현상이 나타나게 하는 '구조적' 원리가 가부장제와 성별분업이다.

② 여성성과 남성성에 대한 사회적 규정과 가정폭력

여성다움과 남성다움의 사회적 규정은 가정폭력에 대한 가정과 사회에서 남성의 폭력을 남성다운 행위로 간주하고 미화하는 태도이다. 여성과 남성에게 폭력에 대한 감수성을 차이 나게 함으로써 사회 전반의 남성우월주의와 결합하여 여성을 남성의 폭력 피해자로 만든다. 여성에게 가정의 화목과 정서적 위안을 제공하는 역할을 맡도록 하는 것은 여성이 가족 간 갈등 상황에서 자신의 불만을 표현하기보다는 참고 인내하게 만들고, 또한 가정폭력과 같은 극단적인 갈등 상황에서도 쉽게 관계를 단절하지 못하게 한다. 따라서 남자는 때릴 수 있고 여자는 고분고분해야 한다는 전제는 가해자에게 책임을 묻기보다는 폭력의 피해자로 하여금 폭력피해를 수치스럽게 여기고 이를 드러내지 못하게 한다.

③ 가부장적 사회에서의 공사 구분 논리와 가정폭력

가부장적 사고에 기반한 통념들(남편은 우월하고 아내는 열등하다, 아내는 무시해도 괜찮다, 가장으로서의 남편은 아내와 자녀를 때려서라도 가르칠 수 있고 가르쳐야 한다)은 가정이라는 울타리 안에서의 폭력을 용납할 뿐만 아니라 정당화한다. 여타의 사회적 안전망이 없는 상황에서 가족이 사회보장제도로서 역할을 하고 있는 한국 사회에서는 남성가장이 처벌받을 경우 당장 생계 문제가 제기된다. 남편이 가정폭력사범으로 접수된다 해도 아내가 고소를 취하하는 경우가 이러한 이유 때문이다. 이와 같이 가정을 사회와 유리된 개별 단위로 보면서 가정폭력 사안에 대해서만 사회가 개입하려는 태도는 사회 전반의 남성우월주의와 여성에 대한 차별적 사회·경제·문화구조를 외면한 채 개개의 폭력사건만을 해결하려 하고 있으므로 한계가 있다.

④ 가정폭력을 부부싸움의 일종으로 보는 경향

가정폭력을 부부싸움으로 보려는 현상은 가정폭력을 철저하게 사적인 영역으로 보려는 한국 사회의 특성을 반영한 것이다. 하지만 가정폭력은 단순히 '부부싸움'이 아니라 '부부'라는 이름으로 개인의 삶을 송두리째 빼앗아 가고 가족구성원의 안전권과 생명권을 위협하는 중대한 범죄이다(박옥임 외, 2020).

2) 가정폭력에 대한 대책

(1) 가정폭력 피해자를 위한 지원

상담지원으로는 전화와 면접을 통한 피해 상담을 받을 수 있도록 국번 없는 특수전화 '1366'을 365일 24시간 운영하고, 전국 128개 가정폭력상담소의 전화와 면접상담, 이주여성은 1577-1366에서 자국어로 상담을 지원하고 있다.

① 여성긴급전화 1366

여성긴급전화는 가정폭력, 성폭력, 성매매 등으로 긴급한 구조·보호 또는 상담을 필요로 하는 여성들이 언제든 피해 상담을 받을 수 있도록 전국적으로 통일된 특수 전화 '1366'을 '365일 24시간' 운영하여 여성인권을 보호하고 있다. 전국 16개 시·도에 설치(시·도별 1개소, 단 서울·경기 1개소 추가)되어 총 17개 지역센터가 운영 중이다.

이주여성긴급지원센터는 다누리 콜센터 '1577-1366'으로 현재 중앙센터 외에 전국 6개 지역센터를 운영하고 있다. 폭력피해 이주여성에게 자국어로 1차 긴급상담을 실시하고 있으며, 상담 후 의료기관, 상담기관, 법률구조기관, 보호시설 등과 연계하여 위기 상황에 개입하고 있다.

② 가정폭력상담소

전국 128개(2023년 12월 기준)의 가정폭력상담소는 가정폭력 피해자를 상담하여 피해자의 보호 및 법률지원 서비스 등 관련 기관으로 연계하거나, 지역사회 홍보 및 가정폭력 피해에 관한 조사연구사업 및 가정폭력의 예방 방지를 위한 홍보 활동을 하고 있다.

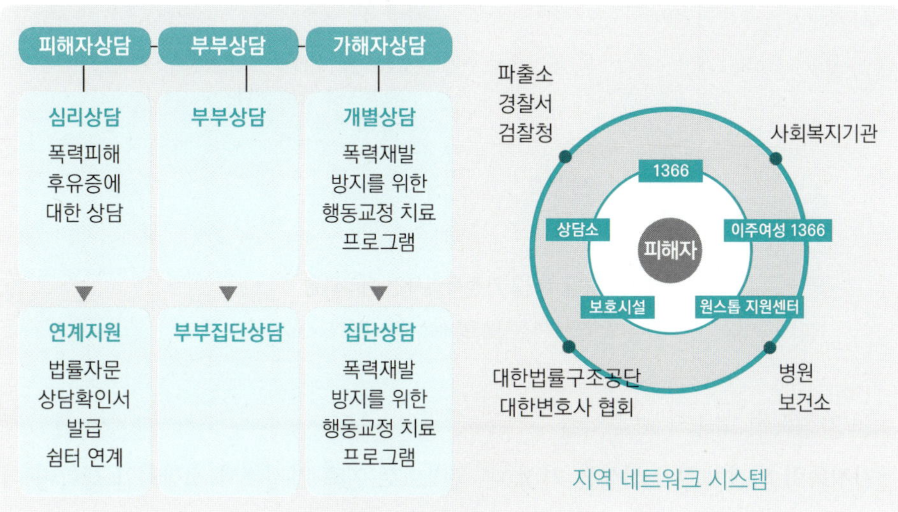

그림 11-1 가정폭력 상담과정

출처: 한국건강가정진흥원(https://www.kihf.or.kr/web)

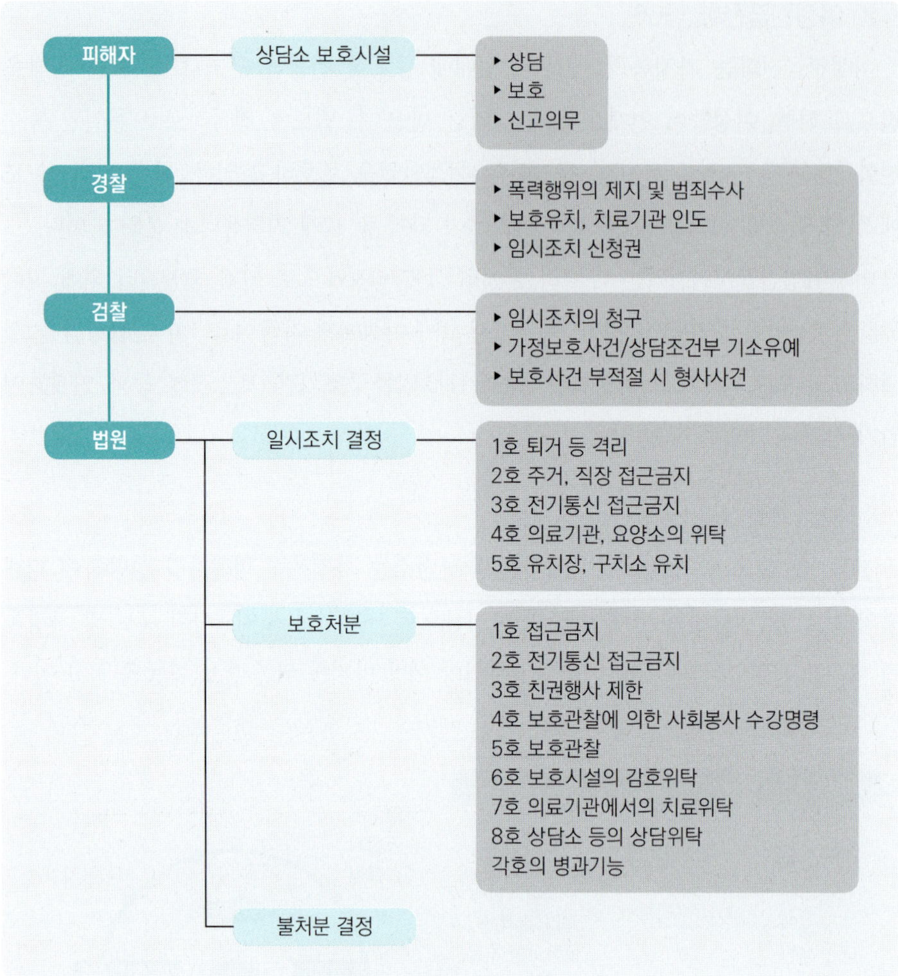

그림 11-2 가정폭력사건 처리과정

출처: 한국건강가정진흥원(https://www.kihf.or.kr/web)

③ 가정폭력 피해자 보호시설

가정폭력 피해자 보호시설은 가정 내 폭력으로 인해 가정에서 정상적인 생활이 어려운 피해자와 그 가족을 시설에서 일정기간 보호하여 신체적·정신적 회복을 지원하는 시설을 말한다. 이는 「사회복지사업법」에 따른 사회복지법인과 그 밖의 비영리법인이 시장·군수·구청장의 인가를 받아 설치·운영할 수 있다. 보호시설은 그 기간과 보호대상자에 따라 단기보호시설, 장기보호시설, 외국인보호시설, 장애인보호시설 등으로 구분된다.

2022년 6월 기준, 전국에 65개가 운영 중이며, 일반 보호시설은 42개, 가족보호시설은 23개가 있다. 보호시설에서 가정의 폭력과 방치, 학대 등으로 인한 피해자를 보호하여 의식주 해결은 물론 의료지원, 취업 준비, 교육·문화 활동, 상담을 통하여 심신을 안정시켜 가정으로의 복귀나 자립을 도와준다. 또한 피해자 및 동반 자녀가 주소지 외의 지역에서 취학할 필요가 있는 경우 전학 등의 조치를 하여 아동의 취학을 지원한다. 가정폭력 피해자 보호시설과 관련된 직에 있는 공무원은 피해자의 입소 사실에 대한 정보를 누설하여서는 안 되는 의무가 있다.

(2) 법의 실효성 제고를 위한 개선방안

「가정폭력범죄의 처벌 등에 관한 특례법」은 가정폭력범죄의 형사처벌 절차에 관한 특례를 정하고 가정폭력범죄를 범한 사람에 대하여 환경의 조정과 성행(性行)의 교정을 위한 보호처분을 함으로써 가정폭력범죄로 파괴된 가정의 평화와 안정을 회복하고 건강한 가정을 가꾸며 피해자와 가족구성원의 인권을 보호함을 목적으로 한다(제1조). 이는 가정폭력 행위자의 처벌을 통한 피해자 구제보다 행위자에 대한 교정 목적의 보호처분을 통하여 파괴된 가정의 평화와 안정의 회복에 방점을 두고 있다. 처벌의 강화만이 능사는 아니므로 이러한 입법 태도도 의미가 있고, 국가로서는 가능한 가정의 해체보다는 가정의 안정을 주목적으로 두고 정책을 시행해야 한다는 점도 무시할 수는 없을 것이다. 그러나 가정폭력 사건을 보면, 그 범죄의 종류나 수법, 횟수 등에 비추어 가정을 유지하도록 하기보다는 행위자의 가해행위로부터 피해자를 보호해야 하는 것이 더욱 절실히 요구되는 현실이다. 이 점을 고려해 볼 때, 동법으로 가정의 회복, 유지를 달성하고자 하는 것은 현실과는 너무나 동떨어진 목적이라 할 수 있다(최선화·오영란, 2018).

박복순(2018) 연구에서도 가정폭력범죄로부터 피해자와 가정구성원의 보호를 위해서 그 무엇보다 시급히 개선되어야 할 사안은 사건처리의 기준을 마련하여 피해자의 의사를 존중하여 처리할 사건과 그렇지 않을 사건을 가리는 것이다. 향후 가정폭력이 한 가정 내에서 반복적으로 일어나는 현상을 단절하기 위해서는 피해자와 가해자의 관계, 합의 여부보다도 죄질의 무거움, 재범의 위험성, 피해자와의 격리 필요성 등을 우선적으로 고려하여 결정되어야 할 것이다. 즉, 폭력으로 멍든 가정을 적절한 개입 없이 형식적으로 유지하는 것보다는 피해자와 가족구성원의 인권보장을 더 우선 가치로 고려해야 한다. 특히, 피해자의 의사를 존중하여 처리하는 사안에서도 가정폭력의 특성상 피해자의 의사가 가해자와의 관계 때문에 왜곡될 수밖에 없는 사연이 존재하기 때문에 피해자 의사의 진정성을 확인할 수 있는 절차적 수단을 마련하여야 할 것이다.

(3) 가부장적 사회규범의 변화

가부장적 사회 인식과 사회규범을 변화시키는 것은 매우 힘들고 오랜 기간 노력해야 할 일이며, 개별적으로뿐만 아니라 집단적인 실행이 병행되어야 한다. 가장 우선은 폭력에 대한 인식개선이 요구된다. 이는 다양한 경로에서의 교육을 통해 이루어질 수 있다. 여성에 대한 폭력과 관련해 중·고등학교를 중심으로 성인지교육 교재가 만들어져 폭력의 사회적·구조적 원인 및 가부장적 사회체계에서의 성적 불평등에 관한 교육이 이루어져야 한다. 또한 지역사회와 직장을 중심으로 잠재적인 가정폭력 가해자와 피해자를 위한 가정폭력 인식 제고 교육이 이루어져야 하며, 이러한 내용은 대중매체와 지역 모임 활동을 통해 가정폭력이 사회적 범죄이고 그 피해자는 사회적 도움을 받을 수 있으며, 받아야 한다는 것이 홍보되어야 한다.

생각해 볼 문제

1. 여성복지의 개념을 정의하고 여성복지의 필요성에 대해서 설명해 보자.

2. 여성복지를 정책적·실천적·운동적 접근방법으로 구분하여 설명해 보자.

3. 여성주의적 복지국가의 유형론에서 세인즈베리의 사회정책 모델을 설명해 보자.

4. 가정폭력의 발생원인을 살펴보고 해결방안을 토론해 보자.

5. 가정폭력에 대한 지원방안을 찾아보고 예방책에 대해 토론해 보자.

Chapter

12

장애인 문제: 장애인 고용

장애인에 대한 태도를 결정지을 때 많은 학자들은 특정 사회의 사회문화적 규범이나 기대가 장애인에 대한 부정적인 태도를 형성한다고 말한다. 특히 아름다운 신체나 건강, 완전성과 같은 개념을 강조하고 개인의 생산성과 성취를 강조하는 곳에서는 장애인을 가치절하하거나 일탈적 지위로 낙인찍음으로써 장애인을 '주변인'이나 '상이한 사람'으로 간주하는 경우가 많다.

01 장애 개념과 특성

1) 장애의 개념적 접근

장애라는 용어는 다양하게 규정되어 한마디로 정의하기는 어렵다. 장애는 의학적·법적·사회적 관점에 따라 다양하게 정의하며, 시대별, 국가별, 학자별로 다르게 정의한다. 장애인에 대한 법적 정의를 보면 「장애인복지법」 제2조에서는 "장애인이란 신체적·정신적 장애로 오랫동안 일상생활이나 사회생활에서 상당한 제약을 받는 자"로서 "대통령령이 정하는 장애의 종류 및 기준에 해당하는 자"로 정의하고 있다. UN의 「국제장애인권리협약」(2006) 제1조에서는 "장애인은 다양한 장벽과의 상호작용으로 다른 사람들과 동등한 조건으로 완전하고 실질적인 사회참여를 저해하는 장기간의 신체적·정신적·지적·감각적 손상을 가진 사람을 포함한다."라고 정의하고 있다(권선진, 2007).

우리나라에서 장애인을 지칭하는 용어를 공식적으로 처음 사용하게 된 계기는 1981년에 제정된 「심신장애자복지법」에서 '심신장애자(心神障礙者)'라는 용어를 사용하면서부터이다. 그러나 이 용어는 심신장애자의 '者'가 사람을 비하하는 의미를 가진다는 지적에 따라, 1989년 「장애인복지법」에서 '장애인(障礙人)'으로 용어를 변경하였다. 여기서 '장(障)'은 세상으로부터 막힌다는 의미이고, '애(礙)'는 세상으로부터 도피하거나 거리낀다는 의미이다. 문자 그대로 해석한다면 장애인은 '세상으로부터 막

혀서 세상으로부터 벗어나 있는 사람'이라는 의미이다. 이렇듯 공식적인 명칭은 장애인이나, 방송이나 신문 등 매스컴에서는 '장애우(障礙友)'라는 용어도 많이 사용하고 있다. 이는 장애를 가진 친구라는 뜻으로 1990년대 중반 한 시민단체가 장애인에 대한 부정적 인식을 해소하기 위한 목적으로 사용하면서 확산된 것으로 추정된다.

다른 나라에서 장애인을 지칭하는 용어를 살펴보면, 중국에서는 잔질인(殘疾人)이라는 용어를 사용하는데, 이는 질병이 치료되지 않고 남아 있는 상태의 사람이라는 의미이다. 일본에서는 장해인(障害人)이라는 용어를 사용하는데, 이는 불편하고 해로움을 입은 사람이라는 의미이다. 서양에서는 과거에 장애인을 지칭하는 용어로 'the disabled people'을 많이 사용하였으나, 최근에는 'people with disabilities'이라는 용어도 많이 사용하는 추세이다. 장애를 지칭하는 용어가 부정적이라는 문제를 제기하면서 'differently abled people', 'physically challenged people'이라는 용어를 사용하는 사람들도 있다. 이처럼 장애를 지칭하는 용어는 다양하며, 다양한 용어는 각기 다른 개념을 반영한다(이승기 외, 2016).

2) 장애인의 이해

현재 우리 사회에서 국내 등록장애인은 2022년 12월 기준 265만여 명으로 집계되었다. 전체 인구의 5.2% 수준이다. 등록장애인 중 심한 장애인은 984,000명(37.1%), 심하지 않은 장애인은 1,669,000명(62.9%)이었다. 남성 장애인은 1,535,000명(57.8%), 여성 장애인은 1,118,000명(42.2%)이었다. 15개 장애 유형 중 가장 많은 유형은 지체장애(44.3%)이고, 다음으로 청각장애(16.0%), 시각장애(9.5%), 뇌병변장애(9.3%), 지적장애(8.5%)가 뒤를 이었다. 희소 장애 유형은 뇌전증장애(0.3%), 심장장애(0.2%), 안면장애(0.1%) 순이었다. 2022년 한 해 동안 새로 등록한 장애인(8만 명) 중에서는 청각(32.0%), 지체(16.7%), 뇌병변(15.2%), 신장(10.3%) 순으로 비중이 컸다.

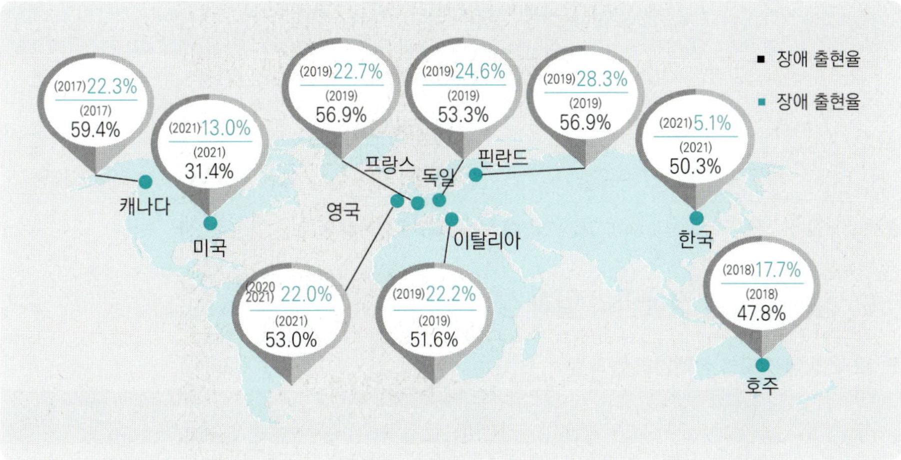

그림 12-1 세계 주요국 장애 출현율과 고용률

출처: 한국장애인고용공단 고용개발원(2023). 한눈에 보는 2022년 장애인 통계.

(1) 연령별 장애인의 일과 삶

표 12-1 연령별 장애인의 일과 삶

구분		15~29세	30~54세	55세 이상
인구	인구 수(2021)	128,160명	538,968명	1,916,402명
	구성비(2021)	4.8%	20.4%	72.5%
	2011년 대비 2021년 증감률	-4.4%	-35.9%	28.7%
	심한 장애 비율(2021)	82.8%	48.7%	29.5%
	지체장애 비율(2021)	10.4%	42.8%	49.4%
	발달장애 비율(2021)	65.9%	17.3%	1.9%
	여성 비율(2021)	35.6%	31.3%	46.0%
고용	취업자 수(2022 상반기)	45,059명	299,311명	596,205명
	고용률(2022 상반기)	35.2%	56.6%	30.9%
	경제활동참가율(2022 상반기)	39.8%	58.9%	32.3%
	임금근로자 수(2022 상반기)	43,559명	238,057명	370,280명

구분		15~29세	30~54세	55세 이상
″	비임금근로자 수(2022 상반기)	1,500명	31,253명	225,925명
	비경활 취업희망자(2022 상반기)	33,238명	51,989명	109,624명
	의무고용 장애인 수(2021)	25,851명	102,708명	79,236명

출처: 한국장애인고용공단 고용개발원(2023). 한눈에 보는 2022년 장애인 통계.

(2) 장애 정도별 장애인의 일과 삶

표 12-2 장애 정도별 장애인의 일과 삶

구분		심한 장애			심하지 않은 장애		
인구	인구 수(2021)	984,813명			1,659,887명		
	구성비(2021)	37.2%			62.8%		
	2011년 대비 2021년 증감률	-0.8%			8.7%		
	연령 구성 비율(2021)	10.8% 15~29세	26.6% 30~54세	57.3% 55세 이상	1.3% 15~29세	16.7% 30~54세	81.4% 55세 이상
	지체장애 비율(2021)	23.6%			57.8%		
	발달장애 비율(2021)	25.9%			-		
		중증			경증		
고용	취업자 수(2022 상반기)	167,262명			773,313명		
	고용률(2022 상반기)	21.2%			43.1%		
	경제활동참가율(2022 상반기)	22.9%			44.8%		
	임금근로자 수(2022 상반기)	134,024명			517,872명		
	비임금근로자 수(2022 상반기)	33,238명			255,441명		
	비경활 취업희망자(2022 상반기)	73,316명			121,535명		
	월평균 임금(2022 상반기)	1,410,000원			2,100,000원		
	의무고용 장애인 수(2022 상반기) (중증 이배수 미적용)	66,304명			141,491명		
		심한 장애			심하지 않은 장애		

출처: 한국장애인고용공단 고용개발원(2023). 한눈에 보는 2022년 장애인 통계.

(3) 장애 유형별 장애인의 일과 삶

표 12-3 장애 유형별 장애인의 일과 삶

(단위: 명, %)

구분		지체장애	뇌병변장애	시각장애	청각장애	발달장애	기타 장애
인구	인구 수(2021)	1,191,462	248,308	251,620	411,749	255,207	286,354
	구성비(2021)	45.1	9.4	9.5	15.6	9.6	10.8
	2011년 대비 2021년 증감률	-10.6	-4.8	0.1	57.7	39.2	24.8
	심한 장애 비율(2021)	19.5	59.0	18.7	22.0	100.0	74.4
	15~29세 비율(2021)	1.1	4.2	2.8	1.5	33.1	2.4
	30~54세 비율(2021)	19.4	15.2	22.0	7.0	36.5	32.6
	55세 이상 비율(2021)	79.4	77.4	74.6	90.8	14.3	63.0
고용	취업자 수(2022 상반기)	549,744	30,319	107,762	126,584	65,891	60,274
	고용률(2022 상반기)	46.2	12.6	43.1	31.0	30.8	21.5
	경제활동참가율(2022 상반기)	48.0	13.8	45.0	32.1	33.3	23.6
	임금근로자 수(2022 상반기)	361,455	23,109	76,582	86,499	62,425	41,827
	비임금근로자 수(2022 상반기)	188,290	7,210	31,180	40,085	3,466	18,447
	비경활 취업희망자(2022 상반기)	80,860	17,180	19,567	21,660	29,636	25,947
	의무고용 장애인 수(2021) (중증 이배수 미적용)	104,233	9,203	22,396	17,541	28,766	13,513

출처: 한국장애인고용공단 고용개발원(2023). 한눈에 보는 2022년 장애인 통계.

(4) 기업체의 장애인 고용

표 12-4 기업체의 장애인 고용

(단위: 개소, 명, %)

구분		상시근로자 100인 미만	상시근로자 100~299인	상시근로자 300~999인	상시근로자 1,000인 이상
민간기업 의무고용	사업체 수(2021)	15,400	10,082	2,810	800
	상시근로자 수(2021)	1,073,160	1,661,326	1,412,919	2,607,319
	장애인 근로자 수(2021) (중증 이배수 적용)	25,206	52,956	46,161	71,125
	고용률(2021) (중증 이배수 적용)	2.35	3.19	3.27	2.73
	고용의무 이행비율(2021)	36.6	52.9	39.2	32.1

구분		상시근로자 5~49인	상시근로자 50~299인	상시근로자 300~999인	상시근로자 1,000인 이상
장애인 고용 기업체의 고용실태	고용의무를 이행하기 위해 채용하는 기업체 비율(2021)	2.5	56.3	60.8	70.6
	장애인 채용 시 배려사항이 있는 기업체 비율(2021)	9.0	23.7	31.6	40.7
	장애인 채용이 어려운 기업체 비율(2021)	5.3	24.2	32.8	37.6
	장애인 별도 복리후생제도가 있는 기업체 비율(2021)	3.2	17.5	19.9	28.0

출처: 한국장애인고용공단 고용개발원(2023). 한눈에 보는 2022년 장애인 통계.

02 장애에 대한 사회적 태도

장애에 대한 사회의 반응은 장애의 원인 및 장애와 관련이 있는 것으로 인식되는 위협요소들에 대한 사회적 인식에 의하여 결정된다고 할 수 있다. 장애 원인에 대한 사회 인식은 시대마다 달랐다. 근대 이전에 장애는 영적 또는 종교적 차원으로 해석되었다. 장애는 신의 징벌 결과이며, 장애를 가진 사람들은 접촉을 기피하는 대상으로 인식하였다. 다른 한편에서는 장애는 신이 존재하는 증거이며, 장애를 가진 사람은 신의 축복을 받은 것으로 이해되기도 하였다. 18세기 후반을 거치면서 장애의 원인은 유전적인 요소로 보았으며, 이 당시에는 정신적 또는 정서적 장애를 가진 사람들에게 결혼을 금지하거나 불임 시술을 하도록 하는 법이 전 세계의 절반 이상의 국가에서 입법되었다(Wiliamson, 2001). 19세기에 접어들면서 장애는 의학적 원인에 기인한다는 인식이 일반화되었고 의학적 개입이 주류를 이루었다. 20세기에 들어서 장애 원인을 사회적인 측면에서 이해하게 되면서, 장애 문제에 대하여 사회가 그 해결책을 제시해야 한다는 목소리가 강하게 제기되었다. 이러한 목소리는 전쟁부상 장애인에 대한 사회적 대처를 중심으로 제기되었는데, 이는 전쟁부상 장애인들에 대한 사회적 책임에 쉽게 공감할 수 있었기 때문이다.

현대 사회는 산업재해의 발생, 교통사고, 각종 질병 등으로 장애인의 수가 증가하고 있으며, 향후에도 새로운 사회문제의 발생으로 장애 인구는 늘어날 것으로 예측된다. 이러한 사회변화 속에서 장애인에 대한 비장애인의 태도는 장애인이 사회통합을 이루어 함께 살아가도록 하는 데 가장 중요한 요인이 된다.

우리 사회의 장애인에 대한 태도에 대해 살펴보면 다음과 같다.

1) 동정의 대상

장애인을 불쌍히 여기는 태도는 다양한 방식으로 표출되어 왔다. 장애인에게 서비스를 제공하는 사회복지기관에서도 모금활동을 위해 대중의 동정심을 조장하는 활동을 해 왔다. 「미국장애인법(American with Disabilities Act: ADA)」 제정을 주도하기도 했던 장애인 켐프(J. Kemp)는 텔레비전을 통한 모금방송에 대해 말하면서 "장애인에 대한 동정심을 유발하는 것은 모금액을 증가시킬 수는 있지만, 대중과 장애인 사이에 두려움의 장벽을 쌓을 수 있다."고 지적하였다(Shapiro, 1993). 동정은 무시와 고정관념의 산물이다. 원래의 의도는 이타심에 의한 것일지라도 모금활동이 동정을 조장하고 죄책감을 이용한다면, 사회복지 관련 종사자들도 이러한 부정적 고정관념 조성에 기여하였다고 할 수 있다.

장애인을 동정의 대상으로 여기는 또 다른 방식은 안락사나 낙태와 관련되어 나타나기도 한다. 교통사고를 당하여 중증장애인으로 살아가는 것보다는 스스로 자살하는 것이 났다고 생각하여 이를 주장하는 장애인을 다룬 영화가 있었다. 이 영화를 본 대중은 장애를 지니고 살아가는 것이 죽음보다 더 힘든 것이라는 메시지를 받게 된다. 태아가 심각한 장애를 지녔을 때 낙태를 하는 것이 정당하다는 사람들의 인식은 장애가 죽음보다 더 나쁜 것이라는 사회적 가정을 드러내는 것이다. 장애를 지닌 사람에 대한 안락사를 지지하는 전문가들이 장애가 끔찍한 운명이라는 잘못된 인식을 강화해 왔던 것이다.

2) 사회의 위협

장애인에 대한 또 다른 인식은 장애인을 사회의 위협이 되는 존재로 여기는 것이다. 예를 들면, 자신의 이웃에 장애인을 위한 공동생활가정이 있을 때, 지역주민은 자녀가 지적장애인 혹은 정신장애인에게 신체적인 공격을 당할 수 있기에, 아이를 보호하기 위해 장애인을 지역사회에서 내쫓아야 한다고 주장하는 것이다. 로도스(Rhodes, 1993)는 장애인을 사회의 위협으로 생각하는 인식이 장애인을 시설에 분리하고 결혼을 반대하거나 불임시술까지 자행하는 결과를 가져왔다고 주장하였다.

3) 병자

사회는 장애인을 병자로 취급하여, 건강한 장애인에게도 병자로서의 역할을 기대해 왔다. 장애인은 생산적이지 않다는 생각 때문에 경제적으로 자립할 기회를 거부당하였다. 사회의 시스템이 장애인으로 하여금 독립적으로 행동하며 자기결정권을 행사하는 것을 어렵게 하더라도, 장애인은 사회로부터 제공받은 도움에 감사해야 할 책임이 주어져 왔다. 병든 것과 장애는 동의어로 여겨져 왔으며, 의료전문가들은 장애인이 서비스를 받기 위해 전문가의 통제하에 있도록 하여 장애인 스스로 자율성을 행사하는 것을 억제해 왔다.

4) 영원한 아이

장애인은 자신의 나이와 관계없이 어린아이와 같이 취급되었다. 울펜스버거(W. Wolfensberger)는 이를 '영원한 아이'의 역할이라고 명명하였다. 비장애인에게는 정상적인 발달단계를 거쳐 성장할 것을 기대하는 반면, 장애인에게는 성장이나 발달에 대한 기대를 갖지 않고, 성장할 기회도 주지 않았다. 장애인의 잠재력을 발휘하기 위해 많은 자원을 지원해야 하지만, 낮은 기대로 인해 자원도 적게 지원한다.

5) 무능력함

휠체어 장애인이 비장애인과 레스토랑에 갔을 때, 종업원은 휠체어 장애인에게 주문을 받기보다는 비장애인에게 주문을 받고자 한다. 휠체어 장애인은 주문할 능력이 없거나 주문을 할 때도 도움이 필요할 것으로 생각하여 같이 온 비장애인에게 장애인이 무엇을 먹고자 하는지를 묻는다는 것이다. 장애인이 무능력하다는 고정관념은 재활서비스에도 많은 영향을 미치고 있다. 장애인이 무능력하다는 고정관념으로 재활 프로그램을 축소하기도 하며, 장애 문제를 해결하는 수단으로 평가나 의료적 진단을 강조함으로써 누구는 할 수 있고 누구는 할 수 없는지를 결정하곤 한다. 이러한 관점을 찬성하는 사람들은 경쟁고용에서 기능할 수 없는 장애인의 경우 재활서비스를 받아서는 안 된다고 주장한다. 이러한 고정관념을 가진 전문가들은 장애인을 그들의 생애 전반에 걸쳐 통제한다.

6) 신의 저주

성경에도 예수의 제자들이 시각장애인으로 태어난 남자를 보고 자신이나 부모가 죄를 지었기 때문에 장애인이 된 것으로 가정하는 구절이 있다. 장애인은 스스로를 신의 눈 밖에 난 존재로 생각하며, 이러한 고정관념으로 인해 장애인과 그의 가족은 죄책감과 수치심을 느끼거나 서로를 비난하였다.

03 장애인 차별에 관한 이론

1) 우생학 이론

우생학이란 다윈(C. R. Darwin)의 사촌 동생인 골턴(F. Galton)이 1883년에 만들어 낸 용어로서, '좋은'을 뜻하는 접두사 'eu-'에 종자를 뜻하는 'geue'이 합쳐진 그리스어의 'eugenes(좋은 종자)'에서 유래한다. 우생학은 유전학적 지식과 고도의 의료기술을 응용하여 유전적으로 열등한 심신 소질을 가진 인구의 증가를 막는 동시에, 우등한 심신 소질을 가진 인구의 증가를 적극적으로 도모하여 인류의 유전형질을 개선하기 위한 학문이다. 영국에서는 우생학적 견지에서 범죄자의 발생을 유전적으로 설명하려는 가계 연구가 시행되었다. 연구결과는 정신지체의 유전설을 뒷받침하였으며, 정신지체는 범죄와 빈곤, 타락의 근원이라는 인상을 만들어 내었다. 이로 인해 사회방어와 장애 발생 예방을 목표로 사회에서 장애인을 격리·수용하고 강제로 단종(斷種) 시키는 우생법안이 여러 나라에서 시행되기도 하였다. 특히 미국은 우생학을 널리 받아들여 2,500명 이상을 수용하는 대형 시설을 만들기도 하였고, 1931년까지 미국 30개 주에서 단종법이 제정되어 장애인의 불임수술을 실시하였다. 독일에서는 우생학이 나치 정권에서 중대한 역할로 작용하여 600만 유대인을 학살하고, 수만 명의 장애를 가진 독일인을 가스실로 보내는 근거가 되었다.

2) 상품 이론

현대 산업사회에서는 각 개인이 갖고 있는 노동력, 지식 등을 상품화함으로써 부와 지위를 높일 수 있다. 가치의 창출과 재창출을 통한 개인의 생각은 그 개인의 시장경쟁력을 좌우하며 그의 사회적 신분에 영향을 미친다. 그러나 장애인은 갖고 있는 생산력이 잘못 판단되거나 낮게 평가되어 그 생산성을 인정받지 못하며, 경제적 이익에 기여할 수 없는 쓸모없는 존재로 여겨진다(이익섭, 1993). 따라서 자본주의 사회구조 속에서 장애인은 점차 제외되며, 대부분의 경우 최후의 고용, 최초의 해고라는 노동시장의 법칙이 적용된다.

3) 편견 이론

편견은 비과학적인 선입견에서 출발하는 한쪽으로 치우친 생각이나 견해로서, 장애인은 우리 사회의 대표적인 편견의 대상이 되어 왔다. 장애인에 대한 잘못된 인식과 장애 원인에 대한 비과학적이고 미신적인 인식 때문에 장애인을 접촉할 기회가 결여된 대중이 장애인에 대해 갖는 이해는 부정적일 수밖에 없다. 선과 정의는 아름다움으로, 악과 불의는 추악함으로 묘사하는 문화 속에서 신체적 결함은 악과 불의로 표현되고, 그 결과 장애인은 사회참여의 균등한 기회를 갖지 못하였다. 이러한 불평등한 처우는 장애인에 대한 이해의 부족을 낳는 악순환 현상을 초래하였다.

올포트(Allport)는 편견의 행동 단계를 반대화, 회피, 차별, 신체적 공격이나 학살로 설명하였다. 편견은 성장 과정에서 학습되는 것으로, 과학적 판단에 의해 형성되는 것이 아니고 감성적으로 이루어지기 때문에 장애인에 대한 부정적인 인식을 바꾸는 데 어려움이 따른다고 하였다.

4) 정책부재 이론

국가정책은 예상되는 사회문제에 대비하고 각종 사회문제를 해결하려는 정부의 노력이다. 따라서 장애인복지정책은 장애인 문제를 사회문제로 인식하고 행하는 국가 차원의 노력을 의미한다. 그러나 장애인복지와 관련된 문제에 대해서는 의도적으로 정책적 수립을 보류하는 결정이 있을 수 있다. 장애인복지가 다른 복지 영역에 비해 정치적 비교우위가 낮기 때문에 아무 정책적 노력을 하지 않기로 결정하게 된다는 이론이다. 이는 장애인 문제의 심각성을 인식하지 못하였음을 뜻하기보다 우선순위가 낮기 때문에 아무 정책을 수립하지 않기로 결정한다는 것을 의미한다(오혜경, 2005).

04 장애로 인한 고용차별

1) 장애인 고용보장정책

「장애인고용촉진 및 직업재활법」 제27조(국가와 지방자치단체의 장애인 고용 의무)에 따르면, 국가와 지방자치단체의 장은 장애인을 소속 공무원 정원의 3.8% 이상(2024년 이후) 의무적으로 고용해야 하며 의무고용률 달성을 위하여 각급 기관의 장은 장애인이 신규채용 인원의 3%(장애인 공무원 수가 해당 정원의 3% 미만이면 6%) 이상 채용되도록 시험을 실시해야 한다. 국가·지방자치단체와 50명 이상 공공기관·민간기업 사업주에게 장애인을 일정 비율 이상 고용하도록 의무를 부과하고, 미준수 시 부담금(100명 이상)을 부과한다.

표 12-5 장애인 의무고용률 (단위: %)

기준연도		2019년	2020년	2021년	2022년	2023년
국가 및 지자체	공무원	3.4	3.4	3.4	3.6	3.6
	비공무원	3.4	3.4	3.4	3.6	3.6
공공기관		3.4	3.4	3.4	3.6	3.6
민간기업		3.1	3.1	3.1	3.1	3.1

출처: 한국장애인고용공단 고용개발원(2023). 한눈에 보는 2022년 장애인 통계.

제28조(사업주의 장애인 고용 의무)에서는 상시 50명 이상의 근로자를 고용하는 사업주는 법정 의무고용률에 따른 장애인 근로자를 의무적으로 고용하여야 하며 상시 100명 이상 고용사업주는 의무고용 미이행 시 부담금을 신고·납부해야 한다. 의무고용률 이상 고용한 사업주에 대해서는 규모에 상관없이 초과인원에 대해 장려금을 지급하며, 국가·자치단체는 비공무원의 경우 부담금은 적용, 장려금은 미적용한다. 부담금 납부금액은 의무고용률에 따라 고용하여야 할 장애인 총수에서 상시 고용하고 있는 장애인 수를 뺀 수에 고용 수준별 적용 부담기초액을 곱한 금액의 연간 합계액이다(〈표 12-6〉).

표 12-6 사업주 유형별 의무고용률

기준(적용)연도		2022년	2023년
신고연도		2023년	2024년
사업주 유형별 의무고용률	민간사업주(월평균 상시근로자 100명 이상)	3.1%	3.1%
	국가 및 지자체의 장, 교육감(공무원)	3.6%	3.6%
	국가 및 지자체의 장, 교육감(공무원이 아닌 근로자)		
	공공기관의 장		
	지방자치단체의 지방공사, 지방공단, 출자·출연법인의 장		

* 「지방교육자치에 관한 법률」에 따른 교육감(교육청)은 「장애인고용촉진 및 직업재활법」 부칙(제14500호, 제18308호)에 근거, 공무원 부문 적용년도 2020~2022년 부담금 총액의 1/2 감액, 적용년도 2022~2024년 의무고용률 상승에 따른 추가 발생금액의 1/2 감액

출처: 한국장애인고용공단 고용개발원(2023). 한눈에 보는 2022년 장애인 통계.

부담금 기초액은 장애인 고용에 필요한 시설·장비의 설치 및 수리, 장애인 고용 관리, 기타 장애인 고용에 특별히 소요되는 비용의 평균액을 기초로 하여 고용정책심의회의 심의를 거쳐 매년 고용노동부장관이 고시하는 부담금 산정의 기초가 되는 금액을 말한다(〈표 12-7〉).

표 12-7 고용 수준별 부담기초액 및 가산율

고용 의무 이행 수준	부담기초액 (2023년 적용·2024년 신고)	가산율
의무고용인원의 3/4 이상 고용한 경우	1,207,000원	-
의무고용인원의 1/2~3/4에 미달하는 경우	1,279,420원	6% 가산
의무고용인원의 1/4~1/2에 미달하는 경우	1,448,400원	20% 가산
의무고용인원의 1/4에 미달하는 경우	1,689,800원	40% 가산
장애인을 한 명도 고용하지 않는 경우	2,010,580원	해당연도 최저임금

출처: 한국장애인고용공단 고용개발원(2023). 한눈에 보는 2022년 장애인 통계.

2) 지원고용제도

지원고용은 지적장애나 발달장애와 같은 중도장애인의 지역사회 통합을 촉진하고 중도장애인의 지속적인 지원요구를 고려한 고용 모델로서, 분리 모델을 지양한 현재까지의 최선의 대안이며 비장애인과의 통합된 직업 환경에서 고용 기회를 제공한다 (박승희, 2008).

미국의 1984년 「발달장애인법(The Developmental Disabilities Act of 1984)」에 의해 채택된 지적장애, 학습장애, 자폐증, 뇌성마비 등 발달장애인들을 위한 고용제도로 정상화(normal-action)의 정신을 바탕으로 하고 있다. 지원고용의 필요성은 발달장애인을 위한 최선의 직업재활서비스로 인식되어 왔던 기존의 보호작업장이 장애인이 비장애인과 분리된 특정의 장소에서 극히 단순한 작업에 종사하도록 되어 있기 때문에 부각되었다. 그러한 차별적이고 분리된 환경은 장애인에게 문화적으로 정상적인 기회를 제공하지 못할 뿐만 아니라 일탈된 행동도 관대히 넘어감으로써 그들이 지역사회의 직업환경에 수용될 수 있는 수준으로 기능할 가능성이 점차로 감소하는 문제점이 있다.

지원고용의 전제 조건은 다음과 같다.

① 실제의 작업(real work)에 고용되어야 한다.

② 고용은 정규적이고 통합된 작업환경(regular and integrated work setting)에서 이루

어져야 한다.

③ 지속적인 지원이 있어야 하며 그러한 지원을 지속시키는 데 필수적인 것이어야 한다.

④ 고용의 상태를 유지하기 위해서는 지속적인 지원을 필요로 하는 중증의 장애인을 대상으로 한다.

지원고용의 대표적인 유형으로는 직업코치(job coach)가 장애인과 1:1로 한 조를 이루어 직무를 수행하게 하는 개별화 배치 모델(individual placement model), 4~5명의 장애인을 집단으로 동일 직무에 배치하고 해당 업체의 직원에 의해 특별한 지도를 받게 하는 기업 내 집단고용 모델(the enclave model), 4~5명의 장애인과 직업코치가 한 조를 이루어 요청이 있는 업체로 이동하면서 작업을 수행하는 이동 작업자 모델(mobile crew model), 먼저 일정 기간 현장 외의 장소에서 특정의 작업에 관해 집단으로 훈련을 받고, 다음 단계로 개별화 배치 모델과 같이 직업현장에 직업 코치에 의해 지원을 받는 고용 훈련 모델(employment training model) 등이 있다(Wehman et al., 2000).

3) 장애에 따른 차별

(1) 장애인차별금지법

장애 인구의 급속한 증가와 여성장애인과 노령장애인, 중증장애인 수가 증가함에 따라 장애 인구의 구조도 변화하였다. 주목할 만한 것은 장애인의 사회참여 욕구가 급속히 증가하여 교육권 및 이동권 등의 보장 욕구와 자립생활운동의 확산 등 새로운 변화가 매우 빠르게 진행되고 있다. 이러한 환경 변화에도 불구하고 우리 사회에는 아직도 장애를 이유로 차별하는 관행이 지속되고 있으며, 복지시설 등에서의 장애인 폭행, 감금 등의 사례도 빈번히 제기되는 등 심각한 인권침해 사례가 지속되고 있다. 그러나 이 중 극히 일부 사례만이 국가인권위원회에 제소되어 환경 변화에 대처하기가 미흡하다. 새로운 환경 변화에 대처하기 위한 시도는 정부의 정책적 노력만으로는 한계가 있고 민간 부문의 협조가 절대적으로 필요하다. 이에 정부가 앞장서는 가운데 민간 부문의 노력과 협조를 이끌 제도적 틀을 구축하고 이를 통하여 장애를 사유로 한 차별을 금지하고 장애인들의 권리를 구제함으로써 미래에 지속가능한 정책 패러다임을 구축할 필요가 있어 「장애인차별금지 및 권리구제 등에 관한 법률(이하 「장애인차별금지법」)」을 2007년 4월 10일 제정하고 법 공포 후 1년이 경과한 날부터 시행하였다.

「장애인차별금지법」은 "장애를 이유로 한 차별을 금지하고, 장애를 이유로 차별받은 사람의 권익을 구제함으로써 장애인의 온전한 사회참여와 평등권 실현을 통해 인간으로서의 존엄과 가치를 구현"하기 위해 만들어진 법이다(제1조). 장애인 당사자는 물론, 장애인을 돕고 있는 사람에 대한 차별을 금지하고, 보조견 및 장애인 보조기구 등의 정당한 사용을 방해해서는 안 된다는 내용을 담고 있다.

(2) 고용에서의 장애인 차별

1975년 제30차 UN 총회에서 제정된 「장애인권리선언」을 보면, "장애인은 경제적·사회적 보장 및 상당한 수준의 생활을 누릴 권리를 가지며, 또한 능력에 따라 고용을 보장·유지하고 유익하고 생산적이며, 보수를 받는 직업에 종사하고 노동조합에 참여할 권리를 가진다."라고 하였다. 이를 통해서 알 수 있듯이 이 세상을 살아가는 데 직업은 필수적인 요소이며, 여기에는 장애인이라고 예외가 될 수 없다.

삶의 가치를 실현하기 위하여 행해지는 다양한 정신적·육체적 활동을 가리켜 '일'이라고 하며, 인간은 이러한 자아완성과 삶의 가치실현에서 오는 만족감을 갖기 이전에 가장 근본적으로는 생계유지를 위해 직업을 가진다(송미연, 2001: 이채식 외, 2008 재인용). 그러나 장애인의 경우 비장애인에 비해 고용과 관련하여 많은 어려움을 가지고 있다. 장애인은 비장애인에 비해 실업률이 높고, 고용이 잘 안 되는 상황이다. 이러한 이유는 여러 가지가 있겠지만, 다음과 같이 설명할 수 있다.

첫째, 접근기회의 상실이다. 비장애인에 비해 장애인은 정규교육에의 접근이 어렵고, 기술습득의 기회 역시 배제된 경우가 많다. 이 때문에 비장애인에 비해 장애인의 인적 자본 수준이 낮으며, 이 때문에 고용의 기회를 많은 부분 놓치고 있다고 할 수 있다. 물리적 환경의 장벽 역시 취업에 접근할 기회의 상실로 이어진다. 장애인은 일반적으로 지하철이나 버스 등의 대중교통 이용이 어렵다. 이 때문에 자가용 등의 다른 교통수단을 이용하게 되고, 이렇게 되면 비장애인에 비해 추가적인 교통비 부담이 발생한다. 또, 취업이 어려워 창업을 하려면 일정 수준의 돈이 필요한데 이러한 창업자금을 만들거나 대여하는 데 비장애인에 비해 어려움이 있다.

둘째, 장애인은 생산성이 비장애인에 비해 떨어진다는 생각(오해)이다. 이러한 생각은 장애인을 고용하는 고용주뿐만 아니라, 장애인 가족, 심지어 장애인 당사자들에게도 널리 퍼져 있는 상황이다. 이에 직장을 구하는 데도 어렵고, 구했다고 하더라도 낮은 급여를 받는 상황이 많이 발생한다.

셋째, 장애인에 대한 차별이다. 앞서 살펴본 것처럼 장애인에 대한 오해는 필연적으로 장애인에 대한 차별을 가져오게 된다. 즉, 장애인에 대한 편견(낮은 생산성)과 반대로 접근성을 높이기 위한 편의시설 설치비 등 노동비용의 증가로 고용주가 의도적으로 장애인을 채용하려고 하지 않는다. 특히 지적장애인, 자폐성 장애인 등 발달장애인에 대한 편견과 차별이 가장 크다고 할 수 있다. 이러한 다양한 이유로 장애인의 고용률이 비장애인에 비해 낮은 수준이라고 할 수 있다. 그러나 장애인에게 취업의 기회를 제공하는 것은 그들에게 소득보장의 기회를 제공하는 것이며, 동시에 자립생활의 기회를 부여하는 것이다.

4) 장애인 고용서비스의 유형

(1) 일반 고용서비스

일반 고용서비스는 경쟁 고용서비스라고도 하며, 장애인과 비장애인을 같은 상황에서 고용할 수 있도록 지원하는 방법으로, 주로 경증장애인을 대상으로 하는 지원서비스이다. 이는 비장애인과 동일하게 장애인에게 각종 지원서비스를 실시하는 것으로, 어떻게 보면 장애인을 대상으로 하는 별도의 지원서비스가 없다는 것을 의미한다고 볼 수 있다. 일반 고용서비스의 대표적인 유형에는 장애를 이유로 고용에서 차별할 때 고용주를 처벌할 수 있도록 하는 입법적 조치로서 장애인 차별금지법을 들 수 있다.

세계 최초의 장애인 차별금지법은 1990년대 초 미국에서 제정된 「장애인법(American with Disability Act)」이며, 이어서 호주, 영국 등에서 제정되었으며, 우리나라의 경우에는 2007년 제정되어 2008년부터 시행되고 있다. 이렇듯 개별법으로서 장애인 차별금지법을 제정하지 않은 국가들은 다양한 방식으로 관련 조항을 입법하였는데, 스웨덴(1999), 노르웨이(2001), 독일(2002) 등에서는 포괄적 차별금지법을 제정하였으며, 그 외 나라들은 차별금지조항을 헌법 혹은 일반 법률에 포함시켰다.

「장애인차별금지법」은 고용의 전 영역 또는 고용과정가 장애인을 차별하는 것을 금지하는 것에 관한 내용을 명시하고 있으며, 특히 고용주가 사업장에서 장애인을 고용할 때 비용과 불필요한 어려움이 발생하지 않는다면, 직장에서 요구되는 사항들이 장애인에게 부합할 수 있도록 각종의 편의제공을 실시할 것을 권고하고 있다. 고용주가 장애인 근로자에게 정당한 편의를 제공하기 위해 추가적인 비용을 지출해야 한다면 장애인의 고용 가능성은 낮아질 수밖에 없다. 따라서 주요 선진국들은 고용주를 대상으로 하는 다양한 지원제도를 운영하고 있다. 대표적인 정책으로는 장애인 근로자에 대한 임금보조를 들 수 있으며, 장애인을 고용한 기업에 세금 감면 등과 같은 다양한 금융 혜택을 제공하고 있다. 또한 장애인을 고용하는 기업에 편의시설 설치 등에 대한 비용을 지원하고 상담서비스 등을 제공하고 있다. 그 밖에 채용과정에서 장애인에게 가산점 등을 부여하는 등의 적극적 우대조치(affirmative action)도 일반 고용서비스에 해당한다고 할 수 있다.

(2) 맞춤형 고용서비스

맞춤형 고용서비스는 장애인에게 맞추어서 고용을 지원하는 것을 의미하는 것으로, 주로 중증장애인, 그중에서도 근로 능력이 있지만 고용이 어려운 장애인을 대상으로 지원하는 서비스를 의미한다. 여기에는 할당고용, 보호고용, 지원고용 및 유보고용 등의 정책이 있으며, 장애인이 경쟁고용시장에 참여할 수 있도록 능력을 계발하거나 회복시켜 주는 직업재활서비스[10]도 맞춤형 고용서비스의 하나로 볼 수 있다.

① 할당고용(quotas employment)

할당고용은 일정 규모를 갖춘 공공기관 또는 민간기업에 대하여 전체 근로자 중 일정 비율을 정하여 장애인을 채용하도록 강제하는 서비스이다. OECD 회원국 중 1/3 이상이 이러한 할당고용서비스를 실시하고 있다. 할당고용제도는 대개 장애인고용과 관련된 법률에 근거를 두고 있으며, 국가들마다 할당비율은 조금씩 차이가 있다. 이탈리아의 경우 7%로서 가장 높은 할당비율을 정하고 있으며, 이어서 프랑스[11]와 폴란드 6.0%, 독일 4.6%, 호주 4%, 터키 3% 등의 순이다. 고용할당제도의 적용을 받는 장애인은 고용할당제도에서 정하고 있는 범주에 적합한 요구들을 충족시키는 장애등록을 한 장애인들을 말한다. 이러한 할당 부분은 모든 국가에서 공공의 영역과 민간 영역에 관련되어 있으며 사업장 규모에 따라서도 다른데, 우리나라와 스페인과 터키는 50명, 그 외의 나라에서는 15~20명까지 적용하고 있다. 특히 일부 국가에서는 중증장애인에 대해서는 경증장애인의 2배 또는 3배로 계수한다. 고용할당제도의 준수율은 상대적으로 낮은 것처럼 보이지만, 대부분 나라에서 50~70%의 준수율을 보이고 있다. 대부분의 국가에서 의무고용률을 준수하지 못하는 경우 고용주에게 벌금을 부과하며, 이는 직업재활 및 직업훈련 프로그램에 대한 비용 충당 등 장애인 고용을 강화하는 활동을 지원하는 데 사용된다.

② 보호고용(sheltered employment)

보호고용은 경쟁노동시장에서 불리한 중증장애인을 위하여 특별히 계획된 조건하에서 행해지는 훈련 및 고용으로, 보수가 있는 근로의 기회를 제공하여 장애인의 직업적 욕구를 해소하는 정책이다. 일반적인 보호고용의 유형으로는 조정된 작업환경에서 장애인에게 근로 기회를 제공하는 가장 보편적인 형태인 보호작업장, 그 외 기업

10) 직업재활서비스: 직업상담, 직업평가, 직업훈련, 취업 알선, 사례지도 등의 활동이 포함된다.

11) 프랑스 정부는 1987년부터 법적으로 직원 20명 이상의 회사에 무조건 전체 직원 중 장애인의 비율을 6% 이상(해외영토령인 마요트의 경우 5%)으로 정하고 있다.

내 집단고용, 재택고용 등이 있다.

보호고용의 대상이 되는 장애인은 신체, 정신 혹은 다른 장애 사항을 가진 사람으로, 어느 정도의 노동능력을 가졌으나, 특별한 원조가 없으면 경쟁노동시장에서 고용의 기회를 확보할 수 없는 사람이다. 장애 영역으로는 지적장애, 뇌병변장애, 발달장애 등이 주 대상이 된다. 이러한 보호고용에 대해서는 찬반 논란이 뜨거운데, 최근 유럽 국가를 중심으로 보호작업장의 사회적 기업화가 활발히 진행되고 있다. 보호고용의 대표적인 사례로서 스웨덴의 장애인 최대 고용기업 삼할(Samhall)[12)]과 스페인의 장애인지원단체인 온세(ONCE) 재단[13)]이 있다.

③ 지원고용(supported employment)

지원고용은 보호고용의 비판적 대안으로서 1960년대 후반 미국에서 장애인을 위한 재활서비스와 프로그램이 시설 중심에서 벗어나 지역사회 중심으로 재조명되면서 시작되었다. 미국 「재활법(Rehabilitation Act, PL 102-569)」에서는 지원고용을 '경쟁 고용이 불가능하거나 심각한 장애로 인해 경쟁적 고용이 중단되거나 방해를 받게 되는 중증장애를 갖고 있는 개인을 대상으로 지속적인 지원서비스가 제공되는 통합된 환경에서의 경쟁적 고용'이라고 정의를 내리고 있다.

한편 지원고용의 유형으로는, 직무지도원이 장애인과 1:1로 한 조를 이루어 직무를 수행하게 하는 개별화 배치 모델, 4~5명의 장애인을 집단으로 동일 직무에 배치하고 해당 업체의 직원에 의해 특별한 지도를 받게 하는 기업 내 집단고용모델, 4~5명의 장애인과 직업코치가 한 조를 이루어 요청이 있는 업체로 이동하면서 작업을 수행하는 이동 작업자 모델, 먼저 일정 기간 현장 외의 장소에서 특정의 작업에 관해 집단으로 훈련을 받고, 다음 단계로 개별화 배치 모델과 같이 직업 현장에 직업코치에 의해 지

12) 삼할(SAMHALL)은 1980년 장애인 고용을 위해 스웨덴 정부에 의해 수도인 스톡홀름에 위치하여 국영기업으로, 스웨덴 전 지역에 걸쳐 사업을 운영하며 정부의 보조금을 받고 고용을 희망하는 장애인들에게 장애와 상관없이 일할 기회를 제공하고 있다. 덕분에 스웨덴은 60% 이상의 장애인 고용률을 보이고 있다.

13) 온세(ONCE)복권은 스페인의 대표적인 사설복권으로, 그 시작은 시각장애인 지원이었으며, 현재는 모든 장애인들을 위해 사용되며 7만 명 넘는 장애인을 지원하고 있다. 온세복권의 판매자들은 모두 다 장애인을 고용하면서 장애인 일자리 창출 등에 기여하고 있다.

원을 받는 고용훈련모델 등이 있다. 또 이러한 지원고용이 제대로 수행되기 위해서는 고용지도, 전문적 직업훈련, 개인별 맞춤형 지도 등이 반드시 필요하며, 교통편의와 보조기기 등이 함께 제공되어야 한다. 이는 장애인의 유급고용과 직무지도원의 지속적인 지원 등을 핵심 내용으로 하는 서비스라고 할 수 있다.

④ 유보고용(reserved employment)

유보고용은 영국의 「장애인고용법(1944)」에서 최초로 제시되었는데, 구체적인 내용으로는 "등록장애인에게 2가지 직종(승강기 안내원, 주차장 안내원, 전화교환원 등)의 고용주는 장애인 외에는 고용해서는 안 된다."라고 규정하고 있다(이채식·김명식, 2012). 이와 같이 유보고용은 일정한 직종을 지정하여 그 직종에 대해서는 특정 장애 유형의 장애인을 우선적으로 고용하는 제도를 의미한다.

05 장애인 고용에 대한 대응방안

1991년, 장애인의 고용을 촉진하기 위해서 국가와 지방자치단체, 민간 기업의 의무고용 비율을 법으로 정하고 이를 충족하지 못하면 고용부담금을 납부하도록 한 '장애인 할당고용제도'에 따라 50인 이상 사업체의 경우에는 장애인 의무고용을 실시하고 있다. 고용의무사업주가 중증장애인을 직접 고용할 수 없는 경우 차선책으로서 보호작업장 등에 대한 도급 확대를 통해 장애인에 대한 간접고용할 기회를 부여하고 고용의무사업주에 대한 부담금을 감면시켜 줌으로써 경제적 부담을 줄여 주자는 취지로 '연계고용 부담금 감면제도'가 시행되고 있다. 따라서 장애인 연계고용 부담금 감면제도를 통해서 부담금 납부 의무가 있는 사업주가 연계고용 대상 사업장(장애인 직업재활시설 또는 장애인표준사업장)과 연계고용 계약을 체결하고 도급을 하여 그 생산품을 납품받는 경우, 연계고용 대상 사업장에서 종사한 장애인 근로자를 부담금 납부

의무 사업주가 고용한 것으로 간주하여 부담금을 감면해 준다. 하지만 연계고용 부담금 감면제도가 사실상 유일한 부담금 감면 제도적 장치임에도 불구하고 신청 절차 및 증빙 과정이 복잡하고 이해관계자를 위한 편의 지원이 없어서, 전반적인 업무처리 프로세스에 대한 개선 요구가 증가하고 있다.

장애인 고용서비스와 관련한 개선방안을 제시하면 다음과 같다.

첫째, 의무고용정책 대상의 표준화와 직업적 장애기준의 도입이 필요하다. 근로능력에서 비장애인과 거의 차별되지 않는 경증장애인은 차별금지제도와 의무고용제도 내에서, 보충적 지원과 의무고용제도는 중증장애인 중심으로 정책 대상을 집중화하는 것이 필요하다. 그리고 이를 위해 직업적 장애기준의 도입과 사정체계의 구조화를 이루고, 장애등록 이후 전문기관에서 근로 능력을 사정하는 활동이 필요하다.

둘째, 중증장애인 중심의 고용서비스 내실화가 필요하다. 이를 위해서 먼저 지원고용의 확대 및 체제 개편이 필요하다. 지원고용사업 대상자 확대와 더불어 현재 3~7주간의 현지훈련으로 개별특성을 고려하는 미국 등의 경우처럼 8개월~1년까지 확대가 필요하다. 또한, 지원고용 현장 훈련 후 사업체 배치비율을 높이고, 필요한 고용지원을 장기간 제공하는 것은 물론, 직무지도원의 역량 강화와 근로조건 개선 등이 필요하다.

셋째, 보호고용 장애인의 최저임금 지급 범위 확대 및 임금보조 등이 시급하다. 다른 나라들처럼 정부가 직업재활시설에서 일하는 중증장애인의 생산성 보전을 위해 임금을 보조해야 한다. 예를 들어, 보호작업장 근로장애인 2/3 이상에게 최저임금의 40% 이상 지급 규정을 최저임금의 60% 정도를 보장하는 내용으로 개정하는 등의 개선이 필요하다.

넷째, 중증장애인 근로지원인 서비스에 대한 확대가 필요하다. 예산 확충을 통해 서비스 대상자와 근로지원인 수를 확대하고, 관련 예산을 장애인고용촉진기금에서 고용보험기금(고용안정사업)으로 전환하는 것이 필요하다.

다섯째, 의무고용사업주의 책임성 강화가 필요하다. 현재 3.1~3.6%인 법정 의무고용률을 국제 평균과 장애인구의 증가 정도, 전체 인구 중 장애인구 비율, 전체 근로자 중 장애인 근로자 비율 등을 고려하여 지속적으로 상향 조정해야 한다. 국제비교(대다수의 국가가 20~25인 이상 사업체)를 고려하여 의무고용대상 사업체를 현행 50인 이상에서 최소 30인 혹은 35인 이상으로 확대하는 것이 필요하다.

여섯째, 장애인고용서비스 연계강화를 통해 개인별 사례관리체계를 제도화하는 것이 필요하다. 즉, 고용·교육·복지 서비스 간 분절적으로 운영·전달되고 있는 서비스를 유기적 연계를 통해 수요자 중심의 통합적 고용서비스 체계로 구축하는 것이 필요하다.

일곱째, 장애인고용기금의 합리적 사용 및 일반회계 전입금 확대 등이 필요하다. 즉, 장애인고용공단 관리운영비는 일반회계에서 지원, 기금은 고용주와 장애인 지원에 활용하는 등의 방안이 필요하다.

생각해 볼 문제

1. 장애에 대한 사회의 반응과 학습자 개인이 바라보는 관점에 대해 토론해 보자.

2. 장애인에 대한 우리 사회의 고정관념에 대해 토론해 보자.

3. 장애인 차별에 관한 이론을 설명해 보자.

4. 장애로 인한 고용차별에 대한 의견을 나누고 해결방안을 토론해 보자.

5. 장애인 고용서비스에 대한 유형에 대해 설명해 보자.

Chapter

13

다문화 문제

01 문화의 개념과 특성

1) 문화의 개념

문화는 사람들이 어떻게 생활하느냐와 관련된 생활방식이며, 의식주를 포함하여 사회생활, 경제생활, 종교생활 등을 어떤 방식으로 해 나가느냐 하는 것과 관련된 생활의 모습이기도 하다. 문화는 지식, 신앙, 예술, 도덕, 법률, 관습, 사회구성원으로서 인간에 의해 획득된 다른 모든 능력이나 습성을 포함하는 복합총체이다. 이처럼 문화는 인간이 소유한 능력의 소산으로서 생활하는 관습 전체이기도 하다(이광규, 1994). 문화는 특정한 인간집단이나 지역에서 특징적으로 나타나는 생활양식으로서, 특정한 사회에서 후천적으로 성장하는 과정에서 익히는 것이다. 문화는 인간의 생존을 위한 필수적인 요소이며, 무의식적으로 인간의 행동과 사고에 영향을 미친다. 또한, 문화는 어떤 사회의 전체 생활양식으로서, 특정한 민족이나 사회가 오랫동안 수많은 시행착오를 거듭하면서 이룩한 역사적 산물이며, 생활의 지혜이다(이광규, 1994; 한상복 외, 1997).

문화에 대한 논의는 종종 한 집단을 묘사하기 위해 사용되는 일련의 특성, 행동, 의례, 신념의 표상(表象)을 포함한다. 이 집단의 사람들은 특정 국가나 지역 내에 살거나(또는 그러한 국가나 지역 출신이거나), 종교적 연맹을 형성하고 있거나, 공동의 조상이나 유산이 있거나, 기타의 이유로 함께 무리 지어 있다. 이러한 기술적인 접근법에서 문화란 개인과 가족, 즉 특정한 지역이나 집단 내에 있는 모든 개인과 가족에게 일방적인 영향을 미치면서, 그들의 외부에 존재하는 정적이고 변화하지 않는 실체를 의미한다. 이는 사람들이 그들의 문화의 산물임을 제시한다. 즉, 문화는 문화적으로 결정된 이미지에 따라 사람들을 형성하도록 하는 강력한 힘이다. 비록 일련의 기술 용어는 다른 집단의 인간 가치, 행동, 목적에서의 다양성을 이해하고 묘사하는 데 도움이 되지만, 이러한 방법은 문화적 정체성과 경험의 역동적이고 지속적으로 변화하는 속성에 대한 개인의 인지를 제한하고 좁힐 수 있다. 따라서 '문화는 하나의 사물이라는 생각'(D'Andrade, 1995)을 넘어서는 것과 문화의 역동적인 과정을 연구하는 것이 중요하다.

여기에서는 문화라는 용어를 고정되고 불변하는 개념화 대신 한 집단의 사람들에게 반복되는 공동의 대상과 사건이며, 그러한 대상과 사건에 대해 그들이 창출해 내는 공유된 의미를 지칭하는 것으로 사용하고자 한다. 이는 분명한 경계를 가졌거나 서로 쉽게 분리될 수 있는 민족집단이나 국가에 문화가 제한되어 있음을 의미하기보다는 오히려 광범위한 문화적 맥락을 포함하는 것으로 개념을 확장한다. 따라서 변화하고 중복되는 문화의 정체성을 포함한다. 또한 문화가 공유된 의미로 구성되어 있기 때문에 지속적으로 의미와 정의가 변화하는 움직임 속에 있다. 이는 지속적으로 진화하며 그 문화와 관련된 개인과 가족에 따라 과거와 현재와 예측이 되는 미래를 연구하는 맥락 속에서만 이해될 수 있다(천혜정 외, 2009).

2) 문화의 특성과 형태

(1) 문화의 일반적 특성

문화는 일반적으로 사회구성원 간에 공유되고, 생득적(生得的)이라기보다는 인간이 사회 속에서 성장하면서 학습을 통해 습득한다. 한 세대에서 다음 세대로 전승·누적되어 나타나고, 모든 영역에 걸쳐 전체적으로 영향을 미치며, 정체(停滯)되지 않고 계속해서 변화한다.

① 학습성

문화는 사회생활을 통해 성장하면서 학습되는 것이다. 인간은 특정의 문화를 갖고 태어나는 것이 아니라, 성장 과정에서 학습을 통해 습득한다. 인간이 공유하고 있다고 해서 모두 문화가 아니며, 어떤 것을 문화적인 것으로 간주하기 위해서는 지속적으로 학습된 것이어야 한다. 우리가 사용하는 언어를 보더라도 태어나면서부터 알 수 있는 것이 아니라 후천적으로 배워서 익힌 것이다. 이처럼 문화는 생득적인 것이 아니라 비유전적 수단에 의해서 습득한 결과이다.

② 공유성

문화란 한 사회 구성원 개개인의 독특한 취향이나 버릇이 아니라 다른 사회 구성원과 구별되는 어떤 공통적인 경향이다. 인간행동의 많은 부분은 그가 소속된 집단의 행동양식을 따르는 것이며, 이러한 행동양식은 집단구성원끼리 공유한다. 문화의 속성은 집단의 구성원에게 사회생활을 원활하게 할 수 있는 공동의 광장을 만들어 주며, 언어와 같이 공유하는 문화를 통하여 상대방의 행동과 기대를 예측할 수 있게 함으로써 사회생활을 할 수 있게 한다.

③ 누적성

문화는 상징적인 수단인 언어를 통해서 세대 간에 전승·축적되어 나간다. 즉, 한 세대에서 이루어진 문화는 다음 세대로 전해지고, 시간이 지남에 따라 각 세대에서 이루어진 문화가 추가되어 계속 쌓여 간다. 문화는 주로 언어를 통해서 세대에서 세대로 전해져 왔으며, 문자를 통해 문서의 형태로 저장되고 축적되었다.

④ 전체성

문화란 사회집단이 가진 지식, 신앙, 예술, 도덕, 법률 등과 같은 수많은 부분이 각기 독립적으로 존재하는 것이 아니라 상호 긴밀한 관계를 유지하면서 하나의 전체를 이룬 통합체이다. 문화는 하나의 영역이 고립된 현상을 보이지 않고, 거의 모든 영역에 부수적인 영향을 미치고 있다. 즉, 한 사회의 문화를 구성하는 각각의 부분은 상호 밀접한 관련을 맺고, 한 영역에서의 변화는 그 영역을 포함하여 다른 영역에도 변화를 가져온다.

⑤ 가변성

문화는 시간적인 차원에서 볼 때 정체되어 있지 않고 항상 변하고 있다. 즉, 문화는 계속해서 누적되는 성격을 띠지만, 장기간에 걸쳐 항상 똑같은 형태를 지니고 있지 않고 점진적으로 변화되어 간다. 사람들은 일상생활에서 그들이 직면한 문제를 새로운 방법으로 해결하려고 하며, 그 과정에서 새로운 방법이 효과적이면 다른 사람에게 학습되고 점차 전체 사회로 확산해 문화의 한 부분이 된다. 한 부분의 변화는 다른 부분으로 연쇄적 변화를 일으켜 전체로서의 문화변동이 일어난다.

(2) 문화의 형태

문화의 형태는 민속문화, 하위문화, 주변 문화, 은둔 문화로 구분할 수 있으며, 구체적 내용은 다음과 같다(이광규, 1994; 한상복 외, 1997).

① 민속문화

민속문화(folk culture)는 어느 한 민족에서 오랫동안 일반 대중에게 전승되어 온 전통적인 문화를 말한다. 즉, 전승된 신앙, 풍습, 의례 등의 형태로 서민 생활에 남아 있는 문화이다. 민속문화는 도시문화에 대비하여 농촌문화와 비슷한 의미로 쓰이기도 한다. 이 문화는 변화에 따른 적응이 늦으며, 친족 중심적이면서 인간관계가 지적인 측면과 정적인 측면을 모두 포함하는 전인적인 형태를 띤다. 또한 성스럽고 종교적인 색채가 강하며, 자연과 관련된 경우가 많다. 아울러 고립적이며 관습화된 생활양식을 하고 있다.

② 하위문화

하위문화(subculture)는 전체 문화의 일부분을 이루는 문화로, 한 사회집단 내에서 다른 것과 구분될 수 있도록 다르게 나타나는 생활양식을 말한다. 이 문화는 한 사회집단의 각 부분에서 특징적으로 나타나는 행위양식이나 사고방식을 포함한 생활양식의 차이를 나타내며, 그러한 차이를 통해서 사회의 각 부분에 대한 이해를 촉진하고 변화에 적절히 대처할 수 있게 한다. 예를 들면, 빈민 지역에서 나타나는 특유의 생활양식인 빈곤문화는 빈민의 하위문화이다.

③ 주변 문화

주변 문화(marginal culture)는 문화의 중심으로부터 멀리 떨어져 문화 영역의 경계선 지역에 있어 문화 특질을 적게 지닌 것을 말한다. 즉, 문화특질이 집중된 문화 중심에서 원거리에 있기 때문에 다른 곳에 비하여 문화특질이 적게 나타나는 것을 말한다. 이 문화는 다른 문화의 특질도 가질 수 있어 문화가 혼합되는 형태를 보이기도 한다.

④ 은둔 문화

은둔 문화(covert culture)는 외부에서 손쉽게 파악할 수 없는 감추어진 문화를 말한다. 즉, 인간의 행동이나 사물을 통해서 나타나지 않는 것으로, 문화의 내부나 하부에 존재하는 가치관, 내세관 등을 의미한다. 은둔 문화는 내재한 문화라고도 하는데, 나타내 보이지는 않지만 인간의 행동과 사고에 큰 영향을 미친다. 이 문화는 외적으로 나타난 문화와 서로 관련되어 역할을 하고 있으며, 전체 문화의 일부분을 차지하고 있다.

02 다문화와 사회복지의 개념

1) 다문화의 개념

다문화(多文化)의 사전적 정의는 다음과 같다. 먼저, 한자로는 많을 '다(多)'에 '문화(文化)'라는 말이 합해져 나온 뜻으로, "한 사회 안에 여러 민족이나 여러 국가의 문화가 혼재하는 것을 이르는 말"(국립국어원 표준국어대사전)로 정의된다. 여기서 문화(文化)란 "자연 상태에서 벗어나 일정한 목적 또는 생활 이상을 실현하고자 사회 구성원에 의하여 습득·공유·전달되는 행동양식이나 생활양식의 과정 및 그 과정에서 이룩하여 낸 물질적·정신적 소득을 통틀어 이르는 말"로, "의식주를 비롯하여 언어, 풍습, 종교, 학문, 예술, 제도 따위를 모두 포함"(국립국어원 표준국어대사전)한다. 그러므로 다문화란 어떠한 특정 사회 안에 하나의 문화만이 유일하게 있는 것이 아니라 다양한 문화가 공존하는 것이다(김제선, 2022).

현재 우리 사회에서 '다문화'라는 표현이 일상적인 용어처럼 사용되고 있다. 이와 같은 다문화는 대한민국 국민의 한 사람으로서 결혼이주여성을 지칭하거나 국제결혼 가정의 자녀를 지칭하는 용어로서 축약된 측면이 있다(성선제, 2012). 즉, 현재의 대한민국은 단일민족을 넘어, 상당수가 내국인을 포함하여 외국에서 이주해 왔거나 그 이주민과 내국인 등에 의해 태어난 2세 등 다민족이 함께 구성되었다는 것을 다문화라는 용어로서 표현하고 있다.

다문화를 기술적 개념에서 정의하면, 민족적·문화적 다양한 존재 자체를 의미한다. 이러한 측면에서는 외부로부터의 이주의 증가가 가장 중요한 계기가 되어 민족적·문화적 단일성에 대해 질문과 문제를 던지는 집단이 가시화되고, 이들의 권리와 사회통합 문제가 제기되는 데서 다문화에 대한 관심이 발전되었다. 한편, 다문화를 이념적 지향으로서의 다문화주의로 보는 사회에서는 민족적·문화적 다양성을 사회의 기본적인 원리로 받아들이고, 이를 증진해 나가는 것이 사회발전에 긍정적인 것으로 받아들여지며, 나아가 특정 사회를 구성하는 집단들이 서로 다른 문화와 이를 기초로 한 정체성을 유지·발전시켜 가려는 움직임이 어느 정도 인정된다는 특징이 있다.

현재의 다문화라는 용어에는 두 가지 점에서 혼란을 가져올 수 있다는 우려도 있다(성선제, 2012). 하나는 문화라는 용어를 사용함으로써 출발부터 언어적 표현의 포로가 될 수 있다는 점이다. 즉, 문화의 포괄성을 인정한다고 하더라도 문화라는 요소만으로 한정함으로써 정치적·경제적·사회적 내용을 제외하거나 외면하는 것을 유발하여 결국은 사회적으로 오히려 혼란을 줄 수 있다는 것이다. 다른 하나는 원래부터 다른 인종이나 민족 등과 공존하였던 다문화와 후천적으로 형성된 다문화가 마치 대립하는 것처럼 비치며, 그것으로 인해 사회가 혼동하는 것처럼 묘사될 수 있다는 점이다.

이러한 사회적 혼란을 야기할 우려가 있다는 점에도 불구하고, 다문화라는 용어 속에는 언어적 표현으로 제한된 문화라는 좁은 의미보다는 인권과 복지, 정치적·경제적·사회적 요소가 내포된 넓고 포괄적인 의미로서 이해할 필요가 있다(성선제, 2012). 다문화라는 용어 외에도 우리 사회에서는 다문화사회(또는 다인종사회), 다문화주의, 문화다원주의, 문화상대주의, 문화(적) 다양성 등 다양한 용어들을 사용하고 있다. 이러한 용어를 왜 사용하고, 그 의미는 무엇인지 등에 대해 이해할 필요가 있다.

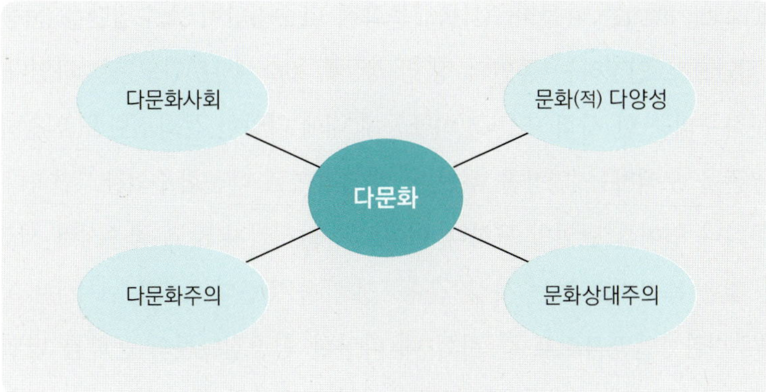

그림 13-1 다문화 용어와 관련된 개념들

2) 다문화주의

'다문화주의'는 영어로 'multiculturalism'으로, 지배적인 정치·문화 내 소수집단의 문화(cultures), 인종(races), 민족(ethnicities)의 차이를 특별히 인정할 가치가 있다는 것을 뜻한다. 즉, 여러 문화를 포함하는 공동체의 제도화를 촉진하는 이데올로기(ideology)로서, 일반적으로 학교, 기업, 이웃, 도시 또는 국가 등 특정 장소의 인구통계학적 구성에 적용된다. 철학으로서의 다문화주의는 19세기 말 유럽과 미국에서 실용주의 운동의 일부로 시작되었고, 20세기로 접어들면서 정치적·문화적 다원주의가 시작되었다. 그것은 부분적으로 사하라 사막 이남의 아프리카에서 유럽 제국주의의 새로운 물결과 미국과 라틴 아메리카로 남부 및 동부 유럽인의 대규모 이민에 대한 대응이었다.

윌리엄 제임스(William James), 존 듀이(John Dewey) 등의 초기 사회학자들과 수많은 철학자, 심리학자, 역사가 등은 문화적 다원주의의 개념을 발전시켰으며, 여기서 오늘날 우리가 다문화주의라고 이해하는 개념이 등장하였다. 특히, 제임스가 '다원 사회'의 개념을 지지했으며, 다원주의를 더 낫고 평등한 사회를 건설하는 데 도움이 되는 철학적·사회적 인본주의 형성에 결정적인 것으로 보았다.

테일러(Taylor, 1994)는 다문화주의를 "문화적 다수집단이 소수집단을 동등한 가치를 가진 집단으로 인정하는 승인의 정치"(성선제, 2012 재인용)라고 정의하였다. 일반적으로 다문화주의는 한 사회 또는 정치공동체 내에 다양한 문화집단을 인정하고 이들 사이의 공존을 모색하는 입장을 취한다. 사전적으로 다문화주의란 "민족마다 다른 다양한 문화나 언어를 단일의 문화나 언어로 동화시키지 않고 공존시켜 서로 승인·존중하는 것을 목적으로 하는 사상·운동·정책"을 뜻한다(아카데미아리서치, 2002).

다문화주의란 "일반적으로 한 사회 내 다양한 인종집단들의 문화를 단일한 문화로 동화시키지 않고 서로 인정하고 존중하면서 공존하게 하는 데 그 목적이 있는 이념체계"(윤인진, 2007)이다. 나아가, 다문화주의의 개념을 더 넓은 관점에서 정의한다면 "현대 사회가 평등한 문화적·정치적 지위를 가진 상이한 문화집단을 끌어안을 수 있어야 한다는 믿음"(유네스코 아시아태평양 국제이해교육원, 2008)이다. 다문화주의의 목적은 모든 사회 구성원이 정치적, 사회적, 경제적으로 완전한 통합을 이루도록 지원하는 것이다(Gray & Webb, 2012). 다문화주의는 기존 사회의 정체성을 흔드는 측면이 있다. 기존의 국가는 상이한 문화적 정체성을 가지고 있는 이주민에 의해 주류 사회가 가지고 있었던 철학적·실천적·집합적 국가 정체성과 사회적 배제와 포용이라는 전통적 개념이 도전받기 때문이다. 이에 따라 개별 국가들은 소위 민족과 국가라는 근대적 획일성의 개념에서 벗어나 '다문화주의'라는 인식의 틀에서 사회통합을 이루려는 경향을 보인다(김영란, 2021).

외국인노동자와 국제결혼의 증가로 말미암은 사회 인구 구성의 변화 측면이 다문화사회로의 변화 주요 요소로 작용하는 우리나라의 현 상황을 고려해 볼 때, 다문화의 이념적 지향으로서보다는 기술적 의미로 받아들이는 것이 현실적일 것이다. 그러나 다문화와 관련한 최근의 다양한 논의를 살펴보면, 다문화를 기술적 측면에서의 개념보다는 다문화주의의 개념으로 확대하여 인종적 다양성을 사회의 구성 원리로 인식하고 정책으로 구체화하려는 경향이 강하다. 다문화주의는 민주주의적 이상과 문화적 다원주의, 기회균등을 공통으로 전제하고 있고 다양한 문화를 인정하고 존중하는 정신을 목표로 추구한다.

다문화주의에 대한 교육적 접근은 최근에 초등학교 시스템으로 확산되었는데, 이는 학교 시스템이 더 어린 나이에 학생들에게 다양성을 소개하기 위해 커리큘럼을 재작업하려고 하기 때문이다. 이것은 소수민족 학생이 교실에서 자신을 대변하는 것을 보는 것이 중요하다는 근거에서 발생하였다.

3) 다문화 사회복지의 개념적 정의

다문화 사회복지(multicultural social welfare)는 한 국가 내 기존 문화에 대응한 다문화적 요소를 가진 클라이언트(개인, 가족 및 그룹) 및 클라이언트 체계(이웃, 커뮤니티, 기관 및 사회정책)에 대한 욕구 충족, 사회문제의 해결 및 예방, 개인 환경 모형, 평등한 접근 및 기회 등과 관련된 총체적인 개입체계 등이다.

이러한 다문화 사회복지는 다문화 사회복지실천(multicultural social work practice)과 혼용되어 사용되고 있다. 이를 다문화 사회복지가 다양한 사회(복지)서비스 제공 및 사회복지사의 역할과 관련되어 있기 때문이다. 수(Sue, 2006)는 다문화 사회복지실천을 "클라이언트의 삶의 경험과 문화적 가치와 일치하는 목표를 정의하고 양상(modality)을 이용하는 것, 개인, 그룹 및 보편적 차원을 포함하도록 클라이언트의 정체성을 인지하는 것, 치유 과정에서 보편적이고 문화적인 전략과 역할의 사용을 옹호하는 것, 내담자와 내담자 시스템의 평가, 진단, 치료, 문제 해결에서 개인주의와 집단주의의 중요성에서 균형을 맞추어 주는 것"으로 정의하였다.

사회복지는 사람들 사이에서 존재하는 다양성과 차이점을 존중하고 원조관계에서 작용하는 문화적 요소를 중요하게 다루는 실천 과정이다(Lum, 2004). 다문화 사회복지 실천도 특정한 범주로 이해하기보다는 기존의 사회복지실천을 다문화적 요소를 고려하여 발전적으로 적용하고 해석하여 새로운 실천 이론 및 모델을 탐색하는 작업이다. 그러므로 다문화 사회복지실천의 주요 대상 역시 민족적·인종적 차별과 열악한 사회경제적 지위로 인하여 차별받아 온 사회적 소수자들과 지역사회이며, 이들과의 상호작용 속에서 다름과 차이를 인정하고 사회심리적 기능을 향상하는 것이다(김영란, 2010).

이러한 점을 고려한다면 다문화 사회복지는 일정한 영토 안에서 주류가 되는 문화를 안고 사는 사람이 아닌 그 이외의 다양한 문화를 갖고 사는 사람들, 즉 사회적 소수자로 살아가는 다문화인의 삶의 경험과 문화적 가치를 기존 문화와 조화롭게 하여 '차이'가 '차별'이 되지 않도록 하는 것을 목표로, 그 개인과 가족, 집단 및 지역사회에 이르기까지 사회복지적 가치와 이념이 실현되게 하며, 그들의 정체성을 회복하도록 하고, 사회심리적 기능을 향상하고 치유 과정에서 보편적이고 문화적인 전략과 역할이 사용되도록 옹호하며, 내담자와 내담자 시스템에 대한 평가, 진단, 치료, 문제 해결 과정에서 개인주의와 집단주의 간의 균형을 맞출 수 있도록 하는 공식적 또는 비공식적 다문화적인 개입체계라고 할 수 있다.

03 다문화가정의 문제

1) 국제결혼가정의 문제

다문화가정에서 말하는 국제결혼가정은 모든 국제결혼가정을 의미하는 것은 아니다. 엄밀하게 말하면, 1990년대 이후 농촌 총각 장가 보내기로 시작되어, 결혼이주여성을 배우자로 맞이한 가정을 말한다. 최근 들어 국제결혼가정은 농촌뿐만 아니라 도시에서도 빈번하게 접하게 될 정도로 많아졌다. 통계적으로 볼 때, 본격적으로 외국인 결혼이주민(특히 여성결혼이주민)이 늘어난 시기는 1995년이고, 그다음 다시 한번 급격하게 늘어난 시기는 2003년이다(박주현·최덕경, 2016).

우리나라의 국제결혼은 지인을 통하거나 직접 만나거나 종교단체, 중개업체를 통한 4가지의 방식이 주로 이루어지고 있다. 이 중에서도 중개업체를 통한 결혼이 약 50%를 차지하고 있으며, 특히 동남아 여성과의 국제결혼은 대부분이 결혼 중개업체를 통하여 이루어지고 있다. 그러나 이들 중개업체의 대부분이 영리만을 목적으로 하는 경우가 많아 결혼이주여성들이 결혼 후에 많은 문제를 경험하고 있다. 대표적인 문제가 언어와 문화적 차이에서 오는 고립감으로, 다문화가정의 결혼이민자들은 한국으로 이주하기 위한 준비나 한국어를 배울 기회를 사전에 갖지 못한 상태에서 입국하는 경우가 대부분이다. 이 때문에 대다수의 결혼이민자들은 한국 생활에 있어 의사소통의 어려움을 경험하게 될 뿐만 아니라 한국 사회 적응에서의 2차, 3차의 어려움을 가져올 수 있다(김제선, 2022).

통계청(2023d)이 발표한 「2022년 혼인·이혼통계」에 따르면 지난해 외국인과의 혼인은 17,000건으로 1년 전보다 27.2% 증가하였다. 전체 혼인 중 외국인과의 혼인이 차지하는 비율도 8.7%로 전년 대비 1.9%p 증가하였다. 외국인 여성과의 혼인은 12,000건으로 전년 대비 33.6% 증가했으며 외국인 남성과의 혼인도 전년 대비 13.2% 증가해 5,000건을 기록하였다. 외국인 여성과의 혼인이 외국인 남성과의 혼인보다 7,000건가량 더 많은 것으로 나타났다. 한국인 남자와 혼인한 외국인 여성의 국적은 베트남(27.6%), 중국(19%), 태국(16.1%) 순이었다. 전년 대비 베트남과 태국 출신 신부가 늘어난 반면 중국인 여성과의 혼인은 감소하였다. 한국인 여성과 혼인한 외국인 남성의 국적은 미국(29.6%), 중국(16.1%), 베트남(33.2%) 순이었다. 1년 전과 비교해 미국과 베트남 출신 신랑이 늘어난 반면, 중국인 남성과의 혼인은 감소하였다. 외국인과의 이혼도 6,000건으로 전년 대비 5.9% 감소한 것으로 나타났다(통계청, 2023d).

국제결혼가정에서 생기는 문제의 일부는 결혼이주여성의 출신 국가와 우리나라 가족제도와 문화가 달라서 나타난다. 언어가 달라서 제대로 된 대화가 잘 이루어지지 않는 상태이다 보니, 국제결혼가정 중에서는 종종 문화적 갈등과 소통의 부재 등으로 말미암아 아내폭력 등의 문제가 제기된다. 한국의 문화를 따라야 한다는 가부장적 사고에 따라 결혼이주여성의 문화는 전혀 이해하지 않으려는 한국의 문화도 결혼이주여성을 힘들게 한다.

결혼이주민의 가장 큰 법적인 문제는 국적취득과 관련한 것이다. 국적 관련 문제는 두 가지 측면에서 살펴보아야 한다. 그 자녀의 경우와 상대 배우자의 국적 취득의 문제이다. 기본적으로 부계혈족을 강조하는 한국에서 국제결혼의 배우자 중 아내가 외국인인 경우에 자녀의 국적 취득은 쉽지만, 남편이 외국인인 경우 그 자녀의 국적 취득은 1997년 이전까지는 불가능하였다. 그러나 1997년에 「국적법」이 개정되어 국적 부여 방식을 부계 혈통주의에서 부모양계 혈통주의로 확대되면서 가능해졌다.

그러나 여전히 결혼이주민은 한국 국적을 가진 배우자와 결혼하더라도 쉽게 국적을 취득하는 것은 아니다. 2004년 「국적법」의 일부 조항을 개정하면서 혼인에 따른 귀화조건을 간소화하였다. 이전의 「국적법」에 따르면, 대한민국의 국민과 혼인한 외국인이 한국인으로 귀화하려면 혼인한 상태로 2년 이상 대한민국에 주소가 있거나 혼인 후 3년이 지나고 혼인 상태로 한국에 1년 이상 계속하여 주소가 있는 사람에만 가능하였다. 그러나 개정된 「국적법」으로는, 본인의 귀책사유 없이 혼인이 파탄된 경우와 미성년자를 양육하는 경우를 간이귀화요건에 포함함으로써 귀화절차를 다소 완화하였다(박성혁, 2009). 그럼에도 여전히 국제결혼 후 몇 년간은 외국인으로 지내야 하는 문제가 남는다.

결혼이민자 및 다문화가족이 증가하는 시대에 다양한 문화를 존중하는 것은 이주민의 인권 존중과 보호 차원에서도 매우 중요하다. 2007년 유엔 인종차별철폐위원회는 한국 사회를 살아가는 다양한 인종 간의 이해와 관용, 우호를 증진하는 취지에서 "한국 현대 사회의 다인종적 성격을 인정하고 적절한 조치를 하라."는 권고를 한 바 있다. 미국은 소수민족의 문화를 WASP(White Anglo-Saxon Protestant) 중심의 주류 사회에 동화시키고자 하는 '용광로(melting pot)' 정책을 실시하였다. 이는 소수민족, 특히 흑인에게 차별적인 정책이며, 흑인은 인종차별적인 미국의 정책에 대해 반발하여 인권운동을 일으켰다. 이는 미국 내의 다양한 소수민족의 인권운동을 활성화하였고, 이러한 배경과 함께 1970년대부터 다문화주의가 본격적으로 등장하였다. 북미와 유럽 지역을 중심으로 논의된 다문화주의는 최근에 아시아 지역에서도 활발하게 이슈화되고 있다. 특히 동북아시아 국가의 다문화주의는 자문화 중심주의의 성찰과 함께 논의되고 있다(이소영·노르보슨, 2013).

2) 이주노동자가정의 문제

국내에 이주노동자가 들어오기 시작한 1987년의 상황을 살펴보아야 한다. 이 시기에는 이주노동자에 대한 별다른 정책도 없었고 소수의 미등록 이주자들이 정착하는 것에 대하여 사회적으로 관심을 두지도 않아 방관하는 상태였다. 그러나 정부의 방관은 곧 끝났으며 1991년 산업연수제도를 통해 공식적으로 이주노동자에 대한 외국 인력 정책을 내놓은 후 15년간 외국인노동자에 대하여 이주노동을 '불허'하는 정책을 고수하였으며, 2004년에 고용허가제를 통해 제한적인 방문 노동을 허가하는 외국 인력 정책을 수용하였다(오경석 외, 2007).

외국인노동자란 취업을 목적으로 모국에서 다른 국가로 이주한 이주민을 뜻한다. 1990년 12월 18일 제45회 유엔총회에서 채택된 「이주노동자권리협약」 제2조는 이주노동자라고 하고 있는데, "국적국이 아닌 나라에서 유급활동에 종사할 예정이거나, 이제 종사하고 있거나, 또는 종사해 온 사람"으로 정의하였다. 한편, '외국인근로자'로 지칭하고 있는 「외국인근로자의 고용 등에 관한 법률」에서는 "대한민국의 국적을 가지지 아니한 사람으로서 국내에 소재하고 있는 사업 또는 사업장에서 임금을 목적으로 근로를 제공하고 있거나 제공하려는 사람"으로 정의하고 있다(제2조). 이 법률은 고용허가제로 입국한 비전문인력 취업자(E-9 자격의 노동자)를 지칭하고 있다. 우리나라에서 외국인노동자는 1980년대 말부터 그 수가 급속히 증가하였다. 1995년에는 10만 명에 불과하였으나, 2001년에는 3배가 증가한 30만 명이 되었다. 그로부터 10년 뒤인 2011년에는 1995년 대비 14배가 급증한 140만 명으로 증가하였고, 급기야 2019년에는 최고치인 252만 명까지 급증하였다. 다만, 코로나-19로 2020년부터는 감소하였지만 다시 2022년 말 기준 취업자격 체류 외국인은 449,402명으로 전년대비 10.5% 증가에 이르고 있다(법무부, 2023).

하지만 외국인노동자들이 경험하는 문제들을 살펴보면 다음과 같다. 기본적으로 이주노동자의 경우 한국어와 한국 문화에 익숙하지 않아서 생기는 소통의 문제가 있다. 이러한 소통의 문제보다 이들을 더 힘들게 하는 여러 가지 문제가 생각보다 많다.

기본적으로 한국 사회에서는 불법체류자를 비롯하여 이들 이주노동자에 대해서 저임금 노동을 위해 입국시켰다는 사회적 인식으로 말미암아 이주노동자를 대한민국의 머슴으로 보는 시각이 많았으며, 이에 따라 심하게는 합법적인 현대판 노예제라는 비판을 받을 정도로 비인권적인 차별과 질시의 시선을 거두지 않았다(한건수, 2004).

이에 더하여 최근에는 한국 내 경제적 어려움으로 불법체류자를 비롯한 이주노동자가 한국인의 일자리를 빼앗아 갔다는 시선과 더불어 범죄에 연루된 외국인 사건을 공공연히 이야기하면서 한국에서 이주노동자와 그 가정을 보는 시선은 더 불편해졌다. 외국인노동자에 대한 규제는 증가하고 있다. 실제로 제대로 된 일자리와 공식적인 비자발급을 통해 안정된 체류자격을 가지고 일을 하는 외국인노동자는 소수에 불과하며, 많은 외국인노동자가 불안정적인 비공식 경제 부분에 고용되어 저임금, 법정 노동시간을 벗어난 장시간 노동, 임금체불, 비위생적인 생활환경, 사업장에서 겪는 폭언 및 폭행, 알선업체와 비양심적인 공무원들에게 폭력과 착취를 당하는 것을 비롯한 다양한 인권침해로 고통받고 있다. 특히 미등록 상태에 있을 때 인권침해의 위험에 놓이는 경우가 더 많다. 합법적인 체류자격이 없는 상태에서 법의 보호를 받지 못하는 이주노동자들은 교육·의료·주거에 대한 권리를 누리지 못하는 경우가 많으며, 때로는 강제노동과 인신매매의 위험에 처하기도 한다. 특히 여성과 아동 같은 사회적 약자의 경우에는 이러한 환경에 노출될 가능성이 더욱 크다(김제선, 2022).

특히, 자녀 양육과 교육의 문제에서도 기본적으로 이주노동자가정에서 자녀를 양육하고 교육하는 데 있어서 법적, 제도적으로 상당한 제한을 받는 어려움 이외에 현실적인 어려움도 많이 경험한다. 우선 이들이 한국에서 자녀를 출산하게 되면 현재의 「국적법」으로 말미암아 출생신고를 못 하고 아이는 무국적자가 되며, 이는 양육의 어려움으로 이어진다. 대부분 이주노동자는 부부가 같이 일하는데 자녀가 무국적자이기에 공공서비스 기관이나 교육기관에 아이를 맡기거나 입학시킬 수 없어서 아이 양육과 교육에 어려움을 경험하고 있다(우희숙, 2009).

따라서 지금까지 관리 및 통제의 차원에서 행해지고 있는 다문화 관련 정책은 다문화 구성원이 더 이상 정책의 대상이 아니라 정책의 주체로 참여하고 그들의 목소리가

정책에 반영되는 방향으로 전반적인 재검토가 요구된다. 즉, 보다 큰 틀에서의 다문화 정책에 대한 철학 및 담론을 생산하고 이를 바탕으로 현재 우리나라 정부가 실시하고 있는 다문화가족 및 외국인노동자, 난민의 사회통합 정책과 법제의 개선 및 개정이 요청된다(김영란, 2021).

3) 북한이탈주민의 가정의 문제

1990년 이전에는 소수로 입국하여 특별한 경우로만 여겨졌던 북한이탈주민은 1990년대 후반 들어 대규모로 입국하기 시작하였다. 2000년대 접어들면서 한 해에 2,000여 명의 입국자가 생기기도 하였다. 2007년에는 1만 명을 넘어섰고, 2010년 11월에는 2만 명, 2016년 11월에는 3만 명을 넘었다. 이처럼 2005년 이후 지속적으로 증가 추세를 유지하다가 2020년은 코로나19로 인해 북중 국경통제 등의 영향으로 인해 입국 인원이 감소하면서 2020년 229명, 2021년 63명, 2022년 67명이 입국하였다. 여기서 특징적인 것은 1990년대 이전에는 혼자서 입국하는 경우가 많았지만 최근 들어서는 가족동반 입국이 많아질 뿐만 아니라, 이미 입국한 북한이탈주민이 북한에 잔류하던 가족을 입국시키는 사례도 늘어나고 있다는 점이다.

북한이탈주민은 다른 다문화가정에 비해 한국과 가장 비슷한 문화와 언어로 말미암아 적응하기가 쉽겠다고 생각하겠지만, 미묘한 문화와 언어 차이, 사회체제의 다름으로 생기는 문제가 적지 않다. 먼저는 북한이탈주민은 한국에 입국하는 초기에 정부에서 주는 정착금과 정착 장려금을 지원받는데, 이로 말미암아 한국 사회에서 취업을 통해 적응하려는 노력을 적게 한다는 이야기를 듣기도 한다. 이에 따라 일정 기간 지원되는 정부의 지원금이 떨어지면 삶의 막막함에 처하는 경우가 많다. 이들의 빈곤이 절대적인 것인지 아니면 상대적인 것인지, 일과적인 것인지 아니면 구조적인 것인지, 여전히 신분 상승의 희망을 갖는 '희망의 빈곤'인지, 아니면 신분 상승을 포기한 '절망의 빈곤'인지를 판별하는 것은 중요한 의미를 가진다. 만약 북한이탈주민의 다수가 장기적인 절대빈곤층으로 전락하고 빈곤이 세습되고 신분 상승에 대한 동기와 노력을 포기할 경우, 이들은 사회 불만 세력과 반사회적 집단으로 변할 수 있는 심각한 사회문제가 될 것이라는 시각도 있다(윤인진·이진복, 2006).

다른 다문화가정 자녀에 비해 언어 문제가 없어 보이는 북한이탈주민 가정의 자녀도 다른 다문화가정의 자녀와 마찬가지로 언어적인 문제를 비롯하여, 교육에서 다양한 어려움을 경험한다. 북한 어투가 남아서 한국 학교의 아이들과 적절한 대화를 나누는 것이 그리 쉽지 않다(장문강, 2006). 이주노동자가정의 자녀와 마찬가지로 학교 입학을 하게 되면 보통 자신의 나이보다 낮은 학년으로 배정되는 경험을 하게 되며, 학습 내용에 대한 이해 부족으로 학교 부적응을 경험하는 비율이 매우 높다. 이에 따라 중도 탈락률도 매우 높다. 이는 언어의 차이, 정체성의 문제, 체제 혼란의 문제 등이 복합적으로 영향을 미친 결과이다.

북한이탈주민은 남한 주민과 융화하기 어렵고 자신들끼리 어울리게 되어 결국 사회적으로 다시 고립되는 악순환을 경험하게 된다. 북한이탈주민은 사회심리적으로도 남한 주민들로부터 소외되고 있어서 '이등국민'이라는 의식을 갖고 있다. 그들은 단지 자신이 북한 출신이라는 이유로 남한 주민들이 그들을 과소평가하고 차별한다고 인식하는데, 실제로 남한 주민이 북한이탈주민에 대해 갖는 편견과 차별 행태가 북한이탈주민의 사회적응을 어렵게 만드는 중요한 외적 요인으로 작용하고 있다. 더구나 대다수의 주거 형태를 영구임대주택에서 거주하고 있어서 북한이탈주민은 지리적으로나 계층적으로 사회적 고립 상태에 처해 있다. 그럼에도 불구하고 다수의 북한이탈주민은 빈곤문화의 징후를 보이지 않고 경제적 자립과 신분 상승에 대한 희망을 갖고 있다.

1997년 「북한이탈주민의 보호 및 정착지원에 관한 법률」이 제정되었고, 이를 근거로 북한이탈주민이 우리 사회 일원으로서 자립·자활의 의지를 갖고 안정적으로 정착할 수 있는 정책이 시행되고 있다. 북한이탈주민의 사회 정착을 돕기 위해 「북한이탈주민의 보호 및 정착지원에 관한 법률」 제30조에 따라 2010년 통일부 산하 공공기관으로 북한이탈주민지원재단('남북하나재단'으로도 불린다)이 설립되었다. 이 재단에서는 한국에 온 북한이탈주민의 초기 정착부터 생활보호, 취업 및 교육 지원, 통일미래리더 양성, 국민 인식 개선 캠페인 등 탈북민의 경제적 자립과 사회적 통합을 돕는다(김제선, 2022).

04 다문화 사회복지의 접근 방식과 실천적 지향점

1) 다문화 사회복지에 대한 접근 기준

다문화 사회복지에 대한 접근은 두 가지의 일반적인 기준을 충족해야 한다(Uehara et al., 1996). 첫째, 다문화 사회복지에 참여하는 사람은 공동 작업에 결정적으로 영향을 미치는 다양한 문제에 대해 사적 및 공적 반성의 지속적인 과정에 참여하고 있음을 인식해야 한다. 자신의 편견과 동기가 다문화 사회복지실천 과정에 미치는 영향과 정치경제가 불리한 집단의 사회문화적 역사에 미치는 영향 등을 고려해야 한다. 둘째, 다문화 사회복지는 지역사회 권한 부여, 사회정의 및 사회변혁의 목표와 연결되어 실천되어야 한다. 특히, 권한 부여의 중심성은 커뮤니티와의 협력과 직접적인 혜택을 강조하는 다른 사회복지실천의 모형과 접근 방식을 차별화해야 한다.

2) 다문화 사회복지의 접근 방식

다문화 사회복지의 접근 방식은 '가치 기반(values based)'이다. 사회정의, 평등, 자기 결정 및 권한 부여와 같은 사회복지의 직업과 실천을 뒷받침하는 근본적인 가치를 기반으로 하고 있기 때문이다. 사회복지의 역사와 유산은 사회정의, 소외되고 억압된 사람과 사회에 대한 봉사, 모든 사람의 존엄성과 가치에 뿌리를 두고 있다(Lum, 2004). 미국사회복지사협회(NASW, 2001)는 윤리강령 및 사회복지실천의 문화적 역량에 대한 표준 등을 통해 필요한 지식, 전문성 및 기술 없이 수행하는 것은 비윤리적이라고 명시하고 있으며, 점점 다양해지는 인구에게 문화적으로 관련된 서비스를 제공해야 한다고 하였다(김영란, 2010).

다문화 사회복지의 또 하나의 접근 방식은 '과정 지향적(process oriented)'이다. 실천에서 수행된 단일 행위 또는 일련의 유한한 행위가 '다문화'가 되지 않는다고 가정하고 있기 때문이다. 대신 성찰과 협력이 실천 과정의 모든 부분에 유기적으로 이루어져야 한다(Rogler, 1989). 비판적으로 성찰하고 협력적인 탐구의 과정이 사회적 변혁으로 이어질 수 있다는 가정을 신뢰하고 있기 때문이다.

3) 다문화 사회복지의 실천적 지향점

다문화 사회복지에서 무엇보다 사회복지사는 태도와 신념, 그 기원과 일상 활동에 미치는 영향 모두에 대해 신중한 자기 성찰이 필요하다. 자기 자신에 대한 지식 개발은 쉬운 과정이 아니지만, 로빈손(Robinson, 1989)은 사회복지사가 다문화에 대한 인식의 자체 평가를 다음과 같이 체계적으로 해야 한다고 하였다.

- 우리 가족이 집단에 대해 무엇을 가르쳐 주었습니까?
- 이 그룹과 협력하면 내 직업 정체성에 어떤 영향을 줍니까?
- 다양성과 갈등을 다루는 내 스타일은 무엇입니까?
- 일반적으로 개인이 억압과 편협을 겪는 것을 목격하는 상황에서 어떻게 반응합니까?

이러한 질문에 대해 의도적으로 하는 자기반성의 과정을 통해 사회복지사는 다문화 상황에 대한 반응과 그 상황에서 생산적으로 일하는 방법을 이해하는 데 도움이 된다(Marsh, 2004).

또한 다문화 사회복지실천은 사회복지사가 세계관에 반영된 문화적 차이뿐만 아니라 문화적으로 유능한 돌봄의 사회·정치적 차원을 이해해야 할 필요성의 사이에서 균형적 시각을 가져야 한다. 사회복지실천에 관련된 이론, 개념 및 관행이 종종 더 큰 사회의 지배적 가치에 뿌리를 두고 이를 반영한다. 결과적으로 치료의 형태는 문화적 억압을 나타낼 수 있으며 문화적으로 다양한 클라이언트과 그들의 지역사회에 큰 해를 끼칠 수 있는 유럽 중심의 세계관을 주로 반영할 수 있다. 문화적으로 유능해지려면 사회복지사는 개인 및 전문 교육의 문화적 조건에서 벗어나, 대안 세계관의 정당성을 이해하고 수용하고, 직업에서 문화적으로 적절한 개입 전략을 개발하는 과정을 시작할 수 있어야 한다. 다양한 클라이언트을 확보하고 클라이언트과 자신 모두에게 영향을 미치는 체계적인 힘을 인식해야 한다(Sue, 2006).

다문화 사회복지실천의 사회복지사는 다른 문화에 대해 열린 자세를 가지려고 노력하고, 개인적인 편견, 선입관, 자민족 중심주의를 벗어나려는 자세를 가져야 한다(이정은 외, 2021). 현재 우리가 살고 있는 사회는 외래 문화의 유입으로 문화 다양성이 증대되었고, 산업화와 정보통신기술의 발달 등 빠른 사회·경제적 변동을 경험하면서 동일시대 안에서도 연령, 가치, 사고방식에 따라 문화적 차이가 발생한다. 나와 다르다는 이유로 자신의 가치관을 강요하는 시대가 가고, 나와 다른 연령, 가치, 사고방식 또는 문화를 가진 다양한 사람들이 함께 공존하며 생활하는 시대가 되었다. 이는 우리나라도 세계 선진국과 마찬가지로 다양한 문화가 유입되었고, 사회 자체의 내적 다양성이 증대한 것이라고 볼 수 있다. 이러한 사회에서 사회복지사는 특정 편견, 선입관, 자민족 중심주의 등을 가져서는 안 된다.

생각해 볼 문제

1. 문화의 특성에 대해 그 속성을 설명해 보자.

2. 문화의 형태를 4가지로 나누어서 구분해서 설명해 보자.

3. 다문화와 다문화주의에 대해 설명해 보자.

4. 다문화가족(국제결혼, 이주노동자, 북한이탈주민)이 경험하는 문제를 토론해 보자.

5. 다문화 사회복지실천의 지향점에 대해서 설명해 보자.

참고 문헌

국내 서적

감정기, 백종만, 김찬우(2015). 지역사회복지론. 나남출판사.

강대기(1982). 현대사회문제론. 한국복지정책연구소 출판부.

강미경(2009). 아동학대 행위 중단과정에 관한 질적연구. 한국아동복지학, 29, 29-72.

강영실, 고명석, 김경신, 박상하, 백선복, 성윤숙, 안진, 양철호, 이양훈, 이장희, 최용(2005). 사회문제론. 대왕사.

경기도다문화교육센터(2009). 다문화교육의 이론과 실제(2판). 양서원.

고명석, 박명혜, 황춘화, 김세영, 민병윤(2009). 사회문제와 사회복지. 대왕사.

고영복(1992). 사상사 개설: 사상의 역사와 사회의 변화. 사회문화연구소출판부.

______(2001). 현대사회문제. 사회문화연구소.

고용노동부(2024). e-고용노동지표. 경제활동인구조사.

__________(2024.01.10.). 2024년 고용노동부 정책 돋보기.

고용노동통계(2024). 2023년 12월 기준 사업체노동력조사결과.

공미혜, 성정현, 이진숙(2010). 여성복지론. 신정.

관계부처 합동(2013). 가정폭력 방지 종합대책.

권민균(2007). 아동발달. 창지사.

권선진(2007). 장애인복지론. 청목출판사.

김근홍, 박영란, 이정규(2005). 사회문제와 사회복지. 학현사.

김근홍, 이정규, 박영란(2013). 사회문제론. 신정출판사.

김기환(1999). 청소년의 성행위에 대한 고찰. 한국아동복지학, 8, 187-211.

김문조(2009). 한국 사회통합의 과제와 전망. 보건복지포럼, 150, 2-4.

김병, 김용준, 박무일, 염동문, 이은정, 이인순, 임성혜(2013). 사회문제론. 양서원.

김보애(2001). 한국의 아동학대 대처방안. 한·일 아동학대 세미나 자료집.

김세원(2008). 아동학대 재발생의 영향요인. 서울대학교 대학원 박사학위논문.

김영란(2010). 다문화 사회복지실천의 한국적 함의. 다문화콘텐츠연구, 9(4), 29-65.

_____(2021). 장애인직업재활시설 종사자의 직무만족과 소외. 한국사회복지행정학, 23(1), 147-173.

김영모(2001). 현대사회보장론. 한국복지정책연구소 출판부.

_____(2007). 현대사회문제론. 고헌출판사.

김영화(2002). 인간과 복지. 양서원.

_____(2003). 정치경제학적 사회문제론. 대학출판사.

김영화, 명선영, 손지아, 이옥희, 염성옥(2005). 정치경제학적 사회문제론. 교육과학사.

김영화, 조희금, 명선명, 권신영, 공정원(2004). 현대사회와 여성복지. 양서원.

김영화, 최영진(2017). 청소년복지론. 정민사.

김은경(2006). 21세기 소년사법 개혁의 발전방향과 과제. 형사정책연구소식.

김은경, 홍미리, 신연숙, 박영란, 박인혜, 변화순, 이미혜, 이호중, 정춘숙, 황정임(2009). 가정폭력: 여성인권의 관점에서. 한울아카데미.

김은영(2004). 아동학대 심각성에 영향을 미치는 위험요인에 관한 연구. 호남대학교 대학원 석사학위논문.

김은정(2016). 아동학대 현황과 예방정책. 보건복지포럼, 233, 31-43.

김응렬, 김지범, 정재기, 심의보, 김준환, 이민표, 이철우, 송영민, 서용석, 김은경(2003). 한국의 노인복지. 고려대학교 한국학연구소.

김인숙, 정재훈(2008). 여성복지 실천과 정책. 나남출판사.

김인순(2002). 부모의 정서적 학대와 아동의 사회적 능력과의 관계. 고려대학교 대학원 석사학위논문.

김자경, 손정락(2007). 의미치료가 비행청소년의 우울, 삶의 목적 및 비행충동에 미치는 효과. 한국심리학회지, 26(1), 1-19.

김재엽(2001). 부부폭력과 아동학대. 연세사회복지연구, 7, 1-31.

김재엽, 이지현, 정윤경(2007). 부부폭력가해자의 성장기아동학대경험이 자녀학대에 미치는 영향: 부모역할 만족도를 중심으로. 사회복지연구, 35(35), 291-312.

김제선(2022). 문화다양성과 다문화 사회복지. 어가.

김종일, 엄명욕, 최경구(2004). 사회문제론. 청목출판사.

김준호, 노성호, 이성식, 곽대경, 이동원, 박철현(2003). 청소년비행론. 청목출판사.

김준호, 박해광(1994). 음란물과 청소년비행과의 관계에 관한 연구. 한국형사정책연구원.

김지미(2013). 한국 복지체제에서의 여성 역할 변화에 관한 연구. 여성학연구, 23(1), 183-219.

______(2018). 한일복지체제 재편과 가족의 위상변화. 사회보장연구, 34(4), 61-91.

김지미, 양영자, 엄태완, 유용식, 유정욱, 한규량(2020). 사회문제론. 정민사.

김지현, 길귀숙, 나용선, 남화수, 목진세, 박종선, 박현수, 신상수, 이경자, 조상윤, 최광수(2011). 사회문제론. 공동체.

김향성(2020). 현대여성복지론. 양서원.

김현식, 안건혁, 온영태, 이영아(1997). 삶의 질 향상을 위한 주거단지계획지침 연구. 국토개발연구원.

김현우(2023.05.15.). 한부모 가정 빈곤율 47%, 일반 가정 4배 달했다. 여성경제신문. https://www.womaneconomy.co.kr/news/articleView.html?idxno=216964 (2024.02.01. 인출)

김현정(2002). 가족관계가 아동학대에 미치는 영향. 대구대학교 대학원 석사학위논문.

김혜경, 도미향, 문혜숙, 박충선, 손홍숙, 오정옥, 홍달아기(2014). 가족복지론. 공동체.

김혜정, 조한나(2015). 아동학대 예방 및 재학대 방지를 위한 상담·교육 프로그램 개발. 부산여성가족개발원 연구보고서.

남일재, 양정하, 김종건, 윤성호, 조은정, 윤은경, 임혁, 배의식, 김영미, 김태준(2010). 사회문제론. 공동체.

____________________(2021). 사회문제론. 공동체.

남찬섭(2009). 경제위기에 대응한 사회복지의 방향. 실천문학, 304-316.

노병일(2013). 사회문제론. 창지사.

대검찰청(2012~2021). 범죄분석.

박복순(2018). 가정폭력처벌법 시행 20주년의 평가 및 향후 과제. 여성연구, 99(4), 181-218.

박성혁(2009). 다문화교육 정책을 위한 관련 법령의 현황과 개선 방향. 경기도다문화교육센터.

박승희(2008). 대학교 내에서 지적 장애인 지원고용 프로그램의 실행과 성과. 한국장애인고용촉진공단 고용개발원.

박영란, 황정임, 정재훈(2001). 외국의 여성복지서비스에 관한 연구. 한국여성개발원.

박옥임, 김경신, 이주희, 최은정, 박준섭(2020). 여성복지학. 공동체.

박옥임, 김경신, 이주희, 최은정, 박준섭, 이경희, 유숙영, 이옥금, 김진희(2015). 여성복지학. 공동체.

박용순, 문순용, 임원선, 임종호(2019). 사회문제론. 학지사.

____________(2022). 사회문제론. 학지사.

박정란, 서홍란, 장수한(2017). 청소년복지론. 양서원.

박주현, 최덕경(2016). 다문화 사회의 이해와 실천. 창지사.

박형진(2000). 가정내 아동학대와 제변인과의 연구. 경성대학교 대학원 석사학위논문.

법무부(2023). 연도별 인구대비 체류외국인 현황('18~22년). 법무부출입국 통계자료.

보건복지부(2023). 고령자 통계.

석재은(2004). 한국의 빈곤의 여성화에 대한 실증분석. 한국사회복지학, 56(2), 167-194.

성선제(2012). 다문화사회의 헌법적 기초. 홍익법학, 13(4), 119-144.

손병덕, 황혜원, 전미애(2008). 가족복지론. 학지사.

송다영, 박은정(2019). 양육수당의 제도적 정합성 분석: 한국과 독일의 양육수당정책 비교를 중심으로. 비판사회정책, 93-135.

송미연(2001). 수화통역서비스가 청각장애인의 직업적응에 미치는 효과에 관한 연구. 대구대학교 재활과학대학원 석사학위논문.

신혜섭(2001). 여성복지적 관점에서의 탈 상품화에 대한 대안적 개념의 고찰 및 함의. 한국가족사회복지학, 8, 99-118.

심윤종(1997). 현대 산업사회의 물신주의적 성격에 관한 일고찰. 사회과학, 42(2), 81-105.

아동권리보장원(2022). 2022 아동학대 주요통계.

아카데미아리서치(2002). 21세기 정치학대사전. 아카데미아리서치.

안동현, 김경희, 김희균, 이명진, 장화정, 정익중(2017). e아동행복지원시스템 효율적 운영을 위한 아동학대 개념과 유형연구. 보건복지부 연구보고서.

여성가족부(2016). 2016년도 전국 가정폭력 실태조사.

__________(2018). 2018년 한부모가족 실태조사.

__________(2021). 2021년 한부모가족 실태조사.

여진주(2008). 아동학대 보호요인의 효과: 부모 및 아동의 사회적 지지망을 중심으로. 가톨릭대학교 대학원 박사학위논문.

오경석, 김희정, 이선옥, 박흥순, 정진헌, 정혜실, 양영자, 오현선, 류성환, 이희수, 강희복(2007). (한국에서의) 다문화주의: 현실과 쟁점. 한울아카데미.

오혜경(2005). 장애인복지론. 창지사.

옥양련, 박금식(2003). 오늘의 사회문제. 유풍출판사.

우희숙(2009). 이주민 삶의 이해 다문화가정의 자녀 교육, 다문화 교육의 이론과 실제. 경기도다문화교육센터 편, 양서원.

원석조(2005). 사회복지개론. 양서원.

______(2018). 사회문제론. 양서원.

유가효(1997). 청소년의 성문화와 성교육 프로그램 방향모색. 과학논총, 23(1), 1-10.

유네스코 아시아태평양 국제이해교육원(2008). 다문화사회의 이해. 유네스코 아시아태평양 국제이해교육원.

유영주(1993). 가족학. 하우.

윤인진(2007). 국가주도 다문화주의와 시민주도 다문화주의. 한국사회학회 동북아시대위원회 용역과제 07-7, 251-291.

윤인진, 이진복(2006). 소수자의 사회적 배제와 사회통합의 과제: 북한이주민의 경험을 중심으로. 한국사회, 7(1), 41-90.

윤현영(2005). 아동학대에 영향을 미치는 부모요인에 관한 연구: 일반부모를 중심으로. 경상대학교 대학원 석사학위논문.

윤홍식, 송다영, 김영란, 김정훈(2011). 가족정책. 공동체.

이경님(2004). 아동이 지각한 부부갈등, 어머니의 양육행동과 아동행동문제가 아동학대에 미치는 영향. 한국생활과학회지, 13(1), 63-73.

이광규(1994). 문화인류학. 일조각.

이상균(2002). 청소년 흡연행위의 결정요인. 사회복지리뷰, 6(1), 15-27.

이소영, 노르보슨(2013). 여성결혼이민자의 다문화시민권리 연구. 전남대학교 세계한상문화연구단 국내학술회의, 93-114.

이수정, 윤옥경, 황태정, 전주희, 최금화, 박혜란, 양철수(2007). 비행 및 일탈 청소년 관련 프로그램의 현황과 프로그램 이용 실태조사 및 예방적·회복적 보호지원 강화 방안 연구. 국가청소년위원회 연구보고서.

이승기, 윤상용, 서동명(2016). 장애인복지론. 신정출판사.

이영환, 김진욱(2004). 경제학 강의. 율곡출판사.

이원표(2001). 아동학대상담사례연구. 서울특별시립 동부아동상담소.

이윤호, 김지연(2006). 최근 소년사법의 경향에 따른 소념범에 대한 효과적인 대응방안 모색. 한국공안행정학회보, 22, 321-348.

이익섭(1993). 장애인에 관한 국제문헌과 행동지침. 연세사회복지연구, 1, 119-139.

이재연, 한지숙(2003). 아동과 부모, 가족환경적 특성에 따른 아동학대 실태연구. 한국아동복지학, 24(2), 63-78.

이정은, 임우현, 정연모, 최형임(2021). 사회복지와 문화다양성. 지식공동체.

이종복, 이배근(1999). 아동학대의 원인과 대책. 학지사.

이종원, 이순래, 정윤미(2016). 한국아동청소년 패널조사. 한국청소년정책연구원 연구보고서.

이주희, 이양희(2000). 아동 및 부모특성이 아동학대에 미치는 영향에 관한 연구. 아동과 권리, 4(2), 113-123.

이채식, 김명식(2012). 근로 장애인의 직무만족도에 영향을 주는 심리사회적 변인에 관한 연구. 장애와 고용, 22(1), 29-54.

이채식, 이은영, 이형렬, 김재익, 전영록(2008). 장애인복지론. 창지사.

이태진, 현시웅, 김선미, 우선희, 김정은(2010). 주거복지정책의 평가 및 개편방안 연구. 한국보건사회연구원.

이혜경(2004). 한국 사회안전망의 재점검과 대책. 한국 사회안전망의 현황과 대책 자료집. 한국사회복지학회.

장문강(2006). 새터민 청소년의 학교 적응에 관한 연구: 다문화교육 관점을 중심으로. 청소년문화포럼, 19. 한국청소년문화연구소.

장혜경, 송다영, 김영란, 김정훈(2001). 여성한부모가족을 위한 사회적 지원방안. 한국여성개발원.

전병재(1990). 사회변화와 윤리. 한국사회과학연구협의회. 법문사.

정경희, 오영희, 이윤경, 오미애, 강은나, 김경래, 황남희, 김세진, 이선희, 이석구, 홍송이(2017). 2017년도 노인실태조사. 한국보건사회연구원.

정헌주, 김상호, 김세현, 유해미, 이택면, 박창남, 김준환, 이혜경, 박현수, 민웅기, 이해진, 유문무(2020). 사회문제의 이해. 대왕사.

조추용, 신승연, 임병우, 남연희, 박차상(2009). 사회복지개론. 창지사.

조흥식(2000). 여성복지학. 학지사.

조흥식, 김인숙, 김혜란, 김혜련, 신은주(2001). 가족복지학. 학지사.

조흥식, 김혜련, 신혜섭, 김혜란(2006). 여성복지학. 학지사.

주혜주(2012). 여성은 어떻게 이혼을 결정하는가. 한국학술정보.

차훈진(2005). 경찰의 회복적 사법 제도에 관한 연구. 한국경찰학회보, 9(1), 229-254.

천혜정, 한나(2009). 근로자의 일 지향성, 일 스트레스 및 조직문화가 일과 삶의 조화에 미치는 영향. 한국가족자원경영학회지, 13(4), 53-72.

초의수, 정원철, 최선경, 한지나, 아영아, 박선숙, 박해긍(2021). 사회문제와 사회복지. 양서원.

최선화(2005). 여성복지론. 학현사.

______(2006). 여성복지론. 학현사.

최선화, 박광준, 황성철, 안홍순, 홍봉선(2008). 사회문제와 사회복지. 양서원.

______________________________(2010). 사회문제와 사회복지. 양서원.

______________________________(2014). 사회문제와 사회복지. 양서원.

최선화, 오영란(2018). 여성복지론(2판). 공동체.

최선화, 주정, 이영주, 김향선(2009). 여성복지론. 양서원.

최일섭(2000). 사회문제와 사회복지. 나남출판사.

최일섭, 최성재(2000). 사회문제와 사회복지. 나남출판사.

__________(2003). 사회문제와 사회복지. 나남출판사.

최협, 김성국, 정근식, 유명기(2004). 한국의 소수자, 실태와 전망. 한울아카데미.

통계청(2016). 장래인구추계: 2015~2065년.

_____(2017). 경제활동인구조사.

_____(2018a). 경제활동인구조사.

_____(2018b). 고령자 통계.

_____(2019). 인구동향조사.

_____(2022). 사회조사.

_____(2023a). 경제활동인구 고령층 부가조사 결과.

_____(2023b). 경제활동인구조사.

_____(2023c). 인구동향조사.

_____(2023d). e-나라지표. 국제결혼 현황.

_____(2023e). 2023 통계로 보는 1인가구 보도자료.

_____(2023.11.15.). 경제활동인구조사 "2023년 10월 고용동향".

_____(2024). 인구주택총조사 규칙.

_____(각년도). 인구주택총조사보고서.

표갑수(2006). 사회문제와 사회복지. 나남출판사.

하은경, 박천만(2002). 아동학대실태 및 관련요인: 대구광역시 일개 초등학교를 중심으로. 대한보건연구, 28(4), 351-362.

한건수(2004). 타자 만들기: 한국사회와 이주노동자의 재현. 비교문화연구소, 9(9), 157-193.

한국개발연구원(2002). 2002 연차보고서.

한국보건사회연구원(2023). 2021년도 가족과 출산조사. 연구보고서 2021-50.

한국복지정책연구소(2003). 사회문제론. 고헌출판사.

한국여성정책연구원(2024). 통계DB조회.

한국장애인고용공단 고용개발원(2023). 한눈에 보는 2022년 장애인 통계.

한국정신문화연구원(2014). 한국민족문화대백과사전. 웅진출판.

한상복, 이문웅, 김광억(1997). 문화인류학개론. 서울대학교 출판부.

한형수(2000). 가족해체와 아동·노인·여성 문제. 현대사회문제론. 고헌출판사.

홍봉선, 남미애(2017). 청소년복지론. 공동체.

환경부(2024). 미세먼지 관리 종합대책.

황영희(1993). 부모의 결혼만족도와 아동학대와의 관계. 숙명여자대학교 대학원 석사학위논문.

국외 서적

Allport, G. W. (1958). ***Assessment of human motives***. Rinehart.

Eitzen, D. S., & Zinn, M. B. (2000). ***Social problem***(8th ed.). Allyn and Bacon.

Gray, M., & Webb, S. A. (2012). 사회복지학의 새로운 접근: 철학적 토대와 대안적 연구방법[***Social work theories and methods***]. (김기덕, 최명민, 이현정, 조성우 역). 시그마프레스. (원저 출판 2009년)

Lum, D. (2004). ***Social work practice and people of color: A process-stage approach***. Brooks/Cole.

Marsh, J. C. (2004). Social work in a multicultural society. ***Social Work, 49***(1), 5-6.

Ololube, N. P. (2016). ***Handbook of research on organizational justice and culture in higher education institutions(Advances in educational marketing, administration, and leadership)***. Ignatius Ajuru University of Education.

Orloff, S. A. (1993). Gender and the social rights of citizenship: The comparative analysis of gender relations and welfare states. ***American Sociological Review, 58***.

Parsons, T. (1951). ***Family, socialization and interaction process***. The Free Press.

Rhodes, R. (1993). Mental retardation and sexual expression: An historical perspective. In R. W. Mackelprang, & D. Valentine(Eds.), ***Sexuality and disabilities: A guide for human service practitioners***. Haworth Press.

Robinson, J. B. (1989). Clinical treatment of black families: Issues and strategies. ***Social Work, 34***, 323-329.

Rogler, L. H. (1989). The meaning of culturally sensitive research in mental health. ***The American Journal of Psychiatry, 146***(3), 296-303.

Rubington, E., & Weinberg, M. S. (1990). 사회문제의 연구[***The study of problems***]. (이장현, 김영이 역). 경문사. (원저 출판 1981년)

Shapiro, J. P. (1993). ***No pity: People with disabilities, forgiving a new civil rights movement***. Times Books.

Sue, D. W. (2006). ***Multicultural social work practice***. Willy.

Uehara, E. S., Lee Sohng, S. S., Bending, R. L., Seyfried, S., Richey, C. A., Morelli, P., Spencer, M., Ortega, D., Keenan, L., & Kanuha, V. (1996). Toward a values-based approach to multicultural social work research. ***Social Work, 41***(6), 613-621.

Wehman, P., Bricout, J., & Kregel, J. (2000). Supported employment in 2000: Changing the locus of control from agency to consumer. In M. L. Wehmeyer, & J. R. Paton(Eds.), ***Mental retardation in the 21st century***. PRO-ED.

Williamson, C. (2001). Social work practice with people with disabilities. In A. T. Morales, & B. W. Sheafor(Eds.), ***Social work: A profession of many faces***(pp. 345-368). Allyn & Bacon.

관련 사이트

건강보험심사평가원 빅데이터 개방포털 https://opendata.hira.or.kr

경기남양주 아동보호전문기관 http://www.nyj1391.or.kr

국립국어원 표준국어대사전 https://stdict.korean.go.kr

국토교통부 통계누리 http://stat.molit.go.kr.

기상청 기상자료개방포털 https://data.kma.go.kr/cmmn/main.do

법제처 국가법령정보센터 https://www.law.go.kr/LSW/main.html

아동권리보장원 https://ncrc.or.kr

통계청 https://www.index.go.kr

한국장애인고용공단 www.kead.or.kr

저자 소개

김준환

고려대학교 사회학과 학사 및 석사 졸업
고려대학교 대학원 사회복지학과 박사
현, 충청대학교 사회복지학과 교수
　 충청북도노인종합복지관 관장

저서 및 논문

노인복지론(공저, 2022), 지역사회복지론(공저, 2016),
사회복지사의 이직의도에 관한 연구(한국케어복지연구, 2011)
그 외 노인복지 관련 논문 다수

이장욱

고려대학교 사회학과 문학사
고려대학교 대학원 사회복지학과 석사
건국대학교 대학원 사회복지학과 박사
현, 강동대학교 사회복지학과 조교수

저서

사회복지정책론(2023), 사회복지실습세미나(2023)

최세영

남서울대학교 아동복지학과 문학사
공주대학교 일반대학원 사회복지학과 석사 및 박사
현, 백석예술대학교 보건복지학부 교수

저서

인간행동과 사회환경(2023), 사회복지조사론(개정2판, 2022),
사회복지실천기술론(개정판, 2022) 외 다수

사회문제론

첫째판 1쇄 발행 | 2024년 3월 6일
첫째판 2쇄 발행 | 2025년 1월 8일

지 은 이 김준환, 이장욱, 최세영
펴 낸 이 어진용
책임편집 태선옥
디 자 인 이지혜
펴 낸 곳 어가
10449 경기도 고양시 일산동구 장백로 20, 102동 202호(백석동, 동문굿모닝힐1차)
전화 031) 901-4222, 6318
팩스 031) 901-6319
이메일 uhga@uhga.co.kr
홈페이지 www.uhga.co.kr
등 록 2016년 7월 4일 · 제2016-000133호

ISBN 979-11-7075-070-3 (93330)
정가 20,000원